普通高等教育"十一五"国家级规划教材

体育院校通用教材

社会体育

李建国　吕树庭　董新光　主编

全国体育院校教材委员会审定

人民体育出版社

图书在版编目(CIP)数据

社会体育 / 全国体育院校教材委员会审定. –北京：
人民体育出版社，2004（2021.2.重印）
体育院校通用教材
ISBN 978-7-5009-2540-8

Ⅰ. 社… Ⅱ. 全… Ⅲ. 体育运动社会学–高等学
校–教材 Ⅳ.G80-05

中国版本图书馆 CIP 数据核字(2004)第 063073 号

*

人民体育出版社出版发行
三河兴达印务有限公司印刷
新 华 书 店 经 销

*

787 × 960 16开本 23.5印张 373千字
2004年10月第1版 2021年2月第14次印刷
印数：41,101—43,100册

*

ISBN 978-7-5009-2540-8
定价：62.00元

社址：北京市东城区体育馆路8号（天坛公园东门）
电话：67151482（发行部） 邮编：100061
传真：67151483 邮购：67118491
网址：www.sportspublish.cn

编委会

主编：李建国　吕树庭　董新光

编委（按姓氏笔画为序）：

王凯珍　教授　　北京体育大学

李建国　教授　　上海体育学院

吕树庭　教授　　广州体育学院

陈　彦　副教授　西安体育学院

柳伯力　教授　　成都体育学院

唐宏贵　教授　　武汉体育学院

曹继红　副教授　沈阳体育学院

董新光　教授　　苏州大学

前 言

我国的社会体育是在改革开放后逐步发展起来的。由于社会体育内容、形式丰富，贴近百姓生活，符合社会发展要求，受到广大人民的喜爱。20世纪90年代初期，天津体育学院、上海体育学院等高等院校顺应社会需求，率先成立了社会体育专业，开设社会体育课程，编写社会体育讲义，为社会体育事业培养了一批专门人才。1995年国务院颁布《全民健身计划纲要》后，政府对社会体育采取了一系列鼓励政策，社会体育活动开展如火如荼，体育参与程度得到了较大的提高。大批专家、学者开始关注、研究社会体育，社会体育理论和实践体系基本建立，并逐渐完善。全国体育院校、高等师范体育院校相继设置社会体育专业，目前已形成相当规模。因此，编写一本具有较大程度共识的体育院校通用教材供社会体育专业学生使用成为当前的迫切任务。

《社会体育》是在8所体育院校专家的大力合作下，历时一年半的时间，通过充分查阅相关资料，借鉴前人研究成果和在总结个人研究经验的基础上精心编写的。编写时我们将教材的实用性和前沿性作为重点，力图使内容符合专业要求和社会实际，使教材通俗易懂。尽管编写者作了最大的努力，但仍然感到社会体育知识的广泛性和跟随时代潮流变化的丰富性使教材无法包罗万象，难免意犹未尽。

本教材的主编为李建国（上海体育学院教授、博士生导师）、吕树庭（广州体育学院教授、博士生导师）、董新光（原天津体育学院教授，现为苏州大学教授、博士生导师）。教材编写具体分工为：董新光（苏州大学教授）第一章、第二章；李建国（上海体育学院教授）第三章、第十章、第十五章；柳伯力（成都体育学院教授、硕士生导师）第四章；王凯珍（北京体育大学教授、博士生导师）第五章、第六章；吕树庭（广州体育学院教授）第七章、第十六章；唐宏贵（武汉体育学院教授、硕士生导师)第八章、第九章;陈彦(西安体育学院副教授、硕士生导师)第十一章;曹继红(沈阳体育学院副教授、博士生)第十二章、第十三章、第十四章。李建国、吕树庭、董新光分别对教材进行了修改,最后由李建国统稿。

本教材编写时,参阅了大量的国内外有关著作和研究成果,许多专家、学者对本教材的编写提出了积极的意见和建议,为本教材的完成作出了重要的贡献,在此,一并表示衷心的感谢!

全国体育院校教材委员会

《社会体育》教材编写组

2004 年 4 月 28 日

目 录

第一章

社会体育概述

本章重点

社会体育是人们为增进健康、提高生活质量而自主参与的体育活动。它具有公益性和社会性等特点，是促进国民素质提高、社会发展的重要手段，是我国体育事业的重要组成部分。我国社会体育经过曲折的发展，已进入快速稳定的发展时期，并为改善国民生活起着重要作用。我国所制定的普及群众性体育活动的基本方针和提高国民素质为社会主义精神文明和物质文明建设服务的目的任务，为开创繁荣的社会体育局面，奠定了良好的基础。

第一节　社会体育的概念与特点

一、社会体育的概念

在日常体育工作和体育活动中，人们常将社会体育与群众体育两个词混用，这种在历史过程中形成的现象，是可以理解的。但从概念上严格地讲，社会体育与群众体育的涵义是不同的。其表现为，从我国体育行政管理部门分工的角度来看，我国体育分为群众体育和竞技体育两大部分，群众体育包括社会体育、学校体育、军队体育。这时，社会体育是群众体育的一部分；但按照《中华人民共和国体育法》所体现的体育构成来看，我国体育分为社会体育、学校体育、竞技体育、军队体育四个部分，群众体育是融入到各个领域中的。

已知"社会"一词最早出现于《旧唐书·玄宗上》(本纪第八)："礼部奏请千秋节休假日三日，及村闾社会。"此处"社会"意为村民集会。① 19世纪末，我国学者在翻译外国社会学著作时，已经使用了现代意义的"社会"一词。②至迟在1897年，我国学者已使用了现代意义的"体育"一词。③"社会"与"体育"两个词的流行，为我国学者将两个词组合成"社会体育"提供了可能。据文献调查，至迟在1918年我国已使用了"社会体育"一词。④并提出：社会体育者，指学校、军队以外一般社会之运动而言，期以锻炼身心，养成坚实之国民也。"⑤而"群众体育"一词，我国至迟也在1929年开始使用。⑥社会体育是指在闲暇时间里，居民自愿参加的以增强体质、增进健康、增添情趣、增加交往、增长技能为主要目的的自主性体育活动。社会体育是人的全面发展不可或缺的途径。社会体育既促进人的全面发展，又体现人的全面发展，社会体育存在的本质就是为了人的全面发展。社会体育是一种最为普遍的体育现象。社会体育作为体育的一部分，有别于竞技体育、学校体育和军队体育，其中最主要的区别体现在作为社会体育的主体——活动参与

①②郑杭生：《社会学概论新修》，第67页，北京：中国人民大学出版社，1998。

③张天白：《"体育"一词引入考》，《体育史》，1988年第6期，第15页。

④⑤董新光等：《社会体育术语源流初探》，载《体育科学》第23卷，第1期，第8页。

⑥张汇兰：《女子体育普及之我见》，载《体育杂志》，1935(1)，第22页。

者,对活动参与的自愿性和对活动要素把握的自主性上。社会体育与社会文化有着密切的联系,有些形式和内容是相互交叉的,作用是互补的。社会体育的活动形式不仅包括体育教学、体育训练、体育竞赛、体育表演,而且包括体育锻炼、体育娱乐、体育旅游、体育观赏、体育探险等;不仅包括以体力投入为主的活动,而且包括以精力投入为主的活动。社会体育的活动内容丰富多彩,不拘一格。既有传统的,也有现代的;既有规范的,也有随意的;既有成套的,也有单一的;既有集体的,也有个人的;既有对活动条件要求较高的,也有要求较简单的。人们站立在空地上或坐在椅子上或躺在床上都可进行身体运动。例如,传统的床上八段锦和现代的椅上健身体操。

社会体育之所以成为一种最为普遍的体育现象,是因为它的对象是全体社会成员,它的范围遍及整个社会。当学生、军人和职业选手走出学校、军营和训练场所而参加的体育活动,就是社会体育活动。凡是有人群的地方就有社会体育或将有社会体育,这是人的需要所决定的。

二、社会体育的分类

社会体育作为一种面向全民,遍及全社会的体育现象,为了认识或管理的便利,人们从不同的角度将它分成不同的类型。比如根据参与者的身份、年龄、性别、健康状况等特征,可划分为职工体育、农民体育、居民体育、婴幼儿体育、少年儿童体育、青壮年体育、老年人体育、妇女体育、伤残人体育;根据社会体育的分布地域,可划分为城市体育、农村体育、社区体育、乡镇体育、单位体育、家庭体育、公园体育、广场体育以及国外大众体育;根据社会体育产生的渊源,可划分为民族传统体育、民间体育、古代体育、现代体育;根据社会体育的功能,可划分为健身体育、健美体育、康复体育、医疗体育、娱乐体育、休闲体育、冒险体育、旅游体育、防卫体育,等等。需要强调的是,各种分类之间是相互包容、相互交叉的。比如以身份特征划分后,还可再以地域特征划分,产生农村老年人体育。上述分类只是从某几个角度的某个层次进行的常见分类情况。为了更深刻地认识社会体育现象,人们还可从新的角度和新的层次去进行分类研究。

三、社会体育的特点

（一）健身性与娱乐性

社会体育最基本的形式是亿万群众参与的体育活动。亿万群众在自愿、自主的基础上，通过直接的身体运动过程，达到强身健体，愉悦身心，陶冶情操，交友合群的效果。健身性与娱乐性是社会体育最本质的特点，也是社会体育区别于其他体育和文化活动的最显著特征。社会体育的健身性与娱乐性是统一的，这是人的身心合一特点的反映。健全的精神寓于健全的身体，健全的身体孕育健全的精神。体育活动既作用于人的身体，也作用于人的精神。社会体育健身性与娱乐性和谐一致的特点，决定了其在社会中的独特地位。

（二）全民性与普遍性

社会体育产生与发展的进程，就是不断满足人的需要的过程。人的需要是分层次的，这种多层次的需要经常交织在一起，并且随着时间、空间条件的变化而变化。社会体育可以满足人们不同层次的需要，因此，不同年龄、性别、职业、爱好，不同体质与健康状况的人，在一定条件下都能在社会体育中找到适合自己的位置。据统计，我国目前约有 1/3 的人经常参加体育活动，有 50% 左右的人参加体育活动，①这就有力地说明了社会体育的全民性。社会体育对象的全民性，决定了社会体育范围的普遍性。因为无论是哪种地方，只要有人群，就会有人的生存、享受、发展的需要，就需要社会体育去满足这些需要。因此，社会体育或迟或早地会出现在那个地方。

（三）余暇性与主动性

社会体育不是一种工作或劳动，它是人们在工作学习、生产劳动、饮食睡眠、家务劳作之余可自由支配的时间里从事的一种活动。这种活动不带有任何强制

①中国群众体育现状调查课题组：《中国群众体育现状调查与研究》，第 72 页，北京，北京体育大学出版社，1998。

性:参加与否自愿;活动内容自选;怎样活动自由就怎样活动。人们总是根据自身的兴趣爱好和活动条件，选择适当的活动时间、地点、形式和内容，而没有被驱使、被强迫的感觉。正因为如此,《中华人民共和国体育法》规定“国家提倡公民参加社会体育活动”,而不是要求公民必须参加社会体育活动。

(四)多样性与灵活性

我国幅员辽阔，民族众多，经济文化发展不平衡的国情决定着人们体育需求的差异性。只有因地、因时、因人、因事制宜,采取灵活多样的工作方式和组织形式，提供丰富多彩的体育活动形式和内容，才能满足人们的不同体育需求,推动社会体育持续发展。正因为如此,我国人民才在长期的体育实践中创造了并且继续创造着灿烂的民族体育文化。社会体育活动形式不仅包括体育教学、体育训练、体育竞赛、体育表演，而且包括体育锻炼、体育娱乐、体育旅游、体育观赏、体育探险等；不仅包括身体直接参与的而且包括精神直接参与的。社会体育的多样性与灵活性和社会体育的全民性和社会性是相辅相成、相互影响、相互促进的。

(五)公益性与社会性

社会体育的全民性和普遍性,决定了社会体育事业的公益性和社会性。社会体育事业作为一项关系全国人民体质与健康的事业,无疑带有很强的公益性。因此，必须强化政府对发展和管理社会体育事业、普遍增强人民体质的政府职能，保障在“市场调控”的条件下,为广大人民群众提供基本的社会体育公共物品,满足公民的基本体育需求,保持社会体育的社会公平,实现人人享有基本的社会体育公共服务。同时,社会体育事业作为一项涉及13亿中国人民的事业,仅仅依靠政府是不能满足人民群众的多层次、多样化的体育需求的,必须在政府提供的基本社会体育公共物品和公共服务,满足人民群众基本体育需求之外,依靠市场和社会中介组织、民间非营利组织等所谓“第三部门”来提供“政府调控与市场调控间”所缺失的私人物品和准公共物品，满足人民群众日益增长的多层次、多样化的体育需求。这就是我们所理解的社会性。

（六）时代性与永恒性

社会体育是时代的产物。不同时代的政治、经济、文化的发展方向和发展水平决定了不同时代的社会体育发展方向与内容、规模和水平。不同时代的社会体育有着不同的时代内涵和时代特征。人类社会越进步，人类的体育需求越旺盛，人类对社会体育的依赖性就越强。运动在某些方面可以代替药物，而药物则无法替代运动。目前，人们还没有预见到可以替代社会体育的东西。人类不仅在改造客观世界时需要社会体育，人类在生存、繁衍、发展、完善自身时，同样需要社会体育。社会体育将与人类共存。

（七）民族性与世界性

社会体育是当今每个民族、每个国家共有的社会现象。民族文化是民族创造的，民族文化是民族的标志。每个民族都有自己独特的文化，其中包含着自己独特的体育形式和内容。我国目前已整理出少数民族传统体育项目 676 个，汉族体育项目 301 个。①这些风格各异的民族、民间传统体育项目的存在，构成了灿烂的中华民族体育。而正是各国瑰丽的民族体育，构成了蔚为壮观的世界体育。独具特色的民族体育是对世界体育的巨大贡献。社会体育的民族性并不意味着不同民族间的体育互相排斥、互相隔绝。相反，各民族之间、各国家之间始终在体育交流中相互吸纳着对本民族、本国体育发展有益的东西，最终成为本民族、本国体育的有机组成部分。

①伍绍祖：《中华人民共和国体育史》，综合卷，第 329 页，北京，中国书籍出版社，1999。

第二节　社会体育的地位与作用

一、社会体育在个人生活中的地位与作用

（一）社会体育是一种健康文明的生活方式，是人的全面发展的必要途径

社会体育作为人的一种活动，其地位与作用首先表现于人的个体，进而通过个体作用的集合影响社会。社会体育对于个人来讲，它首先是人们的一种生活方式，即人们精神文化活动、社会交往活动和日常消费活动中的一种生活活动形式；其次，社会体育是反映人们生活质量的一个标志，是满足人的生活需要的一种手段，无论是对生活条件的满足，还是对精神状态、健康状况的满意，都离不开社会体育；再者，社会体育在人的全面发展中有着不可缺少的地位，无论是人的智力还是体力的发展都离不开社会体育的作用。

（二）社会体育是增强体质，提高健康素质的重要手段

参加体育健身活动是改善人的形态和机能，锻炼人的心智和意志的最积极有效的途径。社会体育可以促进人的生长发育，使人健康成长；可以调节人的精神，健全人的心理，促进人的身体、心理与社会的均衡发展。人们对社会体育的需求一般包括：健康的、强壮的、健美的、娱乐的、休闲的、交友的、冒险的、防范的等等，参与社会体育活动可以满足人们的不同体育需求。

（三）社会体育是提高人力资本的基础

生产劳动需要劳动者具有与劳作相适应的力量、耐力、速度、柔韧性和灵敏性，以及相应的动作技能、心理品质和适应能力。这是劳动者的基本素质，是劳动者从事生产活动的物质基础。体育锻炼可以提高劳动者的体力和适应能力，预防疾病，提高出勤率；可以使劳动者体力充沛，精力集中，延缓疲劳，提高劳动效率；

可以增加劳动者的技能储备，通过技能转移规律的作用，使之向生产技能转移，提高职工劳动技能水平；可以减少劳动者疾病、工伤等医疗费用支出。

（四）社会体育是提高文化素养的重要途径

社会体育作为一种文化形态，具有自己独特的知识和技能。这些知识和技能构成文化的一部分。一个有知识、有文化的人，只有同时具有体育的知识与技能，才是一个全面发展的人。参与社会体育活动，可使人学到丰富的体育知识，更深刻地理解身体运动的价值，掌握自我保健的知识和方法；可使人学会正确的技术动作，掌握体育技能的要领，享受体育技能的愉悦，使身体更加灵活协调，动作更加准确、轻盈。在现代社会，一个缺少体育知识和技能的人将被看做为“体盲”。

（五）社会体育是调节情绪的重要方法

参与体育健身活动，可以获得美好幸福的情绪体验，使人心情舒畅，精神愉快；可以调节人的心理，使人精神振奋，朝气蓬勃，充满活力；可使人得到心理的满足和自尊，增强自信心和自豪感，更加热爱生命，热爱生活；可以形成人的团结友爱、助人为乐、勇敢坚毅、拼搏进取的精神和民主参与意识。

二、社会体育在体育中的地位和作用

社会体育作为体育的主体组成部分，它的发展规模和发展水平从总体上反映着体育的发展规模和发展水平。社会体育的发展不仅受到经济、政治的制约和影响，也受到体育发展方向的制约和影响。学校体育、竞技体育与社会体育同为体育的基本组成部分，学校体育是社会体育的基础，社会体育是学校体育的继续。对于青少年儿童来讲，社会体育不是学校体育的补充，而是与学校体育并列的领域，具有同等重要的地位。因为学生离开学校，便投入到社会中去，而参与体育活动是他们的基本行为取向。从社会体育角度来讲，竞技体育的竞赛与表演活动，是人们参与社会体育的一种形式。竞技体育与社会体育两者相辅相成。竞技体育如缺少群众的观赏，就失去了存在的价值和发展的活力；而社会体育缺少竞技体育的竞赛和表演，人们也失去了一种普遍而美好的体育观赏形式。

三、社会体育在社会中的地位与作用

(一)社会体育是社会发展的基本内容，是提高国民素质的重要环节

社会发展是“社会以一定的活动内容与方式满足社会成员物质需要和精神需要的进步过程，是反映着人类物质文明和精神文明的进步过程”。[①]显然，社会体育能够满足社会成员的物质需要和精神需要，能够反映人类物质文明和精神文明的进步程度。社会发展作为与经济发展相并列的概念，一般包括人口、就业、分配、社会安全、生活保障、教育、科技、文化、卫生、体育、大众传播、环境、资源、城乡建设等多方面内容。社会体育是社会发展的基本内容之一，它可以提高国家整体发展水平，促进社会总体进步程度。社会发展在本质上是人的发展，人的发展是一切发展的目标。没有人的全面发展就无所谓社会的全面进步。社会发展的目标就是以人为本，为人的发展提供条件，满足人的需求，促进人的素质和才能的提高。人的素质既包括思想道德素质和科学文化素质，也包括身体素质和心理素质。可见，体育在实现社会发展目标和提高中华民族整体素质中有着不可替代的地位和作用。当前我国已进入全面建设小康社会，社会体育的发展规模和发展水平是小康生活的一部分。发展社会体育有利于提高国家整体发展水平，促进社会文明程度。有利于振奋民族精神，促进民族和睦团结，促进社会稳定和巩固国防。

(二)社会体育是社会文明的重要标志之一

精神文明是人类在改造客观世界的同时改造主观世界而“获得的精神生活和精神生产的成果”。[②]这种成果包括两部分：一是实体部分，一般包括教育、科技、文化、卫生、体育等事业的发展状况和水平；二是观念部分，包括人的思想观念、道德规范等的状况和水平。显然社会体育是人类在改造自然、适应自然的长期实践中创造的精神生活和精神生产的成果，是一笔宝贵的精神财富。一个国家的政治主张和思想意识制约甚至决定着这个国家发展社会体育的目的和任务、

①吴寒光:《社会发展与社会指标》，第20页，北京，中国社会出版社，1991。

②廉希圣:《中国宪法教程》，第241页，北京，中国政法大学出版社，1994。

方针和政策，国家的基本政治制度和经济制度决定着这个国家的社会体育制度。同时社会体育的发展规模和水平，也反映了人类精神生活和精神生产的进步状态。从文化的角度讲，发展社会体育就是继承、传播社会体育文化的过程，就是创造新的社会体育文化的过程。发展社会体育可以为人民提供更加丰富的体育文化成果，使人民更好地享受体育文化成果。同时有利于人与人、地区与地区、民族与民族之间体育文化的交流与传播。社会体育通过自身功能的发挥，可以为物质文明建设提供体力支持和精神助力，可以显著提高人民群众精神生活质量和城乡文明程度。

（三）社会体育是综合国力的一种表现

综合国力“作为可以动员起来投入社会发展，施加国际影响和进行国际抗衡的综合力量”，①除去包括资源力、经济力、国际力、科技力、文化力等之外，人的体力是其中必不可少的一种力量。因为无论哪种力量都必然体现在人的身上或者是需要人去创造的。如果负载或创造这种国力的人没有一个强健的体魄，其能力自然要减弱。社会体育可以增强劳动者的体质与意志品质，促进生产力发展，增强综合国力。经济是基础，社会生产力水平归根结底决定着社会体育发展规模和发展水平，社会体育发展必须与经济发展水平保持协调一致。同时社会体育可以通过增加人们的体育消费直接拉动经济的增长，带动基础设施建设、旅游、服务等相关产业的发展；可以发展体育产业，增加就业机会，直接推动生产力的发展。

第三节　我国社会体育的发展现状与趋势

一、新中国社会体育发展的基本历程

（一）开创阶段（1949 年 10 月 ~ 1952 年 10 月）

这一阶段，新中国的体育事业确立了新民主主义体育的发展方针和任务，开

①魏礼群：《中国社会全面发展战略研究报告》，第 4 页，沈阳，辽宁人民出版社，1996。

创了人民的新体育。社会体育作为体育的主要组成方面，受到党和国家的高度重视。1952 年 6 月，毛泽东提出了“发展体育运动，增强人民体质”的方针。这一时期全国的体育事业由团中央负责组织和管理，县级以上各级团组织建立“军事体育部”，负责体育工作。1952 年 6 月成立了中华全国体育总会。三年间，国家共投资建设了 5227 个体育场地，相当于解放前的近 2 倍。[①]中华全国总工会负责领导职工体育工作，大力开展职工体育。1951 年 11 月，我国开始推行第一套广播体操。这一阶段为开创社会主义体育发展道路奠定了基础。

（二）探索阶段（1952 年 11 月～1957 年 5 月）

这一阶段，我国完成了由新民主主义到社会主义的转变。我国的社会体育事业在学习苏联发展体育事业经验的基础上开始了新的探索，走上了社会主义的体育发展道路。1952 年 11 月成立了中央人民政府体育运动委员会。此后，全国县级以上政府陆续成立了体育运动委员会，逐步形成了社会体育组织管理的三大系统：政府体育行政系统、军队系统和社会组织系统。1954 年 1 月，党中央提出“改善人民健康状况，增强人民体质是党的一项重要的政治任务”，表明这一时期的社会体育仍然处于体育主体的位置。1953 年 3 月，政务院发出《中央人民政府政务院关于在政府机关中开展工间操和其他体育运动的通知》。1954 年 5 月，开始实施《准备劳动与卫国体育制度》（简称《劳卫制》）。1956 年 4 月，国家体委颁布《基层体育协会示范章程》，职工体育活动空前活跃。1956 年 6 月，国家体委和团中央首次召开全国农村体育工作会议，会议要求迅速建立县一级体育运动委员会，广泛开展农村体育活动。全国群众体育活动形成热潮。

（三）起伏阶段（1957 年 6 月～1966 年 5 月）

这一时期的社会体育发展，随着政治经济形势起伏呈波浪型发展。1957 年，由于“左倾”思想的干扰，限制了体育的发展；1958 年，“大跃进”使社会体育形式主义严重，脱离群众，脱离实际；1960～1962 年，连续三年自然灾害使人民物质生活极度匮乏，社会体育陷入低谷。1963 年国家体委提出了“业余、自愿、因时因

①国家体委：《第 4 次全国体育场地普查资料（上册）》，第 18 页，内部出版，1999。

地因人制宜,小型多样”[①]的群众体育活动方针。随着经济状况的不断好转,城乡体育逐步恢复。1964年全国体育工作会议提出,“坚持普及与提高相结合的原则,把主要精力用于开展群众性体育活动,加强业余训练”。[②]此后,社会体育得到了较快的发展,城乡群众体育活动形成了新中国成立后的高潮。

(四)停滞阶段(1966年6月~1976年9月)

“文革”是一个特殊的历史时期,这一时期的体育事业随着政治局势的变化,出现了起起落落的现象。1966年6月以后,各级体育行政机构已不能正常开展工作,整个体育事业陷入瘫痪状态,职工体育几乎消失,农村体育活动陷于停顿。1972年和1973年,国家体委相继召开全国农村体育工作座谈会和全国职工体育工作座谈会,全国农村体育和职工体育很快升温。其后出现的“批林批孔”运动和“反击右倾翻案风”运动又使群众体育重新陷入停滞状况。

(五)恢复阶段(1976年10月~1984年9月)

1976年10月粉碎“四人帮”之后,特别是党的十一届三中全会以后,体育战线正本清源,拨乱反正,社会体育得以迅速恢复,职工体育迅速展开,农村体育呈现蓬勃生机。1984年底,国家体委在全国开展争创全国体育先进县活动,将我国农村体育向前推进了一大步。这一阶段为我国体育事业的改革与发展奠定了基础。

(六)改革与发展阶段(1984年10月~1995年2月)

1984年10月中共中央发出《关于进一步发展体育运动的通知》,这标志着我国体育进入了改革与发展新阶段。1986年4月国家体委下发的《关于体育体制改革的决定(草案)》,提出了我国社会体育的改革方向与措施。核心问题就是进一步推进体育社会化,实现国家办与社会办相结合,充分调动社会办体育的积极性。体育改革推动了我国社会体育发展。老年人体育、伤残人体育、民族传统体育迅速勃兴并健康发展。争创全国体育先进县活动带动了农村体育设施建设。到

①②伍绍祖:《中华人民共和国体育史》,综合卷,第135页,第140页,北京,中国书籍出版社,1999。

1995年末全国体育先进县已有388个，全国有“两场一地一房”的县由1985年的11个，增加到1995年的532个。[1]职工体育也取得了可喜发展。但随着经济体制改革的不断深化，职工体育处于徘徊的局面。新兴的城市社区体育应运而生，到1995年大约有40%的城市街道成立了社区体育协会。1993年4月，国家体委下发的《关于深化体育改革的意见》中提出了群众体育的7项改革措施，其中第一项就是推行一个全民健身计划，这预示着我国社会体育进入了新的发展阶段。

（七）系统建设阶段（1995年3月～）

1995年是我国社会体育发展很不平常的一年。3月5日，全国人大八届三次会议的《政府工作报告》中明确提出：“体育工作要坚持群众体育和竞技体育协调发展的方针，把发展群众体育、推行全民健身计划、普遍增强人民体质作为重点”。[2] 6月20日国务院颁布了《全民健身计划纲要》。8月29日全国人大常委会通过的《中华人民共和国体育法》中明确规定“国家推行全民健身计划”。全民健身计划的实施，使我国社会体育发展完全纳入国家的长远发展规划之中。从此我国社会体育发展转入了实施全民健身计划阶段，开始了一个有目标、有措施、有计划的发展过程。我国社会体育发展出现了前所未有的好势头，相继推出了《社会体育指导员技术等级制度》《中国成年人体质测定标准》等法规制度，利用体育彩票公益金建设了大量的全民健身活动设施和青少年体育俱乐部。1995～2000年共命名全国体育先进县306个，命名全国体育先进社区322个。《全民健身计划纲要》在胜利完成第一期工程任务之后，从2001年起进入了第二期工程，并正朝着2010年的奋斗目标前进。

二、我国社会体育的现状[3]

（一）初步建立了新型的社会体育组织领导体制

到2000年，我国各省（自治区、直辖市）都成立了由省级领导干部担任主

①国家体委群众体育司：《全国健身计划文集（二）》，第187页，内部出版，1996。

②李鹏：《政府工作报告》，第52页，北京，人民出版社，1995。

③“二、我国社会体育的现状”中所引用的数据资料，除注明出处之外，均出于《全民健身计划第一期工程实施状况调查报告》。

要负责人，有若干成员单位组成的省级全民健身工作领导协调机构。地级建立这种类型机构的占 98% 以上，县级占 95% 以上。[1]大批街道、乡镇也建立了类似的机构。省一级的行业体协成立类似机构的占 63% 以上。我国已经逐步建立起纵贯省、地、县、乡，横跨行业系统、群众组织、社会团体，政府领导、体育行政部门组织，各方齐抓共建的新型社会体育组织领导体制，形成了法律保障，行政推进，用搞建设的思路，走社会化的路子，建设系统工程的方式来发展社会体育的新模式。

（二）社会体育管理开始进入了依法行政、以法治体的轨道

《体育法》的颁布实施，标志着我国体育工作进入了依法行政、以法治体的阶段。1995～1999 年国务院和国家体育总局出台的社会体育法规、规章和法规性文件共 21 项，相当于 1995 年前的 3.5 倍。其间省级人民代表大会颁布的专门的和包括社会体育的地方法规 24 项，相当于 1995 年前的近 5 倍，省级政府颁布的地方规章数量也相当于 1995 年前的近 5 倍，达到 167 项。在此期间，省级体育行政部门的立法也有较大幅度的增加，同时各级社会体育立法层次普遍提高，立法范围扩大，体育法制宣传经常不断，社会体育法制意识逐步增强，社会体育法制环境日益完善。

（三）社会化的群众体育组织网络正在形成

目前，我国已初步形成了一个以各级各类体育社会团体为线，以体育活动中心、体育指导站、体育活动点为点，覆盖面广、包容量大、适应性强的社会化的群众体育组织网络。据对 26 个省（自治区、直辖市）调查，截至 2000 年，共有省级以下各类体育社会团体 53 220 个，团体会员 212 959 个，个人会员 8 664 455 人。全国共有体育指导站 137 269 个，在指导站参加活动的人数共计 11 879 759 人，与 1995 年相比，指导站增加了 369.5%，参加活动的人数增加了 118.4%。最显著的是县的体育指导站增加了 8.7 倍。

①国家体育总局群众体育司:《全民健身计划第一期工程实施状况调查报告》,2000。

（四）社会体育队伍不断壮大

据对24个省（自治区、直辖市）的调查表明，2000年省级体育行政部门中群体干部的数量与1995年相比，干部总人数比例由12.3%上升到14.6%。省、地、县体育事业单位中从事群众体育的人员比例增加了2.1%～5.5%；省级体育总会中专职和兼职人员比例分别增加了62.0%和14.1%。此外，乡镇、街道专职体育工作人员都有较大幅度的提高。截至2002年，全国已有各级社会体育指导员28万人，到2010年，我国要拥有65万名社会体育指导员。[1]

（五）群众体育健身场地逐步增多

1995～1997年，全国体育系统共计投入基本建设资金37.35亿元。[2] 1996年全社会体育基本建设投资29.18亿元，[3]其中社会投资15.10亿元，超过了体委系统14.08亿元的投资金额。并且社会投资超过体委系统投资的趋势逐年扩大。从1997年开始，我国利用体育彩票公益金兴建"全民健身工程"。截至2000年，国家和地方共投入体育彩票公益金约3亿元，共建全民健身工程近3000项。全国共建全民健身路径近万条，其中地方投资建设占70%以上。[4]一大批学校的体育场地向公众开放。大批乡镇和农民投资建设体育场所，为农民服务。

（六）社会体育经费大幅度增加

25个省（自治区、直辖市）调查结果显示，1995～1999年间，省、地、县三级体育行政部门中，无论是群体部门的财政经费，还是用于社会体育的社会资金、体育彩票公益金均逐步增长。其中财政经费，省级体委群体部门1995～1999年比1990～1994年间增长了67.6%，地级体委群体部门增长了72.5%；体育彩票公益金，省级增长了9倍，地级增长了19倍，县级增长了10倍；从社会吸纳的资

①国家体育总局：《〈全民健身计划纲要〉第二期工程（2001～2010年）规划》，2001。

②国家体委计划财务司：《体育事业统计年鉴》，1997。

③国家统计局：《中国统计年鉴》，第159页，北京，中国统计出版社，1997。

④郭敏：《认真总结，精心规划，加大力度，把21世纪的全民健身工作推向新阶段》，国家体育总局群众体育司编《全民健身计划文集（七）》，第366页，2001。

金，省级增长了7倍，地级增长了1.4倍，县级增长了1.8倍，大大增强了发展社会体育的财力。

（七）群众性体育活动形成热潮

2000年，我国16岁以上城乡居民有35%的人参加过一次或一次以上体育活动。我国体育人口占7~70岁总人口的33.9%。其中16岁以上的体育人口达18.3%。[①] 1998年，县级以上体育系统和乡镇共举办各类运动会13.8万次，参加人数4533万人，1998年比1994年分别增加了18.3%和47.0%。1995~2000年，每年举行一次的“全民健身宣传周”活动产生了广泛的社会影响，大大增强了群众体育的健身意识。1996年，全国有近3亿人次参加全民健身宣传周活动。同时很多省（自治区、直辖市）将全民健身宣传周发展为全省（市）规模的体育节、体育艺术节、全民健身节。“亿万妇女健身活动”“亿万农民健身活动”“全国体育大会”等大型群众体育活动产生了更加广泛深刻的社会影响。不同类型的部门、单位、个人组织的形式多样、内容丰富、贴近群众、贴近生活的社会体育活动充实了人们的业余生活。1997年，我国每百户家庭年平均拥有体育健身器材2.28件，[②] 2000年达3.98件，[③]比1997年增长了75%。据对26个省、自治区、直辖市调查显示，我国城市最普及的体育项目为健身健美操（舞）、跑步、太极拳（剑、球）、门球、广播体操、乒乓球、篮球、游泳、棋牌、武术；而农村最为普及的体育项目是篮球、棋牌、武术、健身操（舞）、跑步、秧歌、乒乓球、门球、拔河、太极拳（剑）。

三、我国社会体育的发展趋势

（一）我国社会体育发展的总趋势

未来的十年，我国将呈现国民经济持续、快速、健康地发展，物质文明与精神文明共同进步、经济与社会协调发展的态势。因此，随着全民健身计划的继续实施，我国社会体育也将保持一个持续、快速、健康的发展态势。人民参与体育的程

①引自国家体育总局，中国群众体育现状调查结果新闻发布会，2002。

②国家统计局：《中国统计年鉴（1998）》，第331页，北京，中国统计出版社，1998。

③国家统计局：《中国统计年鉴（2002）》，第331页，北京，中国统计出版社，2002。

度将会更加普及。我国社会体育的管理体制和运行机制将会随着社会主义市场经济体制的逐步完善和体育改革的不断深化,更加适应社会体育发展的要求。我国的农村体育、职工体育和落后地区的体育将转向一个主动健康的发展轨道,迈上一个新台阶。

(二)社会体育发展的主要趋势

1. 生活化趋势

社会体育将成为更多人的一种生活方式,成为一种更为普遍的社会现象。随着人民生活水平的不断提高和余暇时间的不断增多，社会体育将走进更多的家庭,成为人们生活中的一部分；人们将逐步增加体育健身支出，提高体育消费水平。随着社区建设和社区服务的加强与完善,人们体育锻炼的环境与条件将不断完善。休闲娱乐类的体育活动将有更大的发展,社会体育活动更加贴近生活,贴近民众。

2. 社会化趋势

我国的社会体育将成为更加广泛的一种社会事业,走出一条社会化之路。随着政府体育行政部门管理职能的转变,体育社会团体、事业单位和其他中介组织将会在兴办社会体育事业中发挥更大的作用。我国已经建立起的社会化的体育组织网络,将在政府领导下有序、有效地开展社会体育工作。我国的社会体育将形成一种国家与社会共同兴办的格局。

3. 科学化趋势

我国的社会体育管理和体育健身活动科学化程度将不断提高。随着科教兴国战略的进一步实施,科学技术将渗透到社会体育的更多环节。社会体育管理与决策的科学化、民主化的程度越来越高;科学技术和人才在体育发展中的地位越来越突出;科技含量高、适应性强的体育健身方法、体育健身器材等将不断涌现;社会体育的信息化水平将有较大幅度提高。运动要讲科学将成为更多人的锻炼共识。社会将出现更多的开具运动处方的保健机构,为人们提供科学健身服务。

4. 法制化趋势

我国的社会体育工作将在更大范围内实现依法行政，依法治体。随着具有中国特色、适应社会主义市场经济体制的法律体系的建立和完善，已初步建立的社会体育法规体系也将逐步完善，社会体育行政执法监督工作不断加强，社会体育行政管理方式将由主要依靠行政手段转向主要依靠法律手段。关系到社会体育发展的诸如公共体育场地的设施建设、资金投入等突出问题，将通过立法得到解决，从而切实保障人民群众的体育权益。同时，公民和组织的体育法制意识将不断增强，将会普遍掌握运用法律武器保护自身的体育权益。

5. 产业化趋势

我国的体育产业将获得较大发展，逐步成为新的经济增长点。随着以公有制为主体，多种所有制经济成分共同发展的基本经济制度的不断完善和人民生活水平的提高，社会为了满足人民的多种体育需求而开办的体育产业将获得较大发展。随着人民消费水平的提高和消费观念的转变，家庭体育消费将大幅度地增长，社会体育消费蕴藏着的巨大潜力将获得逐步释放。向体质与健康投资，搞体能储备将成为一种社会风尚。由此带来的体育健身、体育娱乐、体育康复、体育表演等巨大的体育消费市场，将大大推动体育产业的发展，并且带动相关产业的发展。

第四节　我国社会体育事业发展的基本方针和目的任务

一、我国社会体育事业发展的基本方针

（一）国家发展社会体育事业的方针

宪法规定："国家发展体育事业、开展群众性的体育活动，增强人民体质。"这一规定确立了发展我国社会体育事业的根本方针，明确了国家要发展社会体育事业的责任，明确了国家和各级人民政府发展社会体育事业的主体地位。国家和各级人民政府作为发展社会体育事业的主体，要为广大人民群众参与社会体育

创造良好的环境和条件，不断推进社会体育建设事业向前发展。

（二）为增强人民体质，提高人民健康水平服务的方针

建设社会主义的根本目的就是实现人民的富裕幸福，就是要为人的全面发展提供条件，满足人的需要，促进人的素质提高。人的生活幸福和人的全面发展都离不开社会体育。发展社会体育事业，就是要以人为本，为了人的全面发展。社会体育为人民服务，就是要自觉、主动、积极地为增强人民体质，提高人民健康素质服务，最大限度地满足人们的社会体育需求。

（三）为经济建设、国防建设和社会发展服务的方针

社会体育对经济建设、国防建设和社会发展的能动性，决定了社会体育为之服务的可能性和必要性。社会体育对于提高劳动者身体素质，提高劳动生产率；对于增加体育消费，扩大市场需求；对于发展体育产业，增加就业机会；对于提高后备兵源身体素质，巩固国防；对于提高生活质量，增进民族团结，促进社会安定，都有积极的作用。它集中体现了社会体育为社会主义服务的基本方针。

（四）国家与社会共同兴办的方针

我国是一个经济相对落后的人口大国。发展社会体育事业完全靠政府包办，无论从财力还是人力上讲都是不可能的，必须走社会化的道路，形成国家、社会、个人共同兴办社会体育事业的格局。要深化体育改革，改变在计划经济体制下形成的由政府体育行政部门一家办、主要依靠行政手段办、主要靠政府投资办的模式。政府要鼓励扶持企事业单位、社会团体和个人兴办社会体育事业，形成多兴办主体、多兴办形式、多渠道投资，政府为广大人民群众提供基本社会体育公共产品和服务，社会为满足人们多样化体育需求提供条件的发展模式。

（五）活动与建设并举、重在建设的方针

开展群众性体育活动是宪法规定的国家发展体育事业的基本责任。我国在

组织人民群众开展群众性体育活动方面创造了丰富的经验。但是要提高我国社会体育的规模和水平，则需要解决社会体育基础建设和系统建设问题。由于种种原因，我国在这方面欠缺较多，差距较大，严重影响了人民群众参与社会体育活动的机会和质量。我们在坚持广泛开展群众性体育活动的同时，必须重视社会体育事业的建设，按照党中央精神文明重在建设的方针，用搞建设的思路去发展社会体育事业。

（六）特别保障青少年儿童体育活动的方针

体育法规定“国家对青年、少年、儿童的体育活动给予特别保障”。青少年儿童是国家的希望和未来，提高青少年儿童的身体素质是提高中华民族素质的基础工程。特别保障青少年儿童的体育活动不仅是学校体育的责任，也是社会体育的责任。国家要在青少年儿童参与体育活动的时间、设施、内容、指导等方面提供特别保障，为他们健康成长创造条件。

（七）国家扶持少数民族地区发展社会体育事业的方针

扶持少数民族地区发展经济和文化事业，是党和国家始终坚持的一项基本方针。由于历史原因，我国大多数少数民族地区体育事业发展相对滞后，需要国家在资金、物资、技术、人才等方面加以扶持。发展少数民族地区社会体育事业，对于加强民族团结、繁荣民族文化，维护国家稳定，巩固国防等有着重要作用和深远意义。

二、发展我国社会体育事业的目的及任务

（一）发展我国社会体育事业的目的

发展我国社会体育事业的根本目的，就是要提高国民健康素质，丰富人民文化生活，促进社会主义物质文明和精神文明建设，促进人的全面发展。实现这一根本目的的基本途径就是人们参与社会体育活动。没有人们对于社会体育活动的参与，实现社会体育事业的根本目的就是一句空话。因此，发展社会体育的本质就是让更多的人更加舒适和谐、更加科学健康地参与社会体育活动。所谓更多

的人参与，一是要使正在参与的人坚持参与下去，二是要使中断参与的人重新参与进来，三是要使尚未参与的人尽快参与进来。

社会是一个整体。社会体育作为这个整体的一部分，必然与这一整体及其他部分相互联系、相互影响。发展社会体育事业目的的社会性，就是要把发展社会体育事业与国家整体经济建设和社会发展联系起来，融入进去，为国民经济和社会发展总体目标服务，而不是单纯体育观点，把社会体育事业发展置于与国家总体目标无关的位置。八届全国人大四次会议批准的《国家国民经济和社会发展"九五"计划和2010年远景目标纲要》中确定，2010年的主要奋斗目标是："实现国民生产总值比2000年翻一番，人口控制在14亿以内，人民小康生活更加富裕，形成比较完善的社会主义市场经济体制。"未来几年的社会体育事业发展，应该为实现这一奋斗目标作出自己的贡献。

党的十四届六中全会通过的《中共中央关于加强社会主义精神文明建设若干重要问题的决议》，确定了今后15年我国社会主义精神文明建设的主要目标是："在全民族牢固树立建设有中国特色社会主义的共同理想，牢固树立坚持党的基本路线不动摇的坚定信念；实现以思想道德修养、科学教育水平、民主法制观念为主要内容的公民素质的显著提高，实现以积极健康、丰富多彩、服务人民为主要要求的文化生活质量的显著提高；实现以社会风气、公共秩序、生活环境为主要标志的城乡文明程度的显著提高；在全国范围内形成物质文明建设和精神文明建设协调发展的良好局面。"社会体育作为社会主义精神文明建设的组成部分，应该为实现社会主义精神文明建设目标服务。事实上，社会体育在显著提高公民素质方面，以及在提高公民文化生活质量和城乡文明程度方面，都是大有作为的。

党的十六次代表大会确定了到2020年全面建设小康社会的奋斗目标，其中包括："全民族思想道德素质、科学文化素质和健康素质明显提高，形成比较完善的现代国民教育体系，科技和文化创新体系，全民健身和医疗卫生体系。"显著提高全民族健康素质，形成比较完善的全民健身体系，不仅是社会体育事业的根本奋斗目标，而且成为国家整体奋斗目标。社会体育事业在实现全面建设小康社会奋斗目标中有着重要地位和作用。

(二)我国社会体育事业的任务

1. 广泛开展各种各样、健康文明的社会体育活动。"开展群众性的体育活动”是宪法对体育工作的基本规定。体育法也规定：“体育工作要坚持以开展全民健身活动为基础。”因此，广泛开展各种各样、健康文明的社会体育活动是社会体育工作的基本任务。完成这项任务不仅是政府的责任，也是各级各类机关、企业、事业单位的责任；不仅是各级工会、共青团、妇联等社会团体的责任，也是各级各类体育社会团体的责任。

2. 建设和改善社会体育活动的环境和物质条件。发展社会体育事业，就是要在全社会形成崇尚体育健身、参与体育健身，生命在于运动、运动要讲科学和参与社会体育是一种生活方式的环境氛围；就是要为人们参与社会体育活动，不断建设和完善体育设施、体育组织、指导者队伍等物质条件，从而支持、吸引、动员更多的人参与社会体育活动。

3. 引导人们为增强体质与健康投资，促进人们的体育消费，发展体育产业。在由计划经济体制向社会主义市场经济体制转轨过程中，社会体育工作应该承担起引导人们为增强体质与健康而投资，促进人们体育消费的任务。体质与健康是人们生存、享受与发展的基础和资本，向体质与健康投资，进行体能与健康储备，这与进行知识和能力储备同样重要。为增强体质与健康而消费应与教育消费一样，成为人们家庭消费的一部分。社会体育工作应当在开展群众性体育活动的同时，加强对人们体质投资和体育消费的引导，发展体育产业。

4. 继承和创新社会体育文化。我国社会体育在其历史发展进程中创造了灿烂的社会体育文化。现实的社会体育一方面继承了我国优秀的民族、民间传统体育，一方面又学习和借鉴了外国的社会体育知识和技能，同时也在创造着具有我国特色的社会体育，丰富和延续着中华社会体育文明。丰富、创新和发展具有中华民族特色的社会体育知识与技能是我国社会体育的重要任务。社会体育工作要不断地为人民群众创造和提供科学文明、丰富多彩的社会体育知识和技能，不断完善和发展社会体育文化，为中华文明和人类文明作出贡献。

思考题

1. 什么是社会体育？
2. 社会体育与群众体育有什么不同？
3. 社会体育有哪几种分类？
4. 社会体育有哪些特点？

5. 社会体育的地位和作用表现在哪些方面?
6. 我国的社会体育发展可分为哪几个阶段?
7. 我国的社会体育取得了哪些进步?
8. 我国的社会体育发展有哪些趋势?
9. 我国的社会体育的基本方针有哪些?
10. 我国的社会体育的目的任务是什么?

参考文献

1　课题组．中国群众体育现状调查与研究．北京:北京体育大学出版社,1998.
2　伍绍祖．中华人民共和国体育史．北京:中国书籍出版社,1999.
3　国家体委群体司编．全民健身文集(二)．北京,1996.

第二章

我国社会体育的管理体制与法规制度

本章重点

我国社会体育管理体制包括行政机构、社会组织、体育社团、基层体育组织等系统。改革开放以来，我国的社会体育法规制度建设取得了长足进步。《体育法》对社会体育的目的任务、工作方针、基本制度和活动方法进行了规定。《全民健身计划纲要》对社会体育的发展进行了规划，其他规章制度为社会体育的顺利开展提供了保障。

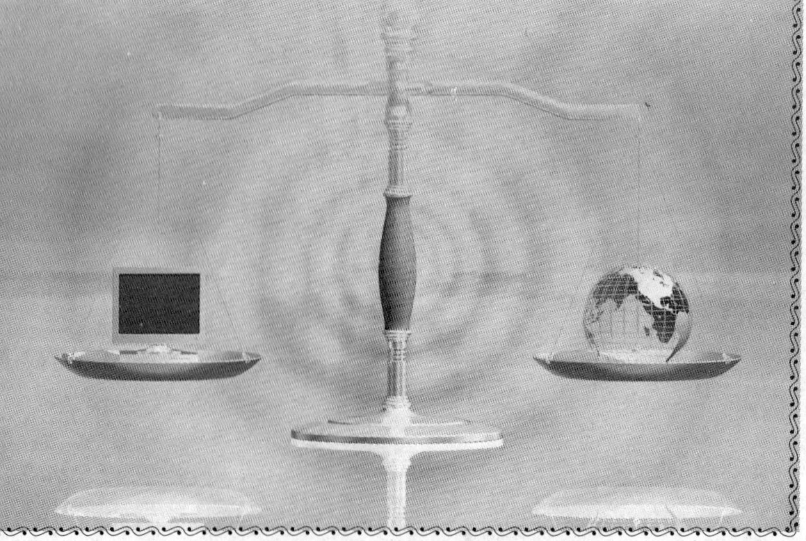

第一节　我国社会体育的管理体制

一、社会体育管理体制的概念

“体制，顾名思义，不是体系与制度的合称，而是体系与机制的总和”。①社会体育管理体制是指国家管辖调控社会体育事务的责权划分、组织结构、职能配置与运行方式、运行机制等的总和。其组织体系包括政府与社会组织两种类型。这个管理体制的核心内容是责权的划分和职能的配置，责权的分配决定职能的配置。组织结构是管理体制的表现形式，是责权与职能的组织载体。组织结构包括各级各类组织及其之间的相互关系。运行机制是管理体制的灵魂，是体现在决策、实施、反馈、调整等一系列运行方式上的内在的东西。一个管理体制若没有一种自行维护其组织在对内对外交往过程中保持和谐高效运转的基本功能，则这个管理体制就不是一个完善的管理体制。下面主要从组织结构的角度介绍我国社会体育管理体制。目前，我国管辖调控社会体育事务的组织机构包括体育行政部门、群众组织、体育社会团体和基层体育组织，共同构成了我国社会体育管理体制的组织系统。

二、体育行政部门

（一）国务院体育行政部门

目前，国务院体育行政部门是指国家体育总局。根据 1998 年国务院关于机构设置的规定，国家体育总局与中华全国体育总会一个机构、两块牌子，是国务院主管全国体育工作的直属机构。1998 年 6 月 16 日国务院批准的《国家体育总局职能配置、内设机构和人员编制规定》中，与社会体育有关的主要职责为：第一，研究拟定体育工作的政策法规和发展规划并监督实施。第二，指导和推动体育体制改革，制定体育发展战略，编制体育事业的中长期发展规划；协调区域性

①谢庆奎等：《中国政府体制分析》，第 4 页，北京，中国广播电视出版社，1995。

体育发展。第三，推行全民健身计划，指导并开展群众性体育活动，实施国家体育锻炼标准，开展国民体质监测。国家体育总局设 9 个职能司(厅)：办公厅、群众体育司、竞技体育司、体育经济司、政策法规司、人事司、对外联络司、科教司、宣传司。其中群众体育司是国家体育总局负责社会体育的职能部门。群众体育司的主要职责是：研究拟定群众体育工作的发展规划，推行全民健身计划，监督国家体育锻炼标准的实施，开展国民体质监测；指导和推动学校体育、农村体育、城市体育及其他社会体育的发展。

(二)国务院其他有关部门

国务院其他有关部门在各自的职权范围内管理体育工作，其中包括社会体育工作。这类管理有两种类型：一种是国务院有关部门按照国务院体育行政部门的统一部署，直接管理本部门的体育工作。比如教育部主管学校体育工作；国家民族事务委员会负责少数民族体育工作；农业部、铁道部、公安部等负责本行业的体育工作等。另一种是国务院有关部门在自己职权范围内开展与体育有关的业务管理工作。比如民政部依法对全国性体育社会团体进行登记和管理；公安部依法对群众性体育活动中的治安问题进行管理；国家工商行政管理局、国家税务总局对体育经营问题和税收问题依法进行管理等。

(三) 县级以上地方各级人民政府体育行政部门或本级人民政府授权的机构

县级以上地方各级人民政府体育行政部门是指省、自治区、直辖市；地级市、地区、自治州、盟；县、市辖区、县级市、自治县、旗等人民政府设置的体育局或体育与其他部门合署办公的机构，如文化体育局、教育体育局等。这类体育行政部门主管本行政区域内的体育工作，包括社会体育工作。这类体育行政部门中一般设有群众体育处或群众体育科或群众体育股等职能部门，或在业务部门中设专人负责社会体育工作。本级人民政府授权的机构依法具有主管本行政区域内体育工作的权力。本级人民政府授权的机构是指在我国一些地方，主要是县级政府机构改革后，有些县级人民政府不再设立体育行政部门，而将原有的体育行政部门转变为事业单位或体育社会团体。但本级人民政府仍然授权这些单位行使主管本行政区域内体育工作的行政职权。这是我国行政体制改革中出现的新的行政机构形式。

（四）县级以上地方各级人民政府的其他有关部门

县级以上地方各级人民政府的其他有关部门的情况，与上述国务院其他有关部门的情况相类似，比如教育、民族、农业、公安等部门各自负责管辖行政区域内本行业的体育工作。而民政、公安、工商、税务等部门负责开展与体育有关的业务管理工作。

（五）乡、民族乡、镇政府的其他有关部门

乡、民族乡、镇人民政府作为我国最基层的人民政府，对领导和管理本行政区域内的体育工作负有责任。《体育法》明确规定“国家发展体育事业，开展群众性的体育活动，提高全民族身体素质”，规定“地方各级人民政府应当为公民参加社会体育活动创造必要条件，支持、扶助群众性体育活动的开展”，规定“乡、民族乡、镇政府随着经济发展，逐步建设和完善体育设施”。当前我国很多乡、民族乡、镇政府，包括城市街道办事处，都将社会体育工作列入政府工作内容，指定某一职能部门或人员负责社会体育工作。

三、与体育有关的群众组织

（一）与体育有关的社会团体

这里的社会团体包括工会、共产主义青年团、妇女联合会、青年人联合会、残疾人联合会等。

工会、共青团、妇联等社会团体作为某一部分人群的群众性组织，与这些人群有着密切的联系并能够对他们产生较大的影响。同时，这些社会团体具有完善的组织系统，从中央到地方，以至于很多机关、企业事业单位都有自己健全的组织机构，这就为在其中开展体育活动提供了组织保障。再者，这些社会团体对本团体成员的体质与健康负有一定的责任，应当组织其成员开展体育活动。《工会法》规定：“工会会同行政方面……组织职工开展文娱、体育活动。”从全国总工会到地方各级工会，从行业工会到基层单位工会，普遍设立职能部门或人员负责职

工体育工作,积极开展职工体育活动。共青团也同工会一样设立职能部门或人员负责青年体育工作。全国残疾人联合会和部分地方残疾人联合会也通过残疾人体育协会,开展残疾人体育活动。其他社会团体也基本如此。

(二)居民委员会和村民委员会对体育发展的作用

居民委员会作为我国城市社区中最基层的群众性居民自治组织，对社区的管理发挥着直接的不可忽视的作用。按照居民委员会组织法规定,居民委员会具有“自我管理、自我教育、自我服务”三种职能,其任务包括办理本居住区的公共事务和公益事业,开展包括体育活动在内的社会主义精神文明建设活动。《体育法》明确规定:“城市应当发挥居民委员会等社区基层组织的作用,组织居民开展体育活动。”这就使居民委员会开展居民体育活动的职责更加明确。我国数以万计的居民委员会,对居民体育发展发挥着越来越大的作用。

在我国农村，村民委员会是村民自我管理、自我教育、自我服务的群众性自治组织,其任务与居民委员会类似。并且《体育法》也明确规定:“农村应当发挥村民委员会、基层文化体育组织的作用,开展适合农村特色的体育活动。”我国数以十万计的村民委员会,必将对农村体育发展产生巨大的推动作用。

四、体育社会团体

(一)各级体育总会

各级体育总会包括中华全国体育总会和县级以上地方体育总会，是体育工作者的群众性体育组织,是在民政部门登记的体育社会团体。中华全国体育总会是全国群众性体育组织,成立于 1949 年。各省、自治区、直辖市体育总会,全国性单项体育协会,全国性行业系统体育协会,中国人民解放军的群众性体育组织可以申请加入中华全国体育总会,成为其团体会员。截至 1997 年 1 月,中华全国体育总会有团体会员 150 个。省、自治区、直辖市;地级市、地区、自治州、盟;县、县级市、区、自治旗、旗可以成立地方体育总会。目前,县级以上地方基本成立了体育总会。各级体育总会中一般都设立群众体育部门,负责社会体育工作。

在各级体育总会的宗旨中明确提出：联系、团结广大体育工作者，努力发展体育事业，普及群众体育运动，提高全民族身体素质；促进社会主义物质文明和精神文明建设；为建设有中国特色的社会主义服务。在各级体育总会的任务中明确提出：要宣传和推动群众性体育活动的开展，大力促进体育改革；通过体育活动对广大人民群众特别是青少年进行教育，培养优良品德。各级体育总会作为党和政府联系体育工作者的纽带和发展体育事业的助手，在党和政府的领导下，经过五十余年的建设，已经形成了包括中央、省、地、县体育总会的组织结构，在配合各级体委推动社会体育事业发展，实施全民健身计划过程中，发挥了积极作用。

（二）各级行业系统体育协会

行业系统体育协会是指在民政部门登记的体育社会团体，是按行业或系统组织起来的群众性体育组织。作为行业或系统行政推动体育工作的桥梁和助手，其主要职责就是在本行业或系统行政领导下，吸引和组织本行业或系统的职工或成员参加体育活动，开展本行业或系统的社会体育工作。全国性的和省级、地级、县级的很多地方都成立了行业或系统体育协会，并设立了专门办事机构或工作人员，卓有成效地开展工作。

目前全国性的行业体育协会有火车头、金融、石油、煤矿、前卫、中建、林业、地质、机械、邮电、石化、航天、航空、中汽、化工、中科院、兵器、建设、交通、电子、冶金、水利、电力船舶、民航（筹备）、轻工（筹备）、内贸（筹备）等体育协会。全国性的系统体育协会有农民、残疾人、老年人、少数民族、大学生、中学生、中国技工学校等体育协会。

（三）各级运动项目协会

运动项目协会也称单项体育协会，是指按运动项目组成的群众性体育组织，是在民政部门登记的体育社会团体。省级、地级、县级的很多地方也都成立了运动项目协会，并设立了专门的办事机构和人员。各个运动项目协会的章程都规定了要组织广大群众和青少年参加本项目活动，普及该项运动。这就表明，作为基层的运动项目协会，由于地域与对象的原因，其主要任务是在群众中普及该项运动。就是全国性运动项目协会，也同样负有将本项目推广到社会体育中去的职责。

运动项目协会所包括的项目是奥运会项目或大型竞赛活动的非奥运会项

目。成立全国性运动项目协会的包括田径运动(以下省略“运动”一词)、游泳、体操、技巧、赛艇、皮划艇、射击、射箭、自行车、无线电、航海模型、帆船帆板、摩托艇、滑水、水下、航空、足球、篮球、排球、乒乓球、羽毛球、网球、软式网球、手球、曲棍球、棒球、垒球、高尔夫球、保龄球、台球、地掷球、围棋、象棋、国际象棋、桥牌、举重、摔跤、柔道、拳击、击剑、马术、现代五项、滑冰、滑雪、冰球、雪车、雪橇等运动项目协会。田径、篮球、足球、乒乓球、门球、棋类等运动项目协会,在基层比较普遍。

(四)传统体育项目协会

传统体育项目协会是指按我国传统体育项目组成的群众性业余体育组织,是在民政部门登记的体育社会团体。这些协会的职责主要是在群众中推广、普及该项运动。成立全国性传统体育项目协会的包括轮滑运动(以下省略“运动”一词)、龙舟、毽球、风筝、钓鱼、信鸽、冬泳、太极拳、舞龙舞狮等项目。传统体育项目协会在各地比较普遍,并且发挥了很好的作用。

五、基层体育组织

(一)街道社区体育组织

街道办事处作为市或市辖区政府派出机构,是城市管理的基础层次。街道办事处负有开展群众性体育活动、增强当地人民体质的政府职责。街道办事处不设立体育行政部门,因此,以街道办事处为依托的社区体育协会(或称街道体育协会等)应运而生。目前,我国大多数街道都成立了社区体育协会,这是最普遍的基层体育组织。此外,还有依托某一区域管理机构或驻地实力和条件优越的企事业单位的地区体育协会,依托住宅区管理机构的居住小区体育协会等。这些群众性的基层体育组织,作为街道办事处、区体育行政部门或某些机构行政的助手,负责组织、协调和管理当地社会体育工作。在实施全民健身计划过程中,我国很多街道成立了以街道办事处领导带头的全民健身领导小组等机构,是具有行政性的体育组织。

(二)乡镇体育组织

乡、民族乡、镇政府是我国农村基层政府。由于我国法定体育行政部门设在县级以上政府,乡级政府不设立体育行政部门,为了发展当地的体育事业,各地根据实际情况建立了不同类型的体育组织。有乡镇领导任组长的乡镇体育领导小组或全民健身领导小组;有依托乡镇政府的乡镇体育协会或乡镇体育总会等。这些基层体育组织或代表乡镇政府行使体育管理职权,或作为乡镇政府的助手,组织协调当地体育工作,开展群众性体育活动,成为我国农村体育的重要组织力量。

(三)基层单位体育协会

基层单位体育协会是指我国基层企业、事业、机关单位的体育协会,是群众性业余体育组织。基层单位体协由单位工会具体组织领导。它的任务是在单位内部开展体育宣传活动,吸引和组织职工经常参加体育锻炼,活跃职工业余生活,提高职工健康和运动技术水平。1981 年,全国总工会和国家体委联合发布了《基层厂矿、企业、事业、机关体育协会章程(试行)》。这种遍布我国基层单位的体育组织,对发展我国职工体育曾经发挥了巨大的推动作用。在新形势下,通过对职工体育的改革和探索,我国基层单位体育协会将继续发挥其重要作用。

(四)体育指导站

体育指导站是指在当地体育行政部门或街道、乡镇政府领导或指导下,开展群众性体育活动的体育组织。体育指导站一般有三种职能:一是组织的职能,即吸引和组织体育爱好者前来参加体育活动;二是指导的职能,即对前来参加体育活动的体育爱好者进行体育指导;三是阵地的职能,即为活动者提供场地,并保持体育活动的科学、健康、文明。体育指导站包括一般性体育指导站和单项性体育指导站。比如在一些城市中成立的航天模型运动指导站就属于单项性体育指导站。较为普遍的是有固定的体育设施或依托公园、广场等建立的体育指导站。有固定的体育设施,有的地方也称为体育指导中心、体育活动中心。这类体育组织设施条件、人员规模、指导能力、管理水平有较大的差异。条件好的体育指导站，有自己的体育场地设施，有专门的管理和指导人员，有固定的活动项目，类似文化站。文化站是文化行政部门所属的事业单位。有些地方则与文化站合在一起，建立了文化体育站或文化体育中心，与文化部门一起开展文化体育活动。相对于体育指导站来讲，比其更基层、规模更小、条件简陋、更松散的体育组织形式是晨（晚）练点，或者称体育指导点，它的性质与职能与体育指导站类似，这是我国城乡最基层的指导群众体育活动的体育组织。

（五）青少年体育俱乐部

青少年体育俱乐部是 20 世纪末出现的。它是由国家体育总局使用体育彩票公益金扶持试点进行的，依托单位现有体育设施和人才，为青少年课余参加体育活动，传授体育知识和技能，发现和培养体育人才的社会体育组织。这种体育组织是社会化、公益性的。它的职能与任务类似于体育指导站，是组织指导青少年课余体育活动的最基层的体育组织。

综上所述，经过新中国五十余年，特别是改革开放二十余年的建设，我国已经建立起了一个在政府领导下，广泛动员群众组织与社会团体的力量，紧紧依托基层体育组织，共同发展社会体育事业的管理体制。这种管理体制虽然存在着若干需要不断改革与完善的问题，但实践证明，这种管理体制是符合我国国情的，是符合社会体育发展规律的，这种管理模式为我国社会体育创造了世界所公认的伟大成就提供了重要的体制保障。

第二节　我国社会体育的法律规定

一、体育法制建设的意义和任务

法制“既包括法律和制度，又包括法的创制、法的实施、法的监督等一系列的活动和过程，是立法、执法、司法、守法和法律监督等内容的统一体”。[①]进一步扩大社会主义民主，健全社会主义法制，依法治国，建设社会主义法治国家，是我国

①卢云：《法学基础理论》，第 249 页，北京，中国政法大学出版社，1994。

现代化建设的重要指导方针。随着社会主义市场经济体制的不断完善和与之相适应的法律体系的逐步建立，法律正在成为管理国家事务，规范社会行为，调整利益关系的主要手段。加强体育法制建设对于保障人民的体育权利，使体育更好地为人民服务；对于依靠法律手段管理体育事业，真正体现人民的意志；对于合理合法地处理体育中的矛盾冲突，协调各种关系；对于推动体育改革，促进体育发展；对于进一步提高体育战线依法行政，依法治体水平，做到"有法可依，有法必依，执法必严，违法必究"有着重要意义。

改革开放以来，我国体育法制建设取得了长足的进步。公民，特别是体育工作者的法律意识和法制观念大大增强。体育法制工作受到中央和地方的人民代表大会、人民政府及其体育行政部门的重视，大大加快了体育法制化的进程；《中华人民共和国体育法》(以下简称《体育法》)的颁布实施，结束了体育事业无部门基本法可依的状况，一大批地方体育法规制度相继出台，增强了各级体育行政部门依法行政，依法治体的能力；体育立法步伐的加快，适应社会主义市场经济体制，促进体育事业发展的体育法规体系框架正在形成；体育法制工作队伍逐步壮大，体育执法监督工作取得了显著成绩。但是体育法制建设方面还存在一些问题，主要表现在：体育队伍的法律素质还不高；依法行政，以法治体的观念还不牢；解决困扰体育改革和发展的一些重点、难点问题的立法还不多；体育执法队伍还不够健全；体育执法监督也不够有力；体育工作的不少方面还未完全纳入法制化管理轨道。

按照依法治国，建设社会主义法治国家的总要求，体育法制建设的基本目标就是要做到"有法可依、有法必依、执法必严、违法必究"，从而实现依法行政，以法治体，为建设社会主义法治国家作出应有的贡献。有法可依是实施体育法制的基本前提，有法必依是实施体育法制的中心环节，执法必严是实施体育法制的重要条件，违法必究是实施体育法制的有力保障。为了实现体育法制建设的基本目标，体育法制建设的主要任务是搞好体育法制宣传，增强全社会的体育法律意识，创造良好的体育法制舆论环境；增强体育队伍的法律素质，遵守体育法律规定，提高体育行政部门依法行政，以法治体的水平；加快立法步伐，健全体育法规体系；加强体育执法监督队伍建设，健全体育执法监督法规制度；加大体育执法监督工作力度，维护体育法律尊严；加强体育法制科学研究，创新体育法制理论，培养体育法制方面的专门人才。

二、《中华人民共和国宪法》及有关法律对社会体育的规定

《中华人民共和国宪法》(以下简称《宪法》)是我国的根本大法,在我国的法律体系中具有最高的法律效力,是发展我国各项事业的最高依据。《宪法》有多处关于发展体育事业的规定。《宪法》第二十一条明确规定:“国家发展体育事业,开展群众性的体育活动,增强人民体质;”第四十六条规定:“国家培养青年、少年、儿童在品德、智力、体质等方面全面发展。”此外,《宪法》还在第八十九条、第一百零七条,一百一十九条分别对国务院、地方各级人民政府发展体育事业的职权、职责作了规定。上述的规定包含了对社会体育的规定。从完成《宪法》赋予体育事业的职责角度讲,实现“开展群众性的体育活动,增强人民体质”,社会体育负有主要责任;实现青少年和儿童德智体全面发展,在校外发挥作用的社会体育同样负有重要责任。

根据《宪法》制定的诸多法律中都有与社会体育有关的规定。在《中华人民共和国地方各级人民代表大会和地方各级人民政府组织法》中,规定了县以上的地方各级人民政府和乡、民族乡、镇人民政府具有管理本行政区域内体育事业行政工作的职权。在《中华人民共和国民族区域自治法》中,规定了“民族自治地方的自治机关自主地发展体育事业,开展民族传统体育活动,增强各族人民的体质。”在《中华人民共和国教育法》中,规定了“体育场(馆)等公共体育设施,……应当对教师、学生实行优待,为受教育者接受教育提供便利。”在科学技术进步法中,规定国家鼓励运用先进的科学技术促进体育事业的发展。在残疾人保障法中,规定国家和社会鼓励、帮助残疾人参加体育活动,残疾人体育活动应当面向基层,融于社会公共文化生活;组织和扶持残疾人开展群众性体育活动,举办特殊体育运动会;体育公共活动场所为残疾人提供方便和照顾,有计划地举办残疾人活动。在未成年人保护法中,规定体育场馆应当对中小学生优惠开放,各级人民政府应当创造条件,建立和改善未成年人文化生活需要的活动场所和设施。在工会法中,规定工会会同行政方面组织职工开展文娱、体育活动。在民法通则中,规定劳动群众集体组织的财产属于劳动群众集体所有,包括集体所有的体育设施。可见,我国的有关法律对社会体育的诸方面作了明确规定,为社会体育发展提供了法律保障。

三、《中华人民共和国体育法》对社会体育的基本规定

(一)《体育法》对社会体育的目的和任务的规定

“增强人民体质，提高运动技术水平，促进社会主义物质文明和精神文明”。《体育法》对发展体育事业的目的和任务的规定，也包括了对发展社会体育事业的目的和任务的规定。发展社会体育事业不仅仅是增强人民体质，还包括提高社会体育的运动技术水平，促进社会主义物质文明和精神文明。同样，发展竞技体育事业也不仅仅是提高运动技术水平，还包括增强人民体质，促进社会主义物质文明和精神文明建设。对此，我们要有一个全面准确的认识。

(二)《体育法》对社会体育的工作方针的规定

《体育法》规定了“国家发展体育事业，开展群众性的体育活动，提高全民族身体素质”的基本方针，确立了发展体育事业是国家和各级人民政府的责任，国家和各级人民政府是发展体育事业的主体。同时规定了“体育工作坚持以开展全民健身活动为基础，实行普及与提高相结合，促进各类体育协调发展”的工作方针，确定了社会体育工作在体育事业中的基础地位，明确了社会体育、学校体育和竞技体育应协调发展。再者，《体育法》规定“国家坚持体育为经济建设，国防建设和社会发展服务。体育事业应当纳入国民经济和社会发展计划，国家推进体育管理体制改革。国家鼓励企业事业组织、社会团体和公民兴办和支持体育事业”。这既规定了发展体育事业坚持“三个服务”的方针，又规定了国家发展体育事业所要遵循的基本要求，即纳入国民经济和社会发展计划，推进管理体制改革，国家与社会共同兴办。《体育法》对体育方针的规定也是对社会体育方针的规定，是社会体育必须遵循的。

(三)《体育法》对社会体育基本制度的规定

《体育法》在《社会体育》专章中规定：“国家推行全民健身计划，实施体育锻炼标准，进行国家体质监测。国家实行社会体育指导员技术等级制度，社会体育指导员对社会体育活动进行指导。”这些规定了我国社会体育实施的基本法规制

度，包括全民健身计划纲要，国家体育锻炼标准，国民体质监测制度和社会体育指导员技术等级制度，为社会体育发展提供了基本法规制度保障。

（四）国家对公民参加社会体育活动责任的规定

《体育法》规定："国家提倡公民参加社会体育活动，增进身心健康。"这不仅确定了国家对公民的体育责任，而且从法律上赋予公民享有参加社会体育活动的充分自由，享有身心健康得到增强的体育权利。为了保障公民身心健康得到增进，《体育法》还进一步规定"体育工作坚持以开展全民健身活动为基础"，确定了开展全民健身活动不仅在社会体育工作中而且在整个体育工作中的基础地位。同时规定"地方各级人民政府应当为公民参加社会体育活动创造必要的条件，支持、扶助群众性体育活动的开展"。还对国家机关、企业事业组织、工会等社会团体、居民委员会和村民委员会等开展体育活动的责任作了规定。

为了体现国家对公民的体育责任，《体育法》规定了"社会体育活动应当坚持业余、自愿、小型多样，遵循因地制宜和科学文明的原则"；规定了"社会体育指导员对社会体育活动进行指导"；规定了"对青年、少年、儿童的体育活动给予特别保障"；规定了"鼓励、支持民族、民间传统体育项目的发掘、整理和提高"；规定了"各级人民政府应当采取措施为老年人、残疾人参加体育活动提供方便"。

（五）政府对社会体育资金投入和公共体育设施建设责任的规定

《体育法》一方面规定了县级以上政府对体育事业发展要有资金投入："县级以上各级人民政府应当将体育事业经费，体育基本建设资金列入本级财政预算和基本建设投资计划，并随着国民经济的发展逐步增加对体育事业的投入。"另一方面动员和倡导社会向体育投入："国家鼓励企业事业组织和社会团体自筹资金发展体育事业，鼓励组织和个人对体育事业的捐赠和赞助"，多渠道多形式筹措体育事业发展资金，增强体育财力。同时对体育资金管理作了规定，特别规定"任何组织和个人不得挪用、克扣体育资金"，这些规定都包括了社会体育在内。

《体育法》对政府在公共体育设施的规划、建设、使用和保护等方面的责任作了规定。关于规划和建设，规定"县级以上地方各级人民政府应当按照国家对城市公共体育设施用地定额指标的规定，将城市公共体育设施建设纳入城市建设规划和土地利用总体规划，合理布局，统一安排"；同时规定"城市在规划企业、学校、街道和居民区时，应当将体育设施纳入建设规划。乡、民族乡、镇应当随着经济发展逐步建设和完善体育设施”。关于使用和保护，规定“公共体育设施应当向社会开放，方便群众开展体育活动”，“任何组织和个人不得侵占、破坏公共体育设施”。对于因特殊情况需要临时占用体育设施的，“必须经体育行政部门和建设规划部门批准，并及时归还”。对于按照城市规划改变体育场地用途的，“应当按照国家有关规定，先行择地新建偿还”。同时规定，对于侵占、破坏公共体育设施的违法行为，“构成犯罪的，依法追究刑事责任”，“违反治安管理的，由公安机关依照治安管理处罚条例的有关规定给予处罚”，对于没有构成犯罪和违反治安管理的“由体育行政部门负责限期改正，并依法承担民事责任”。

（六）国家对体育社会团体、社会体育专门人才和体育健身经营活动责任的规定

体育社会团体作为人民参与体育管理的重要组织形式，《体育法》规定“国家鼓励、支持体育社会团体按照其章程，组织和开展体育活动，推动体育事业的发展”。同时规定“全国性的单项体育协会管理该项运动的普及与提高工作”。表明单项体育协会同时肩负着在公民中普及该项运动和提高运动技术水平双重任务。

对于社会体育专门人才的培养，在实施社会体育指导员技术等级制度，培养社会体育骨干队伍的同时，《体育法》规定“国家发展体育专业教育，建立各类体育专业校、系、科”，培养“从事群众体育等方面的专业人员”，为社会体育输送高级专门人才。

对于以体育健身、体育竞技等为内容的经营活动，《体育法》规定“县级以上人民政府体育行政部门”，“应当按照有关规定加强管理和监督”，保障正常的市场秩序，促进体育产业发展。

第三节　我国社会体育的主要法规制度

一、国家体育锻炼标准施行办法

（一）《国家体育锻炼标准》的发展沿革

《体育法》规定，“国家推行全民健身计划，实施体育锻炼标准，进行体质监测。国家施行社会体育指导员技术等级制度，社会体育指导员对社会体育活动进行指导”。从而使《全民健身计划纲要》《国家体育锻炼标准》《国民体质测定标准》和《社会体育指导员技术等级制度》成为我国社会体育的四项法定基本制度。

新中国成立之初，有些地方已经开始试行自己制定的《体育锻炼标准》。1950年，北京市有的中学试行了《体育锻炼标准》。到 1954 年 1 月，“《体育锻炼标准》已在全国较为广泛地推行”。[1]在学习苏联体育经验的基础上，1954 年 5 月，经国务院批准，中央体委公布了《准备劳动与卫国体育制度》。1956 年 2 月，国家体委颁布了《中华人民共和国劳动与卫国体育制度条例》，1958 年 10 月经国务院批准，国家体委颁布了《劳动卫国体育制度条例》。1964 年将该制度修改为《青少年体育锻炼标准》，并于 1965 年开始试行，1974 年 2 月国家体委下发通知，在全国试行《国家体育锻炼标准条例（草案）》。1975 年 5 月经国务院批准，国家体委公布《国家体育锻炼标准条例》在全国施行。1982 年修改后施行的《国家体育锻炼标准》至 1989 年 12 月，重新修订的《国家体育锻炼标准施行办法》经国务院批准，国家体委于 1990 年 1 月公布施行，至今《国家体育锻炼标准》已初步构成了一个体系。学校有《学生体质健康标准》，军队和公安部门有相应的体育锻炼标准，社会上有普通人群体育锻炼标准。作为新中国一项基本体育制度，《国家体育锻炼标准》走过了 50 多年的历程。它在引导全国人民，特别是广大青少年积极参加体育锻炼，培养科学锻炼习惯，提高身体素质，促进人的全面发展等方面，发挥了重要作用。

---

①贺龙：《在总路线照耀下，为开展群众性的体育运动而奋斗》，见《体育运动文件选编（1949～1981）》，第 10 页，人民体育出版社，1982。

(二)《国家体育锻炼标准》的基本内容

《国家体育锻炼标准施行办法》规定,体育锻炼标准在学校全面施行。机关、团体、事业单位和城市街道、农村乡镇可以根据条件施行。体育锻炼标准施行工作由体育行政部门主管。各级体育行政部门应当会同教育等有关部门督促所属基层单位有计划有组织地施行。卫生部门应当负责卫生医务监督。各地体育场(馆)应当创造条件建立辅导站和测验站,为体育锻炼者提供方便。体育锻炼按年龄(学生按年级和学段)分为儿童组:9~12岁(小学3~6年级);少年乙组:13~15岁(初中);少年甲组:16~18岁(高中);成年组:19岁以上(大学)。测验设速度、耐力、跳跃、投掷、腰腹上肢力量等5种类型。每种类型中有若干测验项目。参与者从所属组别的每种类型中选择一项参加测验,5个测验项目可在一年内完成。同时规定了不同测验项目的测试方法和评分标准、评级标准。达标等级分为及格、良好、优秀三级。

关于《学生体质健康标准》,后面具体说明。军队和公安部门的体育锻炼标准在此省略。2003年5月,国家体育总局会同国家民委等7个部门发布了普通群众体育锻炼标准,进一步完善了新世纪《国家体育锻炼标准》。这一标准适用于20~59周岁的人群。按年龄和性别分组,以5岁为一组,男女各分为8个组别。测验设耐力、速度、柔韧、灵敏、力量5种类型。每种类型有若干测验项目。同时规定了测验方法和评分标准、评级标准。各单项测验得分之和,再加上均衡分和平时锻炼分所得到的总分,评定其锻炼效果。锻炼效果分为:优秀、良好、中等、尚可、不明显、需加强锻炼6级。

二、全民健身计划纲要

(一)《全民健身计划纲要》的基本内容

1995年6月20日,国务院颁发了《国务院关于印发全民健身计划纲要的通知》(以下简称《纲要》)。全民健身计划是一项国家领导、社会支持、全民参与的体育健身计划,是与实现社会主义现代化目标相配套的社会系统工程和面向21世纪的体育发展规划。《纲要》确定了到2000年和2010年我国全民健身事业的发展方向和奋斗目标,提出了我国全民健身事业改革与发展的新思路和新举措,是新时期我国全民健身工作的纲领性文件。

《纲要》作为发展我国全民健身事业的纲领性文件，全文分为五部分，共26条。第一部分面临的形势，共3条，阐述了我国群众体育事业的基本成就和主要差距，强调了推行全民健身计划的必要性。第二部分目标和任务，共3条，分别确定了全民健身计划2010年的奋斗目标和2000年的发展目标与改革目标。第三部分对象和重点，共9条，确定了全民健身计划的实施对象和重点人群，分别对不同人群的全民健身工作提出了具体要求。第四部分对策和措施，共9条，确定了实施全民健身计划的主要工作内容，即构建全民健身体系的各个组成部分。第五部分实施步骤，共2条，确定了全民健身计划的阶段划分及每个阶段的工作重点，确定了推行全民健身计划的领导体制和实施要求。《纲要》言简意赅，每一条均有丰富的内涵，描绘了我国全民健身事业的发展蓝图。

（二）全民健身体系的基本框架

全民健身计划的基本奋斗目标是全面提高中华民族的体质与健康水平，基本建成具有中国特色的全民健身体系。所谓有中国特色全民健身体系，就是一个能够不断为全国人民改善体育健身的环境和条件，有效地支持全国人民参与体育健身活动，满足全国人民多样化的体育健身需求，使全国人民健康素质得到明显提高的服务和保障系统；是一个由若干服务要素和保障要素组成的，按一定结构和层次构架的，具有体育服务和体育保障功能的整体。全民健身体系的本质是它的服务性和保障性。全民健身体系的基本特征是全面性、多元化、平民化、系统性、服务性和保障性。全民健身体系的基本框架包括体育服务体系和体育保障体系两个二级子系统。体育服务体系包括体育场地设施、体育消费市场 体育活动指导、体育健身组织、体育信息供给等5个三级子系统。体育保障体系包括体育科学指导、体育条件支持、体育组织管理等3个三级子系统。在每个三级子系统下，又包括若干个四级子系统、五级子系统……。

（三）全民健身计划的基本特色

我国推行的全民健身计划具有鲜明的时代特点，它是通过政府行为而搞的国家工程，系统整体地推进体育建设，同时走社会化路子，采用整体规划，逐步推进的方式，发展全民健身事业。这在当代世界体育发展中是少见的。《纲要》规划了1995～2010年间的两期工程。第一期工程为1995～2000年，相当于“九五”计划期间，第二期工程为2001～2010年，相当于“十五”计划和“十一五”计划期间。《纲要》实施的领导体制是“在国务院领导下，由国家体委会同有关部门、各群众组织和社会团体共同推行。国家体委负责组织实施”。实施全民健身计划第一期工程取得了世人瞩目的伟大成就。目前，正在按照《全民健身计划纲要》第二期工程规划，为基本建成有中国特色的全民健身体系和面向大众的体育服务体系而健康有序地开展各项工作。

三、社会体育指导员技术等级制度

（一）《社会体育指导员技术等级制度》的颁布实施

1993年12月4日，国家体委第19号令发布《社会体育指导员技术等级制度》（以下简称《制度》）。这是一部加强我国社会体育队伍建设和管理的法规文件，是我国继《运动员技术等级制度》《裁判员技术等级制度》之后建立的又一项基本体育制度。《制度》的颁布实施是深化社会体育改革的结果，是适应了社会主义市场经济体制条件下发展社会体育的社会化要求，标志着我国社会体育工作规范化、制度化进程向前迈进了一大步。对于保护和调动社会体育骨干从事社会体育工作的积极性，推进社会体育活动的组织化，提高群众体育健身活动的科学化，保障群众参与体育健身活动的合法权益，占领社会主义文化体育阵地有着重要意义。为了更好地实施《制度》，1994年6月国家体委下发《实施 <社会体育指导员技术等级制度> 的意见》，这个文件对实施《制度》的管理机构，业务培训，申请、评定和批准，日常管理，实施步骤与要求等问题作了进一步明确具体的规定。

（二）《社会体育指导员技术等级制度》的基本内容

《制度》共19条，分别对社会体育指导员的地位、性质、类型、级别、基本条件、分级条件、工作方式、申请和审批程序与要求、管理权限与内容、奖励与处罚等作了明确规定。完整意义的社会体育指导员技术等级制度，不仅指《制度》这一项文件和《实施 <社会体育指导员技术等级制度> 的意见》，还包括《社会体育指导员培训大纲（试用）》。《社会体育指导员培训大纲（试用）》具体规定了各级社会体育指导员培训的目的任务；培训对象；培训方式与时数；培训内容基本构成与师资队伍；考核与结业；培训工作要求和具体培训内容等。同时根据培训大纲，国家体委群体司组织编写了不同级别的《社会体育指导员培训教材》。不仅规定了《二级和三级社会体育指导员统一考试大纲（试用）》，而且对培训中进行统一考试的组织管理、命题、试卷编制、印刷、评阅、考试时刻与方式、成绩评定等都作了具体明确的规定。为了严格管理、严格培训、严格审批，维护《制度》的严肃性，国家体委下发了《关于加强社会体育指导员管理工作的通知》。社会体育指导员技术等级制度还包括评审荣誉社会体育指导员等其他文件。

（三）社会体育指导员的几项规定

《制度》是一项面向广大社会体育工作者的非职务性国家资格认定制度。这表明，社会体育指导员称号不是技术职务（习惯上称技术职称），而是一种技术等级称号；这种称号是国务院体育行政部门认定的，不是地方体育行政部门认定的。各级地方体育行政部门接受国务院体育行政部门委托，代行认定。《制度》实行统一领导，分级管理的体制。

《制度》确定："社会体育指导员系指在竞技体育、学校体育、军队体育以外的群众性体育活动中从事技能传授、锻炼指导和组织管理工作的人员。社会体育指导员由低到高共分四级：三级社会体育指导员、二级社会体育指导员、一级社会体育指导员，国家级社会体育指导员。社会体育指导员的工作方式有四种类型：义务从事社会体育的指导工作；有偿进行社会体育指导并按照相应技术等级称号收取不同的报酬；开展经营性体育活动和受聘于单位担任社会体育指导工作。

四、社会体育指导员国家职业标准

（一）《社会体育指导员国家职业标准》的颁布实施

2001 年 8 月 7 日，劳动和社会保障部颁布并开始实施《社会体育指导员国家职业标准》（以下简称《标准》）。职业标准是衡量劳动者技术水平和工作能力的重要尺度，是劳动管理科学化的重要基础，是职业培训的基本依据。制定社会体育指导员职业标准，实行社会体育指导员职业资格证书制度，对于规范和发展体育劳动力市场，加强体育市场管理，提高社会体育劳动者的素质和能力，调动社会体育劳动者的积极性有着重要作用。

《中华人民共和国职业分类大典》编制说明指出，职业是指从业人员为获取主要生活来源所从事的社会工作类别。职业须具备下列特征：目的性，即职业活动以获得现金或实物等报酬为目的；社会性，即职业是从业人员在特定社会环境中所从事的一种与其他社会成员相互关联、相互服务的社会活动；还有稳定性、规范性和群体性等特征。因此《社会体育指导员国家职业标准》所适用的人群是以获得现金或实物等报酬为目的，并且成为主要生活来源的社会体育从业者。

《中华人民共和国职业分类大典》将我国职业分为8个大类、66个中类、413个小类、1838个细则（职业）。社会体育指导员属于第4大类：商业、服务业人员；第4中类：饭店、旅游及健身娱乐场所服务人员。第3小类：健身和娱乐场所服务人员。职业编码为4—04—03—01。社会体育指导员与体育场地工、康乐服务员、保健按摩师等同属于健身和娱乐场所服务人员。

（二）《社会体育指导员国家职业标准》的主要内容

《标准》包括4部分：1. 职业概况。内容包括：职业名称；职业定义；职业等级；职业能力特征；基本文化程度；培训要求；鉴定要求等。2. 基本要求。对职业道德和基础知识提出了要求。3. 工作要求。对各级社会体育指导员的技能提出了要求。4. 比重表。提出了理论知识和技能操作的不同考核内容所占的百分比。

《标准》确定社会体育指导员的职业定义是：在群众性体育活动中从事运动技能传授、科学健身指导和组织管理工作的人员。该职业共设4个等级：初级社会体育指导员（国家职业资格五级）、中级社会体育指导员（国家职业资格四级）、高级社会体育指导员（国家职业资格三级）、社会体育指导师（国家职业资格二级）。基本文化程度要求为初中毕业。职业能力特征为动作协调，具有较强的示范、讲解与语言表达能力。职业鉴定的适用对象为从事或准备从事本职业的人员。职业技能包括接待咨询、场地器材准备、技术指导、健身指导、组织管理等。

五、国民体质测定标准施行办法

（一）《国民体质测定标准施行办法》的颁布实施

2003 年 7 月 4 日，国家体育总局与教育部、国家民委、民政部、劳动和社会保障部、农业部、卫生部、国家工商总局、全国总工会、共青团中央、全国妇联共同发布实施《国民体质测定标准实施办法》（以下简称《标准》）。《标准》的实施表明，我国国民体质的科学研究工作取得了重大进展，同时也为用科学手段提高劳动者身体素质创造了基本条件，奠定了开展国民体质监测的科学基础。通过科学标准评价国民体质状况，不仅可以使各级人民政府了解人民群众的体质状况，有目的、有计划地解决人民群众的体质问题，更好地为增强人民体质服务，明显提高国民健康素质；也可以使个人了解自己的体质状况，有针对性地、主动地进行体育健身活动，推进增强人民体质的科学化进程。

《标准》制定利用了 2000 年全国国民体质监测获得的资料，在 1996 年国家体委颁布的中国成年人体质测定标准基础上，对测定指标进行了修改，适用对象扩大为 3 ~ 69 周岁公民，形成了包括幼儿、青少年、成年人、老年人的系统完整的国民体质测定体系。并根据不同年龄、性别人群的实际情况，制定了相应的测定指标、评分标准和评级标准。

（二）《国民体质测定标准施行办法》的主要内容

《标准》共计十八条。分别规定了国民体质测定的年龄分组；实施原则；主管部门；体育行政部门的职责；国民体质监测中心的职责；城市街道、农村乡镇、机关、企事业单位职责；体质测定站条件；体质测定规范；营利性体质测定要求；特殊部门和单位对《标准》的使用等。《标准》中的青少年部分称为《学生体质健康标准》。《标准》规定，国务院体育行政部门主管全国《标准》施行工作。地方各级体育行政部门主管本行政区内的《标准》施行工作，国务院教育行政部门负责在全国各级各类学校施行《学生体质健康标准》工作。国务院卫生、民政、劳动和社会保障、农业、民族等部门和工会、共青团、妇联等社会团体在各自职责范围内负责施行《标准》工作。《标准》分为幼儿部分；青少年部分，即《学生体质健康标准》；成年人部分；老年人部分。

1.《标准》幼儿部分

适用对象为 3～6 周岁儿童。按年龄、性别分组。3～5 周岁每 0.5 岁为一组，6 周岁为一组，男女共计 14 个组别。测试指标包括形态：身高、体重；素质：10 米折返跑、立定跳远、网球掷远、双脚连续跳、坐位体前屈、走平衡木。同时规定了测试方法和评级标准、评分标准。并规定了按所测指标得分之和不同，评定为一级（优秀）、二级（良好）、三级（合格）、四级（不合格）。成年人部分、老年人部分亦同，不再赘述。

2.《标准》成年人部分

适用对象为 20～59 周年成年人。按年龄、性别分组。每 5 岁为一组。男女共计 16 个组别。素质测试分 20～39 周岁和 40～59 周岁两个组别，测试指标有所区别。形态指标：身高、体重；机能指标：肺活量、台阶试验；素质指标：20～39 周岁，握力、俯卧撑（男）、一分钟仰卧起坐（女）、纵跳、坐位体前屈、选择反应时、闭眼单腿站立；40～59 周岁则不测俯卧撑（男），一分钟仰卧起坐（女）、纵跳，只测其余四项。

3.《标准》老年人部分

适用对象为 60～69 周岁老年人。按年龄、性别分组。每 5 周岁为一组。男女共计 4 个组别。测试指标包括形态：身高、体重；机能：肺活量；素质：握力、坐位体前屈、选择反应时、闭眼单腿站立。

4.《学生体质健康标准》

《学生体质健康标准》是《国民体质测定标准》的青少年部分，也是《国家体育锻炼标准》的组成部分及其在学校的具体实施。2002 年 7 月 4 日，教育部、国家体育总局发出通知实施《学生体质健康标准（试行方案）》及《学生体质健康标准（试行方案）实施办法》。上述文件规定，实施《学生体质健康标准》后，原《国家体育锻炼标准》的内容不再执行。已经实施《学生体质健康标准（试行方案）》的学校，《大学生体育合格标准》《中学生体育合格标准》《小学生体育合格标准》停止执行。同时规定，2004 年新学年开始各级各类学校全面实施《学生体质健康标准（试行方案）》。

《学生体质健康标准（试行方案）》适用对象为全日制小学、初级中学、普通高中、中等职业学校和普通高等学校的在校学生。按年级、性别分组。小学一、二年组，三、四年级，五、六年级各为一组。初中级以上年级每个年级为一组，大学为一组。男女共计 20 个组别。测试指标小学一、二年级为身高、体重、坐位体前屈；小学三、四年级为身高、体重、50 米跑、立定跳远。小学五、六年级的身高、体重、肺活量为必测项目；从台阶试验、50 米×8 往返跑中选测一项；从 50 米跑、立定跳远中选测一项；男生从坐位体前屈、握力中选测一项，女生从坐位体前屈、握力、仰卧起坐中选测一项。初中及以上各年级(含大学)的身高、体重、肺活量为必测项目；从 50 米跑、立定跳远中选测一项；男生从台阶试验、1000 米跑中选测一项，女生从台阶试验、800 米跑中选测一项；男生从坐位体前屈、握力中选测一项，女生从坐位体前屈、仰卧起坐、握力中选测一项。同时规定了评分标准和评级标准。所测项目得分之和满分为 100 分。86 分以上为优秀，76～85 分为良好，60～75 分为及格，59 分以下为不及格。

六、进一步加强民间组织管理工作

1999 年 11 月 1 日，中共中央办公厅、国务院办公厅联合下发《中共中央办公厅、国务院办公厅关于进一步加强民间组织管理工作的通知》(以下简称《通知》)。《通知》指出，针对我国民间组织发展与管理工作中出现的一些新情况、新问题，为了进一步加强我国民间组织的管理工作，经党中央、国务院同意，就统一思想、提高全党对加强民间组织管理工作重大意义的认识；认真落实双重负责的管理体制，进一步加大管理力度；加快法制建设，完善民间组织管理的法律法规体系；强化民间组织的自律机制，提高我国民间组织的整体素质；规范民间组织涉外交往活动；严厉打击非法民间组织的违法犯罪活动，维护社会政治稳定；切实加强领导，保证民间组织正确的政治方向等提出了一系列要求。

《通知》重申了对民间组织实行业务主管单位和登记管理机关双重负责的管理体制。强调这一管理体制是加强民间组织管理工作的核心内容，必须切实予以落实。同时明确业务主管单位应对民间组织的申请登记、思想政治工作、党的建设、财务和人事管理、研讨活动、对外交往、接受境外捐赠资助、按章程开展活动等事项切实负起责任。除《社会团体登记管理条例》明确规定的可以免于登记的社会团体以外，所有民间组织都必须依法由民政部门统一登记，其他任何部门无权登记、颁布证书；机关、团体、企事业单位经本单位批准成立的内部团体，不得在社会上活动；社会团体不得设立地域性的分支机构；禁止设立气功功法类、特定群体（退伍军人、下岗待业人员、打工者等）类、宗教类和不利于民族团结的民间组织和与国家法律法规相悖的民间组织。

七、健身气功管理暂行办法

2000年9月11日，国家体育总局令第4号发布实施《健身气功管理暂行办法》（以下简称《办法》）。《办法》共8章36条。除总则与附件外，分别对健身气功的管理机关，活动管理，活动站、点，辅导人员，社会团体和罚则作出了具体规定。《办法》称，健身气功是以自身形体活动、呼吸吐纳、心理调节相结合为主要形式的民族传统体育项目，是中华悠久文化的组成部分。《办法》规定，凡在中华人民共和国境内开展健身气功及健身气功相关的活动，均适用该《办法》。

关于健身气功管理机关，《办法》规定，国家体育总局是全国健身气功的业务主管部门。地方各级人民政府体育行政部门（含人民政府授权的管理机构）是当地健身气功的业务主管部门，对本地区健身气功活动进行组织和业务管理。《办法》还规定了各级体育行政部门管理健身气功的主要职责。

关于健身气功的活动管理，《办法》规定，健身气功活动实行属地管理；举办健身气功活动必须获得体育行政部门的批准，必须具备相应条件，参加人数超过200人时，还需获得同级公安机关许可；申请举办健身气功活动的公民、法人和其他组织，必须具有合法身份；举办健身气功培训班，须报经当地具有相应管辖权限的体育行政部门审核批准，须提前15个工作日报送相关材料。《办法》规定了“四个禁止”，即禁止在健身气功活动中进行带有愚昧迷信或深化个人的宣传；禁止举办“带功报告”“会功”“弘法”“贯顶”及其他类似的活动；禁止销售未经国家指定机关审查、出版的健身气功类图书、音像制品和电子出版物；禁止出售“信息物”。

《办法》规定了健身气功活动站、点须具备的条件、建立健身气功活动站、点的程序、规则、审核等要求；规定了体育行政部门负责对健身气功活动站、点进行业务管理；内容健康，科学文明的健身气功功法，经体育行政部门核准后，可以在健身气功活动站、点习练。同时《办法》对健身气功的冠名、健身气功站、点的选择作了“7个不得”的规定。既健身气功功法名称不得使用宗教用语，不得以个人名字命名；不得冠以“中国”“亚洲”“世界”“宇宙”以及类似的字样；健身气功活动站、点的选择不得妨碍社会治安、交通和生产、生活秩序；不得在国家机关、广播电台、电视台、外国领事馆、军事设施及其他要害部门周边地区以及航空港、车站、港口等重要场所和中小学设立健身气功活动站、点；不得在健身活动站、点悬挂、张贴、散发与前述“四个禁止”相抵触的宣传品；公共文化体育设施不得为未经批准的健身气功活动提供场地等。

《办法》规定，健身气功辅导员分为国家级、一级、二级、三级；经体育行政部门或体育行政部门委托的机构培训、考核合格的健身气功辅导员，方可取得传授或指导健身气功的资格。同时规定了健身气功辅导员的基本条件和各级健身气功辅导员的批准授予权限和日常管理工作。

《办法》规定了健身气功社会团体是行业综合性社会团体，全国、省（自治区、直辖市）以及具备条件的地区级单位可以建立综合性健身气功社会团体；县级及其以下单位不得建立健身气功社会团体。不得按功法门类成立健身气功社会团体，健身气功社会团体内不得设立功法类和地域性分支机构。并且规定了成立健身气功社会团体的各项事宜。对违反《办法》某些具体条款的行为，《办法》作出了包括警告、限期整改、取消资格、取缔、治安处罚，直至依法追究刑事责任的具体规定。

八、群众性文化体育活动治安管理办法

1999 年 11 月 18 日，公安部第 44 号令发布实施《群众性文化体育活动治安管理办法》（以下简称《办法》）。《办法》共 20 条。《办法》规定，在公园、风景游览区、游乐园、广场、体育场（馆）、展览馆、俱乐部、公共道路、居民生活区等公共场所举办的体育活动；龙舟会等民间传统活动；体育比赛、民间竞技、健身气功等群众性体育活动；其他群众性文化体育活动均适用于《办法》。

《办法》规定，举办上述活动的公民、法人和其他组织，1. 应当向所在地县级以上公安机关提出书面申请；2. 应当对活动的具体内容、安全保卫措施承担全部责任，并制定安全保卫工作方案；3. 个人举办的活动必须经有关主管部门批准，法人和其他组织举办活动必须有合法身份。《办法》还规定了批准不同人数和跨地区活动的公安机关级别；重要会议、重要场所举办活动要向县级以上人民政府申请。《办法》还明确了 9 种公安机关不予许可的规定，7 种公安机关可以责令其停止活动的规定。对未经公安机关许可举办的活动，场地管理者不得将场地提供给举办者使用。对违反者的处罚问题，《办法》中也作了规定。

思考题

1. 我国社会体育管理体制包括哪几个系统?
2. 我国社会体育行政管理体制的基本结构是怎样构成的?
3. 我国《宪法》对社会体育有哪些规定?
4. 我国《体育法》对社会体育有哪些规定?
5.《全民健身计划纲要》的基本内容有哪些?
6.《社会体育指导员技术等级制度》的基本内容有哪些?
7.《关于进一步加强民间组织管理工作的通知》和《关于加强健身气功管理的有关问题意见的通知》对群众性健身活动作了哪些规定?

参考文献

1　国家体委群体司编.《全民健身计划文集(二)》. 内部出版,1996.
2　国家体委群体司编.《全民健身计划文集(三)》. 内部出版,1997.
3　国家体育总局编.《全民健身计划文集(四)》. 内部出版,1998.
4　国家体育总局编.《全民健身计划文集(五)》. 内部出版,1999.
5　国家体育总局编.《全民健身计划文集(六)》. 内部出版,2000.
6　国家体育总局编.《全民健身计划文集(七)》. 内部出版,2001.
7　国家体育总局编.《全民健身计划文集(八)》. 内部出版,2002.
8　国家体育总局编.《全民健身计划文集(九)》. 内部出版,2003.

第三章

社会体育的基本要素

本章重点

社会体育的基本要素包括社会体育参与者、社会体育活动、社会体育设施、社会体育组织和社会体育方法。随着社会的发展，社会体育的各项要素内涵也会发生变化。只有与时俱进，不断调适社会体育基本要素，使其符合社会变化的要求，才能促进人民生活质量的提高。

第一节　社会体育基本要素概述

一、社会体育基本要素分类的依据及意义

社会体育的要素分类有多种方法。比如，从文化学角度可分为观念、物质、技术、规范等，从结构学角度可分为体制、机制、法制等，也可从活动模式、参与人群、体育功能等角度进行分类。本文从实用性出发，采用活动构成要素分类方法，将社会体育基本要素分为社会体育参与者、社会体育活动、社会体育设施、社会体育组织、社会体育方法等方面。

首先，社会体育是由各种活动所组成的，因此从活动的构成要素着手，可以掌握社会体育实践的基本情况。社会体育活动丰富多彩，只有从要素结构角度对社会体育活动进行概括，才能较好地认识社会体育。

其次，活动是由人来进行的，活动的参与者不仅仅指体育活动参与者，也包括社会体育的管理者和指导者。分析不同参与者在体育活动中的作用，梳理他们之间的关系，对开展社会体育活动有积极的意义。

第三，社会体育活动基本上是一种有组织的活动。不同的组织结构与组织运作，对体育活动的效率有重要的影响作用。

第四，社会体育活动一般是在开放性体育设施里进行的，不同设施因其性质差异，其体现的功能也是有区别的。分析这些差异性对设施定位和利用具有重要意义。

第五，社会体育活动需要有适宜的方法。同样的运动，针对不同的人群，就应有不同的方法。方法上与时俱进会使社会体育活动增添新的活力。

二、社会体育的基本要素结构

在社会体育的五个基本要素中，活动、参与者、组织、设施等具有相对的稳定性，是基础要素，也是进行社会体育活动必不可少的因素。而方法要素是其中最为活跃的，也是最能体现社会体育活动水平的核心要素。普通的体育活动，采用先进的方法，会出现更佳的活动效果。

在以方法为核心的社会体育要素组合中（图 3－1），参与者和活动处于中心地位（中间层次），从横向看，社会体育参与者运用一定的方法进行社会体育活动。社会体育设施作为社会体育活动的硬件是基础要素，社会体育组织作为社会体育活动的软件，是保障要素。从斜向看，社会体育参与者通过一定的体育组织和利用某些体育设施开展社会体育活动，而社会体育方法作为核心要素，具有辐射和中介作用。其辐射作用主要体现为方法的不断改进，是其他四个要素发展的催化剂。其中介作用主要表现为，其他四个要素的组合是通过方法运用而实现的。

明确社会体育基本要素间的关系，正确运用社会体育基本要素，这是进行社会体育工作的基本要求。

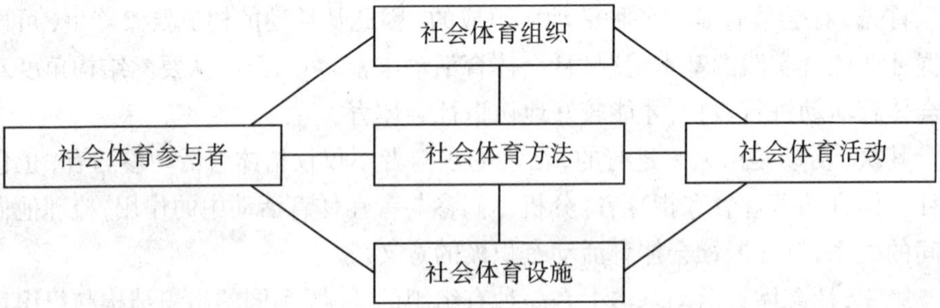

图 3－1　社会体育基本要素结构图

第二节　社会体育活动

社会体育活动可以从内容、形式以及活动的时间、空间特征等方面加以把握。

一、社会体育活动的内容

社会体育活动的内容有按目的分类的，也有按项目特征分类的，还有按场所分类的……

(一)按目的分类的社会体育活动

1. 享乐型社会体育活动

社会体育活动以追求运动乐趣为目的,通过运动享受丰富的文化生活,提高生活质量。我国总体上进入小康社会后,此类社会体育活动受到广泛的欢迎。享乐型社会体育活动主要有娱乐体育(如保龄球等)、休闲体育(如钓鱼等)、野外体育(如野营等)……这些体育活动会给参与者带来多方面的愉悦。如保龄球清脆的撞击声,柳树下、池塘边垂钓的惬意,在野外搭帐篷,舒适地躺在大自然的怀抱里的新奇感……都会为人们带来运动本身以外的快乐。此类体育的需求正迅速增长,成为我国社会体育的主流需求。

2. 保健型社会体育活动

此类社会体育活动以追求健康为目的,通过运动保持和增进健康,或通过运动治疗疾病进行功能恢复等。我国素有运动养生、健身的传统,体育一直是保健的重要手段。在科技发展的背景下,体育的保健作用得到更大程度的认可,科学健身的趋势正在形成。保健型社会体育活动主要有保健体育(如有氧操等)、医疗体育(如练功十八法等)、康复体育(如八段锦等)……这些体育活动对人们的健康生活具有重要的意义。目前,太极拳、健身操等保健体育活动在我国城乡都比较盛行。人们在参加保健体育活动时,不仅可以获得身体健康,也可以获得心理健康和社会健康,是利国利民的好事。

3. 社交型社会体育活动

此类社会体育活动以获得社交满足为目的,通过体育活动进行人际交往,增进友谊和感情。

随着人们生活水平的提高,人们的生活方式发生了很大变化。在轻松愉快的运动氛围中进行社交活动,已经得到了多数人的认可。研究证明,运动中人处于一种适宜的兴奋状态,心情比较愉快,人际沟通也比较容易。社交型社会体育活动主要有俱乐部体育、社区体育和节日体育等。俱乐部体育因参加者志趣相投,获得的满足感较大;社区体育是一种邻里体育,共同参与体育活动对联络社区居民感情，建立共同意识具有重要意义；通过体育活动来欢庆节日是一种文明、快乐的过节度假方式。

社交是人类的一种基本需求，也是现代生活方式的重要组成部分，“广场流行交谊舞”就是社交体育备受青睐的一种表现。

4. 自我开发型社会体育活动

此类社会体育活动以追求自我实现为目的，通过体育运动，体现个人价值，实现人生目标。

随着社会改革开放，其多元化态势已经形成。人们通过各种途径实现着自我目标。其中也有许多人通过体育运动去追求自己的目标，并得到社会的认可。自我开发型社会体育活动主要有竞技体育（如职业体育等）、健美运动（如体格塑造等）、克服体育（如野外生存挑战等）……无论是竞赛的胜负，还是困难的克服都会考验人的意志、体力，对参加者是一种十分重要的锻炼。运动目标的实现是个人价值的体现，是人生经历的成功。

（二）按项目分类的社会体育活动

1. 球类运动：篮球、足球、排球、网球、乒乓球、羽毛球及高尔夫球等。
2. 体操运动：器械体操、艺术体操、技巧、健美操、有氧操及广播操等。
3. 田径运动：跑（短跑、中长跑、马拉松等）、跳（跳高、跳远、三级跳等）、投（铅球、标枪、铁饼等）……
4. 其他运动。

（三）按场所分类的社会体育活动

1. 室内体育：壁球、乒乓球、台球、器械健身等。
2. 室外体育：网球、高尔夫球、门球等。
3. 野外体育：郊游、野营、登山、海水浴等。

二、社会体育活动的形式

社会体育活动形式，有按参与方式分为有组织与自发性活动的；有按参与性质分为直接与间接活动的；也有按组织形式分为家庭、社区、企业及俱乐部活动的……

(一)按参与方式分类的社会体育活动

1. 有组织的社会体育活动

企事业单位组织职工体育活动是我国社会体育的主要形式。改革开放后，随着“单位制”的弱化，我国社会体育组织形式有了较大变化，一些新的组织形式的产生使人们更加方便地加入体育活动行列。这些组织形式主要有商业体育设施组织的健身娱乐活动和体育教学活动，社区体育组织开展的健身锻炼和体育表演活动，地方政府组织的各种运动会和节日体育活动等。

2. 自发性社会体育活动

我国城乡居民有利用居住空地、广场、绿地、公园等场所进行体育活动的传统。近年来，随着城乡发展规划，基础设施的改善，人们自发地参加体育活动的现象越来越普及。自发性体育活动在时间上主要表现为晨晚活动，在空间上主要在房前屋后、社区广场、绿地以及公共设施等场所。在活动方式上有个人的，也有小团体的，团体结构大多为松散型非正式组织。

(二)按参与性质分类的社会体育活动

1. 直接参与的社会体育活动

直接参与是指人们亲身参加社会体育活动，并通过运动获得体育参与满足感的社会体育活动形式。在直接参与社会体育活动的人群中，可分为经常参加体育活动者和偶尔参加体育活动者。目前，我国将每周参加体育活动 3 次以上，每次活动时间 30 分钟以上，每次活动强度中等程度以上者定为体育人口。国际上有多种划分标准，目前较多采用每周 1 次以上，每次 20 分钟左右，轻、中度运动负荷作为经常性参加体育活动者的判别标准。

2. 间接参与的社会体育活动

间接参与是指人们通过观看体育比赛、表演或阅读体育报刊以及参与体育活动的组织管理服务等方式,获得体育参与满足感的社会体育活动形式。在间接参与社会体育活动的人群中,可分为观众、读者和服务人员。他们的参与形式虽然与直接参与者有本质的区别,但也是构成体育参与的重要组成部分,尤其是体育市场不可缺少的重要方面。

间接参与者中的大多数人为潜在体育人口,是通过动员工作最有可能转化为直接参与的人群。

(三)按组织形式分类的社会体育活动

1. 家庭体育

家庭体育指由家庭成员共同参与的体育活动。在实践活动中,往往还包括亲友参与的体育活动。家庭体育形式主要有亲子活动、夫妻活动和亲友活动等。家庭体育是生活体育的主要形式,它不仅具有健康作用,而且对休闲娱乐、增进感情、教育教养、增添生活情趣等也有重要作用。

2. 社区体育

社区体育指由社区居民共同参与的体育活动。在实践中,往往还包括由社区单位成员参加的体育活动。社区体育形式主要有社区健身苑、点、健身路径活动,社区广场、绿地健身活动及社区会所活动等。组织形式以团队和俱乐部活动为主。社区体育具有生活体育与社会活动的双重性,它既是全民健身的主要形式,也是建设文明社区,开展精神文明活动的重要方面。

3. 企业体育

企业体育指由企业员工共同参与的体育活动。在实践活动中,往往还包括同行业或同地域不同企业间的体育交流活动。企业体育活动形式主要有职业体操(含工间操)、俱乐部活动、例行体育活动(如运动会等)及体育竞赛活动等。企业体育对提高员工素质,改善企业文化,增进企业效益具有重要作用。

4. 俱乐部体育

俱乐部体育指由具有共同体育志趣的人自主进行的体育活动。俱乐部体育形式有按人群分类的俱乐部活动、按区域分类的俱乐部活动及按单位分类的俱乐部活动等。俱乐部体育组织形式有会员制(封闭型)、学员制(开放型)和综合制(混合型)等。俱乐部体育具有自愿参加、自治管理以及自负盈亏的特征,符合市场经济体制要求,是我国社会体育组织形式的发展方向。

三、社会体育活动的时间

社会体育活动与生活关系密切，按照有关规定我国大多数社会体育活动具有三种时间形式,即日常体育时间、周末体育时间和节(长)假体育时间。

(一)日常体育时间(星期一 ~ 星期五)

日常体育活动以晨、晚健身锻炼为主。晨晚间外出的人较少,环境安静,空气清新,有利于体育活动。但晨晚间时间有限,因此,人们的活动范围也较小,一般以社区为主。国外企业有利用午间、工间进行体育活动的惯例,我国也曾推行过工间操等活动。如何有效地利用休息时间开展体育活动,对提高学习、工作效率,减轻疲劳有重要意义。

(二)周末体育时间(星期六 ~ 星期日)

我国实行双休日制,周末有较充分的时间进行体育活动,周末休育活动一般以休闲娱乐体育为主。由于我国大多数体育设施白天开放,一般利用上、下午进行体育活动的情况较多见。国外有周末度假的习惯,因此,郊游、登山、海水浴等休闲体育比较盛行。我国周末羽毛球、台球、游泳等体育活动比较流行。

由于周末生活以调节为主,因此,采用积极性休息的方式进行休闲娱乐体育活动,对消除疲劳及情绪转换具有重要意义。

（三）节（长）假体育时间（春节、五一、十一等节日）

我国推行长假制度，一般规定为7天。人们常常利用长假进行旅游度假活动。因此，节（长）假体育以体育旅游、度假体育为主。我国地域广阔，可供体育活动的山川、森林、湖海以及度假体育设施很多，为人们实施体育旅游和度假体育创造了良好的条件。

国外节假体育盛行自然体育，人们在体育活动过程中与大自然亲密接触，通过运动和身心回归自然，达到消除疲劳、释放烦恼的目的。我国现阶段节假体育活动还不够普及，随着我国旅游产品的不断丰富，节假体育将会得到迅速的发展。

四、社会体育活动的空间

社会体育活动以住宅为圆心，根据利用半径的距离，可分为三个体育活动空间，即社区体育空间、城乡体育空间和省际体育空间。

（一）社区体育空间

社区体育空间是指利用住宅附近的体育设施进行体育健身活动的范围。利用半径为100～1000米，一般分三个层次。第一层次是组团，即利用居住楼附近的空地、绿地进行体育活动；第二层次是小区，即利用住宅小区的各种体育设施（含健身苑点、体育会所等）进行体育活动；第三层次是社区，即利用生活社区的公园、广场、公共或商业体育设施进行体育活动。由于社区体育空间具有便利和贴近生活的特点，是日常体育的主要活动空间。

（二）城乡体育空间（区县、市、地区或省）

城乡体育空间是指利用所在区县、市、地区或省市的体育设施进行休闲体育活动的范围，利用半径为1小时车程以内。一般分为三个层次，第一层次是区县，第二层次是城市，第三层次是地区或省市。对于大城市来讲，可分为中心区、边缘区及郊区三个层次。城乡体育空间的三个层次为人们选择体育活动提供了丰富的条件。一般来说,随着区域级别的提高,体育设施的丰富性也会逐步提高。而对于大城市来说,中心区以商业、服务业为主,边缘区以住宅生活服务为主,郊区以农业、自然设施为主,这也为提供不同的体育服务创造了条件。

(三)省际体育空间(城市圈、城市群、城市带)

省际体育空间是指利用城市圈、城市群和城市带的体育设施进行体育旅游活动的范围,利用半径约为1~5小时车程。一般分为三个层次,第一层次是都市圈,即利用所在地的卫星城市或乡村体育设施进行体育活动;第二层次是城市群,如长江三角洲地区的体育旅游;第三层次是城市带,如长江流域、黄河流域及东南沿海地区等。由于城市圈、城市群和城市带具有区域文化相同、生活风俗相近的有利因素,便于进行体育交流,是开展旅游、度假体育的有利空间。

随着交通、通讯的发展和人们生活水平的改善,人们的体育旅游度假空间还将扩大到国际空间,从而创造更大的体育活动范围。

第三节　社会体育参与者

社会体育活动的参与者主要有社会体育活动的参加者、社会体育的管理者及社会体育方法的指导者。

一、社会体育的参加者

社会体育活动的参加者,有按年龄分类的,有按性别分类的,也有按健康状况分类及按喜好程度分类的等。

(一)按年龄分类的社会体育参加者

1. 婴幼儿参加者

俗话说"三岁至老",人的许多习惯是在婴幼儿时期形成的。此期间进行体育活动会在大脑皮层留下深刻印象。国外研究表明,有婴儿体操经验者成为体育人口的比例较无经验者多出 1 倍以上，从而说明，婴幼儿期开展体育活动的重要性。其次，婴幼儿期的体育多采用亲子体育方法，这对增进亲子感情也有重要作用。终身体育应该从婴幼儿时期开始，这是提高我国体育人口比例的重要策略。

2. 儿童少年参加者

儿童少年处于第一生长发育期，体育锻炼对其身心健康成长具有重要意义。儿童少年又处于学校教育阶段，学习运动技能、掌握体育活动方法、形成体育生活观念和活动习惯是这一时期的重要任务。儿童少年时期除参加体育教学活动外，课余时间自主进行体育活动和参加校外社会体育活动是其成为体育人口的必要途径。近年来，随着青少年体育俱乐部的普及，儿童少年参加社会体育活动将成为社会体育发展的亮点。

3. 青年参加者

青年人处于第二生长发育期，体育活动对其身心完善具有重要意义。青年人由于处于性成熟阶段和学习、工作、生活的转换阶段，身心的变化和波动较大，参加体育活动对身体和情绪的稳定以及满足社交渴望有重要的作用。近年来，社会体育形式的不断丰富，为青年人选择自己喜欢的体育运动创造了良好条件。一些时尚体育、极限体育以及自然体育活动受到青年人的喜爱。

4. 中年参加者

中年人处于生活负担沉重期，其生活工作压力大，身体机能、体力下降显著，是健康危机产生时期。中年人特别需要通过体育活动消除疲劳、调节心情、平衡生活。中年人事业、家务忙是其参加体育活动的主要障碍，提供与其生活相适应的体育服务，是促进中年人参加体育活动的重要方法。如根据其余暇特点和体育需求，有针对性地设置活动时间和活动内容，吸引其参加社会体育活动。

5. 老年参加者

老年人处于离退休状态，保持健康是其生活的重要内容。因此，老年人对体育活动有较高的需求。但老年人由于收入下降，机体衰老，社交缺乏等原因，对体育活动的内容和空间有特殊的要求。我国针对老年人体育实施的“身边的设施，身边的组织，身边的活动”举措，受到了广泛的欢迎。目前以社区体育为主要形式的老年体育得到了蓬勃发展，如何进一步丰富老年体育内容是今后扩大老年人参加体育活动人口比例的主要策略。

(二)按性别分类的社会体育参加者

1. 男性参加者

由于现代体育项目大多适合男性,男子参加体育活动的选择范围较大。男性喜爱竞争、冒险、新奇、激烈运动等性别特征,不仅是推动体育运动发展的重要原因,而且也是开展男子体育必须考虑的因素。

2. 女性参加者

女性因受社会偏见的影响在体育活动中一直处于不利地位，其参加体育活动的难度较大。女性喜爱美感、情感、合作、温柔、安全等性别特征也是推动体育运动发展的重要因素。只是由于社会过度强调竞争等社会价值观念,使女性的体育参与受到一定程度的抑制。随着社会价值的多元化,女性追求的社会价值不断得到认可,妇女的解放也将使女性参加体育活动的障碍越来越少。创造更多适合女性参与的体育活动,是女子体育发展的主要策略。

(三)按健康状况分类的社会体育参加者

1. 正常人参加者

由于绝大多数体育项目都是为正常人设计的,因此,人们只需按一般要求进行运动,就可以获得满意结果。

2. 亚健康参加者

此类人部分医学检查接近病理指标，身体机能能力较差，免疫力低下，易疲劳。但因健康检查尚属正常范围,故容易忽视健康问题。因此,须抓紧时机,通过适当运动,调节生活,恢复健康。若错过时机,产生病患,则追悔莫及。

3. 病患参加者

此类人患有某种或某些疾病,影响生理或生活功能。因此,一般采用有针对性的医疗体育活动，治疗疾病，改善体质。我国传统养生体育如太极拳、气功等，对辅助治疗一些慢性疾病有较好的效果。

4. 残障人参加者

此类人身体或器官机能有明显障碍，并影响到生活。体育活动可帮助残障人进行功能恢复，也可通过体育活动、休闲娱乐，增进健康。体育活动还有助于残障人融入正常社会。我国政府十分重视残障人体育，建立了许多无障碍体育设施。进一步开发适合残障人的运动项目，提供更多与正常人共同参加体育活动的机会是今后残障人体育的主要策略。

（四）按喜好程度分类的社会体育参加者

1. 体育爱好参加者

此类人热爱体育，积极参加社会体育活动。因此，为其提供更好的条件和服务，可使其获得更大的满足。

2. 非体育爱好参加者

此类人可分为被动参与者、恐惧参与者及讨厌参与者。被动参与者对体育有一定的认知，但并无好感，仅在被动的情况下才参与体育活动。对被动参与者，要加强动员，使其在轻松愉快的氛围下运动，充分享受运动的乐趣，并逐步转变成为体育爱好者。恐惧参与者，在以往的体育经历中曾经受过挫折（如受过伤等），对参加体育活动存在一定的恐惧心理。要针对其产生恐惧的原因，选择适宜的运动项目（如对受伤者，改成安全的运动项目），逐渐消除其恐惧心理，使其转变成体育爱好者。讨厌参与者，对体育的成见很深，较难改变其看法，可先通过间接参与的方法，逐渐改变其对体育的看法。

二、社会体育的管理者

社会体育是一项庞大的社会活动，其社会化程度较高，因此，管理工作有一定的复杂性。社会体育管理人员主要有行政管理人员、事业工作人员及商业服务人员等。

(一)社会体育行政管理人员

社会体育行政管理人员是指在各级政府部门从事与社会体育有关的管理工作人员。管理工作的主要内容有制定体育政策法规、发展规划等;依法管理社会体育机构、企业、组织的活动;实施行政审批工作;实行奖惩制度;开展国民体质监测工作;开展体育宣传教育和科学研究活动等。

随着改革开放的深入发展,"政社分开""管办分离"已经成为管理体制变化的重要特征。因此,在社会体育管理中,行政人员要有所为,有所不为,管好政府该管的社会体育工作,逐步推行多元化社会管理模式,尤其是要从"办"体育中脱离出来,加大宏观管理力度,营造活性化社会体育发展的新局面。

(二)社会体育事业工作人员

社会体育事业工作人员是指在各级社会体育管理中心从事与社会体育有关的工作人员。事业工作的主要内容有:制定社会体育事业发展计划和策略;支持和援助各类社会组织活动和发展;组织和开展大型体育活动;接受行政委托,实施社会体育管理职能;开展体育科学普及活动和体育骨干培训活动等。

随着社会体制改革的深入,社会体育事业工作的服务性和中介性逐渐突出,事业工作人员要将发展作为硬道理,从不同层面和渠道动员更多人参与社会体育活动。

(三)社会体育商业服务人员

社会体育商业服务人员是指在各种商业体育机构从事社会体育管理和服务的工作人员。商业服务工作的主要内容有:健身咨询和处方服务;运动设施服务;体育俱乐部服务;健身指导服务;运动产品营销服务等。

随着体育产业的蓬勃发展,商业体育服务机构增长迅速,为人们享受体育乐趣创造了良好的条件。商业服务人员要进一步提高专业素质和职业道德水平,适应人民日益增长的体育消费需求。

三、社会体育的指导者

社会体育指导员是我国《体育法》规定的社会体育工作人员，其资格得到国家认可，具有一定的法律地位。社会体育指导员分为志愿性和职业性两种形式。

（一）志愿性社会体育指导员

志愿性社会体育指导员是指依据《社会体育指导员技术等级制度》被政府认定的各级社会体育指导员。他们主要是在业余时间志愿从事公益性社会体育指导工作，一般没有报酬。

志愿性社会体育指导员分为三级、二级、一级和国家级四个等级。二级以下社会体育指导员（含二级）由区县体育行政机构负责培训和审批，一级社会体育指导员由省级体育行政机构培训和审批。国家级社会体育指导员由国家社会体育管理中心委托有关培训基地（某些高等体育院校）培训并报批。

社会体育指导员应具备思想道德、科学文化和业务能力素质。在思想道德上，要拥护中国共产党的领导，热爱社会主义祖国，遵守法律与社会公德，热心社会体育事业，积极从事社会体育工作；在科学文化上，要具有一定的科学文化知识，掌握社会工作的基本理论与方法；在业务能力上，要具备体育活动的技术指导、组织管理、科学研究等能力。

上海市于2003年7月率先成立了社会体育指导员协会，加强了对社会体育指导员培训和业务指导工作，并着手建立市、区、社区三级组织网络，统筹管理社会体育指导员工作。

（二）职业性社会体育指导员

职业性社会体育指导员指依据《社会体育指导员国家职业标准》被政府认定的各级社会体育指导员。他们主要是在专业服务机构从事商业性社会体育指导工作。

职业性社会体育指导员分为初级、中级、高级和社会体育指导师四个等级。职业资格鉴定由劳动和社会保障部委托专门机构进行。职业性社会体育指导员按职业功能又可划分为体育咨询、技术指导、健身指导、组织管理、培训、科研六个方面。

我国目前正在筹备职业性社会体育指导员的培训和鉴定工作。正式实施以后,未取得职业资格而从事职业体育指导行为将被视为违法,用人单位将会受到处罚。

随着职业资格获得人数的增加,成立社会体育指导员行业协会,维护社会体育指导员的合法权益和实行行业自律，将作为重要举措而受到有关方面的重视。

第四节　社会体育的组织

社会体育组织从组织化程度划分，可分为正式社会体育组织和非正式社会体育组织。

一、社会体育的正式组织

社会体育正式组织可分为体育行政组织、体育事业组织和体育社团组织三大类。

(一)体育行政组织

我国社会体育的行政主管部门为国家体育总局群体司和省、自治区、市、区体育局群体部门及具有行政职能的街道办事处、乡镇政府。此外,如教育、民政、文化、卫生等行政部门也负责相应的社会体育管理工作,从而构成社会体育的行政管理系统。

(二)体育事业组织

我国有一个事业单位性质的社会体育管理体系,即在国家、省、自治区、市、区、县设置社会体育管理中心,接受政府委托,实施一定的社会体育管理职能和指导、举办各种社会体育活动。目前,部分省市在社区层次上成立社区体育指导站,由社区干部(社会体育指导员)担任负责人,指导、管理、开展社区体育。从而形成相应的四级网络体系。

(三)体育社团组织

我国最大的体育法人社团组织是中华全国体育总会。省、自治区、市、区、县也有体育总会。许多省市在社区设体育协会(多数未申请法人资格),负责社区体育社团管理工作。此外,一些群众性社团组织如共青团、工会、妇联等也负责对相应人群开展社会体育工作。

国家体育总局正在推行的青少年体育俱乐部和社区体育俱乐部是一种具有民办非企业单位性质的法人社团组织,它代表了今后基层社会体育组织的发展方向。

二、社会体育的非正式组织

社会体育非正式组织指自发成立的不具备法人资格的社会体育群体组织。分为自治型和中介型两种。

(一)自治型社会体育组织

自治型社会体育组织可分为社会自治型体育组织和社区自治型体育组织,两者在成员构成和设施利用上有明显的区别。

1. 社会自治型体育组织

此类组织以公园、广场、公共体育设施等社会公共设施为活动场所,以健身、休闲、社交等为目的,自发组成志趣群体,自主管理而开展社会体育活动。此类组织以社会感情为纽带,成员间角色关系具有不确定性,成员流动性也较大。但由于在此类组织的体育活动中,可以充分保持成员的个性,参与的满足感较强。此类组织成员构成具有广泛性,组织控制难度较大。此类组织以其内容的丰富性和参与的便利性受到社会的广泛欢迎。但此类组织缺乏监管,易发生问题。

2. 社区自治型体育组织

此类体育组织以社区公共设施为活动场所,成员多为居民,互相熟悉并具有公共(社区)意识,以健身、休闲、社交为目的,自发组成志趣群体,自主管理,开展社会体育活动。此类组织以社区感情为纽带,邻里关系明确,成员稳定性强。但因社区的局限性(人数、项目等),内容的丰富性尚不能充分满足居民需求,但对组织的认可程度较强,组织控制较为容易。因其活动的便利性,也受到居民的欢迎。此类组织一般会得到社区机构的支持和援助。

(二)中介型社会体育组织

非正式的中介型社会体育组织主要指社区体育协会组织。其中介功能主要体现在三个方面。第一,协调各社区体育组织间的关系。目前,我国城市社区体育组织(团队)较多,组织间在资源利用、信息交流、活动组织等方面需要有中介组织进行协调,其中还包括社区各单位间体育组织活动的协调等。第二,开展社区体育服务,为社区居民提供体育组织、指导、信息、设施等服务。第三,接受社区行政机构委托,对社区体育活动实施监管、监测等工作。

第五节　社会体育的设施

社会体育设施可分为公共体育设施、单位体育设施及商业体育设施三大类型。

一、公共体育设施

公共体育设施的分类按设施规模分为大规模体育设施和中小规模体育设施;按运动项目设置分为综合性体育设施和单项体育设施;按服务范围分为省市级、区县级、社区级体育设施等。

(一)按设施规模分类的社会体育设施

1. 大规模社会体育设施

大规模社会体育设施多为综合性体育设施,一般为区域标志性体育设施,主要承担大规模体育活动、高水平运动竞赛和表演及多项目体育组织活动等任务，是区域性体育活动中心。

大规模体育设施一般具备高等级、专业化服务条件，可为社会体育活动提供高质量的服务，但也存在服务成本高的局限性。由于大规模体育设施的稀少，其利用半径较大，因此，在服务功能上要区别于中小规模体育设施，体现规模效应，使其成为区域文化和体育活动中心。大规模体育设施附属设施比较齐全，可为区域社会体育活动提供会展、培训及休闲等多种服务。

2. 中小规模社会体育设施

这类体育设施多为单项运动设施或综合性健身设施，主要为周围地区居民提供日常体育活动服务。中小规模体育设施一般在区县范围内设置，设施服务种类有限，但服务成本相对较低，因此成为普通人群利用的主要社会体育活动场所。

由于中小规模体育设施在开放的同时，还承担发展区域社会体育的任务，往往与各社会体育组织有较为紧密的联系。中小规模体育设施因其有一定的局限性，因此，在服务中要突出其特色，形成局部优势。要加强对不同人群的服务，弥补服务种类的不足，要在开展经济型社会体育活动的同时，多开展公益性的社会体育活动。

（二）按服务范围分类的社会体育设施

1. 省、自治区、市社会体育设施

这类社会体育设施多为地区标志性体育建筑，承担各项省市级运动会、节日体育活动及各类专业化体育服务。这类社会体育设施具有示范性、高水平、大规模等特点，是地区社会体育活动中心。

2. 区县级社会体育设施

这类社会体育设施多为区域性体育中心，主要承担区县级各项体育活动和各区域性体育组织开展的各项体育活动。其设施开放程度高于省市级体育设施，具有便利性、经济性、中小规模等特点，是周围居民和体育组织开展体育活动的主要场所。

3. 社区级社会体育设施

这类社会体育设施主要有健身苑点和健身中心两种形式。

(1)健身苑点(含健身路径):一般健身苑为街道(乡镇)级绿地健身设施,主要为社区居民日常健身锻炼提供服务。面积一般为1000平方米左右(不同地区差异较大),设置的健身器材为20~40件(套),并有绿化布局。也有称为健身公园、健身广场的。

健身点为居委(村)级户外健身设施,主要为小区居民日常健身锻炼提供服务。面积一般在100~500平方米,设置的健身器材为10~20件(套),一般布局在小区绿地、空地或周围。

健身路径是由国家体育总局利用体育彩票公益金会同地方体育局为社区投资兴建的户外健身设施。除配备健身器材外,一般还建有鹅卵石健身路径。

(2)健身中心:健身中心是近年来在大中城市兴起的社区级室内综合性健身设施,主要为社区居民提供较高质量的休闲健身活动服务。健身中心一般设有健身房、体操房、乒乓房、台球室及游泳池等小规模体育设施,有些健身中心还兼有室外体育场地。健身中心一般还有会议室、咖啡厅、更衣室、沐浴室以及小卖部等附属设施,是居民健身、休闲的好去处。

二、单位体育设施

单位体育设施指企事业、机关及学校的体育设施。在计划经济时代,因其公有制特点,一般将其归为公共体育设施。我国实行社会主义市场经济体制后,单位的所有制发生了较大变化,多种所有制并存,使单位体育设施的性质和利用变得复杂起来。因此,有必要将其作为一个独立系统进行研究。单位体育设施可分为学校体育设施和企事业单位体育设施两大类。

(一)学校体育设施

我国学校体育设施约占体育设施总量的七成。在当前体育设施紧缺的情况下,这类体育设施是弥补社会体育设施不足的极为重要的方面。尤其是在中小学分布按人口密度设置的情况下,其布局的合理性为人们就近利用体育设施提供了十分便利的条件。学校体育设施一般是非全天候利用,因此,有可能在早、中、晚及下午的部分时间向社会开放，以提高体育设施的利用率，满足周围居民的健身需求。目前，我国学校体育设施的开放还存在经费负担、风险责任、组织管理和健身指导等方面的问题。联合社区开展体育设施服务是学校体育设施服务改革的主要策略。

(二)企事业单位体育设施

我国一些大中型规模的企事业单位拥有体育设施，主要为员工进行健身活动提供服务，较少向社会开放。随着“属地化”管理体制的普及，企事业单位与社区发展的关系越来越紧密，为社区居民提供体育设施服务成为企业文化的重要举措之一。

企事业单位在开放体育设施的同时，也可利用社区资源推动本单位体育的发展，进而通过体育活动提高本单位的社会竞争力。

三、商业体育设施

商业体育设施可分为社会体育设施和社区体育会所两种类型。

(一)社会体育设施

商业性社会体育设施以市场为导向，以赢利为目的，以服务为手段，是丰富人们文化生活、满足体育需求必不可少的社会服务设施。由于商业性体育设施的市场针对性强，专业服务水平高，人们在活动过程中的满足度也比较高，颇受市场欢迎。此外，商业性社会体育设施的发展对促进消费、拉动内需等有积极作用，因此受到政府的支持和鼓励。

目前，我国商业性社会体育设施主要为健身和娱乐类，服务内容还不够丰富，尚未形成多元化态势，其发展空间还很大。

(二)社区体育会所

社区体育会所指由房地产开发商在中、高档楼盘建设时的配套体育设施。其服务对象为住宅居民，设施配置基本与社区健身中心相同。开发商一般采用委托经营模式，由专业服务机构承包经营，多采用俱乐部服务形式，收费比社会体育设施低廉。一般内部装修比较讲究，服务质量较高。

第六节　社会体育的方法

开展社会体育的方法应与社会体育目标紧密相联。社会体育作为一项以公益性为主的社会活动，主要目的是提高人民生活质量，促进社会进步和发展。因此，其主要方法学特征应体现在社会体育服务和社会体育科学技术两个方面。

一、社会体育服务

社会体育服务主要有体育设施服务、体育组织服务、体育指导服务及体育信息服务四种形式。

（一）体育设施服务

体育设施服务可分为硬件服务和软件服务两个方面。

1. 体育设施硬件服务

体育设施硬件服务包括基本运动设施（含用具）、附属设施及相关设施三类。基本运动设施服务强调设施的适用性和安全性，设施的适用性不仅指物理学特征，也包括心理学要求。附属设施服务强调舒适性和人性化。如更衣室、沐浴房、厕所的清洁和私密性等。相关设施服务包括餐饮、会议、购物等，相关设施服务虽然与运动本身关系不大，但对设施服务品质有一定的影响。

2. 体育设施软件服务

体育设施软件包括设施经营体制、设施经营策略等。软件服务对提升设施服务品质具有关键意义。设施经营体制有会员制、学员制、一般开放制三种形式。其中会员制是设施软件服务的主体，应优先满足会员的体育需求。设施经营策略有高端、中端、低端三种模式。高端服务采用高质量、高消费形式；低端服务采用大众化量贩消费模式；中端服务介于两者之间，采用舒适化消费模式。高、中、低端服务各有利弊，须根据市场情势加以确定。采用分层服务方式，可以综合各端优势，壮大参加者队伍。

（二）体育组织服务

体育组织服务主要有体育组织中介服务、体育组织管理服务及体育组织照顾服务三种。

1. 体育组织中介服务

体育组织中介服务包括沟通、协调、代理等。组织成员有需求、意见及问题时，体育组织可通过相关渠道进行沟通，如向行政部门反映问题，向相关产业反映需求信息等。成员间、成员与外部发生矛盾时，组织可以帮助协调、化解矛盾。组织可以代表成员进行维权活动，或代替成员办理有关事务等。

2. 体育组织管理服务

体育组织管理服务包括组织过程的决策、会计、日常事务处理、成员行为规范等。民主决策、费用公开、分工合理、规章制度明确等是管理服务的基本要求。组织成员是否参与决策过程，是否了解规章制度对归属感有较大影响。社会体育管理侧重一个“理”字，即理顺关系使体育活动顺利进行。

3. 体育组织照顾服务

组织的基本功能是互相照顾。在体育活动中，人们会产生这样或那样的困难，需要别人帮助。体育组织通过动员，对需要照顾者实施帮助，使成员获得更大满足。

（三）体育指导服务

体育指导服务主要有体育咨询服务、运动处方服务、体育教学服务及体育技术服务四种。

1. 体育咨询服务

体育咨询包括理论解释、问题分析、方法指导等。理论解释以介绍体育知识、宣传体育观念、解释运动作用等为主；问题分析以回答问题、分析原因、消除疑惑等为主；方法指导则针对咨询者情况，进行个性化指导，帮助其掌握运动方法。

2. 运动处方服务

运动处方服务是在健康诊断的基础上，有针对性地为被指导者制定具体的运动计划。运动处方服务对活动内容的选择和运动负荷安排有严格的要求。运动处方要与医务监督结合才能获得良好的效果。

3. 体育教学服务

通过运动技能教学，使被指导者掌握运动方法并能够独立地进行科学的体育活动。

4. 运动技术服务

高科技的应用是社会体育发展的动因之一，但老百姓在使用高科技时还存在一定的困难。社会体育指导员有责任通过运动技术服务，提高大众的运动效果。常用的运动技术服务有运动技术分析（使用三维摄影技术等）、体质监测（电子监测技术等）、健康管理（多媒体技术等）……

（四）体育信息服务

体育信息服务主要有体育情报服务、体育宣传服务及体育广告服务三种形式。

1. 体育情报服务

通过互联网，为大众提供各类体育信息资料，便于人们参与体育活动；提供各种参考依据，供科学研究；也为人们进行体育交流提供方便。

2. 体育宣传服务

通过各种渠道，宣传体育知识、观念，进行体育科普教育，提供各种运动教学资料，提高国民的体育素养。

3. 体育广告服务

为各种体育产品、体育服务进行广告宣传，促进体育市场的繁荣。

二、社会体育科学技术

社会体育要与社会发展同步前进，科学技术是其发展的重要支撑，社会体育科学技术是科学技术在社会体育活动中的应用。社会体育科学技术主要有信息技术、运动技术、经营技术三大类型。

（一）信息科学技术

信息革命使许多高科技被用于人们的日常生活中。在社会体育活动中，已经使用了多媒体技术、互联网技术、移动通讯技术以及计算机技术。例如，采用多媒体手段进行体育教学；运用互联网查阅体育文献资料，发送有关体育信息；应用移动通讯技术开展野外体育运动；利用计算机进行运动数据处理等。许多尖端信息技术的应用使社会体育活动的科学性、便利性大大提高，也使运动效果有了明显的改善。

（二）运动科学技术

运动生物学、运动医学及心理学的发展对人体运动的科学认识有了很大的提高。材料科学的发展使体育活动的安全性有了很大的保障；运动项目的开发、运动技术的发展、运动用具的改良及运动规则的合理化，对人们的运动技能提高和运动潜力的发挥起到了较大的促进作用。

（三）经营科学技术

由于社会体育的社会化、市场化程度较高，因此，在体育活动中，经营技术的运用也比较多。如运用企业文化模式进行组织管理等；通过市场调查，分析社会体育需求等；采用市场营销策略开展大规模的体育活动等。通过经营科学技术的应用，使体育资源得到合理利用，从而使体育活动效率大大提高，也使活动成本得到降低。

思考题

1. 社会体育的基本要素包括哪些方面?
2. 社会体育的参加者有哪几种类型?
3. 按目的分类的社会体育有哪几种?
4. 社区体育设施有哪几种类型?
5. 社会体育服务包括哪些内容?

参考文献

1 卢元镇主编. 社会体育学. 北京: 高等教育出版社. 2002.
2 [日]宇土正彦. 社会体育手册. 大修馆书店, 1993.
3 国家体委群体司编. 社会体育指导员手册. 天津: 天津人民出版社, 1994.
4 国家体委群体司编. 全民健身计划文集(二). 1996.
5 中华人民共和国劳动保障部制定. 社会体育指导员国家职业标准. 2001.

第四章

社会体育产业

本章重点

社会体育产业是与群众体育活动相关的产品生产、销售、服务体系的总和。体育市场主要满足社会的体育需求和社会体育消费活动，社会体育产业是体育事业发展的重要基础。我国社会体育产业正处于迅速发展时期，有必要进一步加强政策引导和市场管理，以促进社会体育产业的成熟壮大。

第一节　产业、体育产业与社会体育产业

体育产业的出现是社会经济发展的必然。“作为体育事业的支柱之一”，①体育产业的发展不仅能有效地推动社会体育事业发展，同时也可在一定程度上对全社会经济的发展起到积极作用。

一、产业的概念及产业的形成

为能比较清楚地理解体育产业和社会体育产业的基本含义，在分析体育产业和社会体育产业之前，首先对产业的基本概念以及产业的形成作一简要介绍。

(一)产业的概念

“产业”一词有多方面的含义，可指行业、实业、工业、部门、动产和不动产等。

在产业经济学中，关于产业的定义主要有：一，现代经济生活中从事生产或作业的各行业、各部门以及企业和私人服务单位的集合，或者是为国民经济提供产品或劳务的组织或部门的总称；二，产业是生产同类产品或提供类似服务的经营单位的集合，其外延是各种行业以及相似行业的国民经济部门；三，产业是指存在并发展于社会生产劳动过程中的技术、物质和资金等要素，以及相互联系构成的社会生产的基本组织结构体系，或简单概括为社会生产劳动的基本组织体系；四，广义的产业是从事国民经济中同性质的生产或其他经济社会活动的企业、事业单位、机关团体和个体的总和；五，狭义的产业主要指直接从事同类经济活动的企业、事业单位和个体的总和。

以上关于产业概念的表述，有些是就产业的外延而言的，有些则是从产业的内涵来解释的；有些是从广义上论及，有些则是从狭义上论及。由此可见，产业是一个涉及面广、影响很大，而且又十分复杂的概念。从不同的角度去研究，就会赋

①张发强编著：《体育经济漫谈》，第133页，世界图书出版社，2000。

予产业以不同的定义。

《现代产业经济学》[①]一书中认为，产业是由国民经济中具有同一性质，承担一定社会经济功能的生产或其他经济社会活动单元构成的，具有相当规模和社会影响的组织结构体系。这一概念既考虑了构成产业的同一性，也反映了构成产业的内在要求和条件，即必须是那些在社会经济活动中承担着不可缺少的功能，以及足以构成相当规模和影响的单元集合。

为进一步明确产业的定义，在此应当强调构成产业的三个规定性：

其一，产业构成的规模规定性。一个企业单位不一定构成产业，多个企业单位也不一定构成产业。构成产业的企业数量、产出量等必须达到一定规模；

其二，产业构成的职业化规定性。产业形成时，在社会各行业中，已形成了专门从事这一产业活动的职业人员；

其三，产业构成的社会功能规定性。就是要在社会经济活动中承担一定角色，而且是不可缺少的。

综合以上规定性的单元集合体才可称之为这样或那样的产业。

简而言之，产业是具有相同再生产特征的个别经济活动单位的集合体。不同的产业在社会再生产过程中承担着不同的社会分工，且各有其不同的地位、作用和特点。

（二）产业的形成

产业形成是指某些生产活动或某些社会经济活动不断发育和集合，逐渐成型进而构成产业的基本要素的过程。产业形成过程可分为产业萌芽和产业形成两个阶段。

产业萌芽，是指某一产业在一定的社会经济环境中经过不断发育而逐步成型的过程，虽该产业从无到有，但此时只是处于萌芽状态。产业的萌芽状态可以表现为一项新业务、一项新技术或一个或多个新型企业的出现。产业在萌芽期的特点是：产品单一，仅有一个或少数几个企业；产品销路不广；成本高、收益少、产量小；没有形成独立的生产体系；产品知名度低等。

产业形成，是指经过发育的萌芽产业走向成熟的过程，它具备了产业的基本要素，独立地立于产业之林。产业的形成就其本质而言，是资本在一产业中的形

①戴伯勋等主编：《现代产业经济学》，经济管理出版社，2001。

成。当然,资本的形成是通过投资实现的。因为,通过投资活动才可使产业各要素得到组合,从而为新产业的形成提供可能。投资规模和时点选择对产业形成的规模和发展趋向起很大的约束作用。投资可使新技术得以开发、推广和应用,从而直接推动新产业的形成。

产业创新与企业创新是推动产业形成的重要力量。

产业创新指的是原有产业由于产品、技术、分工、生产过程的创新,有可能分离出成建制的新产业。产业创新与产业形成直接相关,但两者不是对等的,也就是说,产业创新不一定都与产业形成有关,产业形成也不完全是产业创新的结果。企业是产业的基本细胞,产业形成与企业的关系是:产业形成必须以新企业的产生为基础,但新企业的诞生并不一定就可以形成新产业,因为许多新企业的产生可能只是对原来某一产业的扩张和发展起作用,而新企业参与新产业的开拓和形成,一个新产业才能得以萌芽和形成。

企业创新指企业将各种生产要素进行新组合的行为,包括产品创新、技术创新、市场创新、管理创新、组织创新。企业创新可以直接引起产业形成,也可引起产业创新进而在一定条件下引起产业形成。从历史上看,许多产业的萌芽都是由企业创新引发的。

产业萌芽和产业形成的最基本、最重要的条件是人们的物质文化生活需要。物质文化需要的数量、质量、结构、层次、变化趋势决定着产业的数量、质量、结构、层次和变化趋势。由于人的需要处于不断新旧更替和发展过程中,为满足其需要,现代产业必然出现相应的调整与更替。现实生活中,人们需要的进化还表现在对产品和服务的需要开始从纯效用的追求转向对效用价值与审美价值及精神享受多重价值并重,而这恰恰是包括体育产业在内的大量精神产品产业崛起的重要原因。

产业的形成还应从其规模、专业化的从业人员及其社会经济功能等方面考察。具体讲:一是该产业应具备一定的规模,至于规模究竟多大,要看各类产业的技术经济特点,以及这一产业在与国际同类产业的比较和国内其他产业相比较中所占的份额;二是有专门化的从业人员,即有专门的设计、技术人员、管理人员以及工人且形成群体;三是该产业具有一定的社会影响力,承担着不可缺少的社会经济功能;四是有专门化的生产技术装备和技术经济特点,并由此而形成具有特性的产品。

就产业形成的方式而言,有产业分化、衍生和新生长三种。

第一种方式是产业分化。指的是处于萌芽中的新产业经过充分发育后从原有产业中分离，分解为一个独立的新产业的过程。第二种方式是衍生（派生）方式。这种方式不同于分化方式，它是由于一种产业的出现，与之相关、配套产业也应运而生。第三种方式是新生长方式。它是指从萌芽到形成以相对独立的方式进行，一些有全新的需求、全新的领域、全新的生产方式和全新生产性质的产业，往往是以这种方式形成的。①

二、体育产业与社会体育产业

上述对产业的基本概念和产业形成特点的介绍，有助于对体育产业以及社会体育产业作进一步的理解。

什么是体育产业，对体育产业的基本概念和分类的问题，目前尚未形成较为一致的看法。许多体育界内外人士、有关行政部门管理人员和部分学者等，从不同的层次和角度，对这一问题进行了较为广泛和深入的探讨。

有专家建议，体育产业可分四类：第一类是体育本体产业，如群众体育消费活动、运动训练与竞赛、场馆经营等；第二类为支柱产业，如体育彩票、无形资产的开发等；第三类是体育相关产业，如体育旅游、广告、赞助、服务、物质生产等；第四类为体育系统办的产业，如餐馆、招待所、工厂、出租房屋等，其主要的目的是为创收、筹集资金。

有人提出，体育产业从其构成上看，分核心产业、中介产业和外围产业三个板块。其核心产业中包含健身娱乐市场、竞赛表演市场、体育博彩市场，中介产业中包括体育经纪市场和体育媒体市场，外围产业含体育用品市场、体育旅游市场、体育保险市场等。

有观点认为，体育产业是指与体育运动有关联的一切生产经营活动。即体育产业不能仅局限于直接的体育服务和相关劳务活动，还应包括第二产业中的体育服装、体育器材等产品的生产和经营，同时也包含了体育旅游、体育媒体、体育彩票、体育保险等第三产业中与体育有联系的门类。

有学者撰文指出，我国现行产业分类中明确地把体育产业归入第三产业，体育作为第三产业中的一个部门，就是体育产业、体育业。换句话说，体育事业就是体育产业，或体育产业就是体育事业。如果把与体育有关的第二产业以及体育系统内部为提高职工收益而进行的经营活动也纳入“体育产业”中，这既不能从产

①戴伯勋等主编：《现代产业经济学》，经济管理出版社，2001。

业分类上来解释,又难以得到国民经济管理部门和社会的认可。

也有观点认为,体育产业只能是同类体育劳务企业的总和,不能包括相关产品的企业。运动器材、服装等第二产业产品的生产不属于体育产业的范畴,从产业经济角度上讲,它们属于体育产业带动的产业。体育产品就是体育劳务,体育产业是同类体育劳务企业的集合，这不排除体育系统可以办第二产业和其他第三产业,但这并不是体育产业本身的发展问题。

另有观点认为，体育产业是指能进入市场实行商业化经营的体育活动范畴。包括运动训练与竞赛、体育健身娱乐、体育辅导与培训、体育场馆等可进行商业化、市场化运作的部分。

某地方体育管理部门对体育产业作了如下定义：体育产业是为提高人民身体素质,探索人体极限能力,满足人们精神享受需要而提供服务的产业。并解释其三个功能，一是提高人民的身体素质，即群体工作；二是积极地探索人体的极限能力,即训练工作;三是在参与的锻炼中,在不同水平的训练、比赛、活动的同时使精神生活得到满足。

由于对体育产业涵义的理解所持的学术观点不尽相同，故专家学者们以及有关人士对体育产业所下定义也并不完全一致。例如:体育产业是指提供体育劳务和体育服务的行业和部门。体育产业并不局限于提供劳务服务本身,与体育运动有直接关系的一切生产经营活动的总和都可被视为体育产业。以体育本体产业为主、与体育运动有关的一切生产经营活动均属体育产业。体育产业是指为满足人们日益增长的体育需求而使体育产品（物质形态和非物质形态）进入生产、流通、消费和服务的产业门类。体育产业是指以向社会提供与体育有关的物质产品,及以劳务为收入来源的经营性的各种行业的总和。体育产业是指为满足居民观赏体育竞赛和表演，以及参加体育健身娱乐需求而从事体育产品生产和销售的所有生产单位和组织的集合等。

虽然人们对体育产业的理解各不相同,但仍然存在着共同之处。其共同点主要有三:一是体育产业与体育事业的方方面面有一定关系;二是体育产业属经济活动和市场经营运作的范畴；三是体育产业既包含实物形态也包括非物质形态等方面,但作为第三产业的一部分,应是以向广大体育爱好者和体育消费者提供相关劳动服务为主要形态。

关于体育产业的涵义,国内目前尚未形成统一的概念,这是因为对“产业”本身就具有多种解释,如《辞海》和《新华辞典》中对产业就有,指私有土地房屋等财产，指各种生产的事业、工业生产等解释。从经济学意义上讲，产业是企业的集合，是按照一定制度、政策、生产、技术规定的标准，把具有某些共同联系和特征的企业集合在一起。

如果广义地理解体育产业，即将体育产业作为体育事业和国民经济中的一部分，其范畴应当包括与体育运动有关的商品的生产、开发、流通、销售与服务等整个领域；如果狭义地解释体育产业，则是指把体育运动本身作为商品和劳务的经营活动范畴。

什么是社会体育产业，如果从广义上理解，社会体育产业就是体育产业。因为现有体育市场的存在，均与大众体育消费有着密切的联系和关系。例如，虽然社会体育不包含竞技运动，但竞赛表演市场却是一个典型的观众市场，即观众以购买比赛门票进场观看的方式享受体育比赛所提供的产品和服务。没有众多消费者的参与，竞赛表演市场就不可能存在与发展。同样，没有广大民众对体育运动的爱好和热情，与体育竞赛市场直接相关的体育媒体市场的发展也会受到极大的制约。但由于本教材所涉及社会体育的范围，在此的社会体育产业可从狭义的方面来解释，即社会体育产业是指与群众体育活动有直接关系的产品生产、销售与服务的行业的总合。

社会体育产业发展的基础主要有两点：一是社会经济的发展、国民经济实力的增强，人们收入的提高和生活水平的不断改善；二是人们生活方式和消费方式的改变，特别是健康生活观念和行为的逐步形成。随着近年来我国社会经济的快速发展，人们的收入和生活水平已得以较大的提高，开始进入小康生活的城镇居民现已具有一定的消费能力。因此，要推动社会体育产业的高速发展，当前主要的任务就是要在广大民众中进一步强化健康生活观，调动越来越多的人的体育消费热情，把潜在的体育消费愿望尽快转变为现实的体育消费行为。

第二节　社会体育市场

体育市场就是指以商品形式向人们提供体育产品或对体育物质产品和劳务进行交换的场所与交换关系的总合。从逻辑上讲，消费决定市场，市场决定产业，即有什么样的消费就会有什么样的市场，而市场的形成又是产业发展的根基。因而在探讨社会体育产业的经营开发之前，有必要对其主要市场加以了解。

一、部分社会体育市场简介

社会体育消费有体育物质产品的消费和体育服务产品的消费两大类，所以社会体育市场总体上可分为体育物质产品市场与体育服务产品市场。具体讲，主要有以下几种：

（一）社会体育用品市场

社会体育用品市场是指具有社会体育特点的消费品市场。体育用品作为开展群众性体育活动基本的物质条件，是大众体育消费中重要的一环。广大消费者对各种体育用品的消费需求，是社会体育用品市场发展的根本动力。

在经济发达的国家，体育用品市场的发展已形成较大规模。例如在20世纪末的美国，体育用品的销售每年均在400亿美元以上；20世纪80年代末，日本体育用品市场年销售额为1.6万亿日元，近年来平均每年增长5%。1995年法国体育用品市场销售额已过310亿法郎，欧洲其他国家体育用品的销售情况也相当可观。

在我国近半个多世纪以来，特别是近年来随着市场经济体制确立，我国体育用品业从小到大、从计划到市场、从研制到创新、从封闭的自给自足到进入国际市场，取得了令人瞩目的成绩。目前我国已成为世界上主要的运动服装鞋帽生产加工基地，已能生产多种体育器材和设备，并有大量产品出口世界各地。据海关总署的统计，1999年我国体育用品出口总额为53.87亿美元（1997年为38.6亿美元）。

我国体育用品市场打破计划经济体制格局并快速发展，现已具备一定规模，形成了较为完备的市场体系。体育用品企业在良好的经济环境和有关部门的大力扶持下茁壮成长，不仅数量上从解放初的几家发展到现在的几千家，而且在产品质量、技术水平、生产能力和综合实力上都取得了很大的进步。从1993年西安第一届中国体育用品博览会至今，每年一届在全国各地成功地举办了多届，其规模也在不断地扩大，同时对提高体育用品质量、促进产品更新换代、振兴民族品牌、引导健康消费、培育体育用品市场、促进各地体育产业发展以及推动我国体育用品参与国际竞争等方面发挥了积极作用。目前中国体育用品制造业正加工着绝大多数的世界名牌产品，国际市场上有65%的体育用品在我国制造，中国已成为世界上最大的体育用品加工基地。

体育健身娱乐业的形成，进一步刺激了社会体育用品，包括体育器材、体育服装业的发展。据有关部门统计，目前在北京市经营体育用品的商家有150多家，体育用品1998年经营额达20多亿元，上缴税金近4亿元。生产体育用品的厂家为195家，注册资金5.5亿元。其中天元利生体育用品商厦资产近3亿元，1998年营业额为2亿多元，上缴税收近1000多万元，成为全国第一大体育用品商店。

（二）健身娱乐市场

体育健身娱乐市场是指为满足消费者强身健体、娱乐休闲的需求而提供体育技术指导等服务的经营行业。健身娱乐市场是群众体育商品化、市场化的一种主要表现形式。健身娱乐业以体育娱乐项目为商品，以实物和非实物方式向消费者提供健身娱乐方面服务的企业集合。

健身娱乐市场在发达国家是体育产业中一个效益最好、规模最大的市场。特别是在大众体育健身娱乐活动日益普及与社会化发展进程推动下，该行业已成为世界上许多国家体育产业中的支柱行业。

例如在美国，纯商业运作的健身娱乐企业就有1.33万家，以会员方式成为这些企业固定消费者人数高达1100万人（1996年美国各类体育俱乐部的会员为2080多万人）。在美国从事健身娱乐业的企业大多具有相当规模，并开展多样化、集团化和连锁式经营。目前美国排名前20位的健身娱乐企业的经营方式都是多样化、连锁式经营，其中排列前5位的企业每一家都拥有250家以上的分支企业，最大的一家美国俱乐部系统（ACS）则拥有661个分支企业，列第二的高德体育公司拥有下属企业503家。1993年，美国每年参加体育健身活动超过100天的人数达4390万。1987～1996年的10年间，美国体育俱乐部的会员增加了51%。

又如，据有关调查统计，瑞典家庭仅用于体育健身活动的总开支从1985年的9.75亿克朗增至1992年的27.18亿克朗，8年间增幅高达近2倍。法国的体育产业以健身娱乐业为主，据该国青年与体育部1998年统计，法国现有各类体育俱乐部17万个，正式注册会员1250万人（其中职业运动员4000名），占全国人口的73.9%。由于体育人口众多，因而法国大众体育消费水平很高，1993年时人们用于体育健身娱乐服务的消费支出总额就高达409亿法郎。

健身娱乐市场的大规模发展和大众体育消费水平的大幅度提高，给各国健身娱乐企业带来可观的经济效益。由于体育健身娱乐与大众身心健康关系最为直接,因而有许多国内外行家们认为,该市场将成为今后一段时期各国体育产业面对的最大市场。

自 20 世纪 80 年代以来,我国体育健身娱乐业经过一段时期的缓慢发展后,到 90 年代初，由于改革的深入与对外开放的扩大，经济的高速发展和人们的生活水平不断提高,居民对健身娱乐等服务的需求迅速上升,各种健身娱乐和体育消费场所遍及全国各地，特别是经过 90 年代中期的快速发展，健身娱乐市场的格局已基本形成。

1994 ~ 1997 年，全国许多大中城市出现了投资兴办体育健身娱乐设施的高潮。据统计,1995 年底全国有高尔夫球场 47 个,投资 53 亿元。保龄球馆的增长速度更快,部分大城市在这几年中几乎以成倍的速度增加。除此之外,健身娱乐经营的内容还包括健身健美、网球、武术、游泳、乒乓球、羽毛球、台球、滑(旱)冰等。仅深圳市，1996 年底就有各种体育娱乐经营场所 160 多家，总投资额为 60 多亿元,从业人员 1 万多人,年营业额为 5 亿多元。

20 世纪末，在全民健身活动开展较好的上海市，有 43. 7% 的市民每月体育消费(包括健身娱乐、购买运动服装和器材)支出达 100 元以上。上海市体育局提出了以体育竞赛为龙头，以体育健身娱乐为龙身，灌输“花钱买健康”思想，培育和开发健身市场,近期完成在全市的 4000 多个街道、乡镇、居委会健身网点的配置工作计划。另根据北京市石景山体育馆羽毛球馆提供的资料,周末时参加消费活动的资金可达 1 万元。[1]另据报道,为加快体育产业的发展,满足人民群众对体育日益增长的需求，北京市准备建造一座高水平的，以体育为主要特色、具有综合服务功能的体育市场——中国体育城。

在我国,尽管健身娱乐市场起步较晚,并有许多不完善之处,但随着群众体育健身娱乐消费的扩张，这的确是一具有很大潜力的市场。社会经济的发展、人们生活水平的提高以及消费观念的转变,广大民众对健身、娱乐等方面的需求会进一步增长，这将大大刺激该市场的兴起与快速发展。当人们的健康意识逐步加深，并真正懂得健康的价值之时，健身休闲娱乐消费便会成为体育消费的主流。

①国家体育总局体育经济司:《发展体育产业培育体育市场》,2000。

(三)体育培训市场

体育培训市场是以体育运动技术或某一项目的技术指导为商品并提供相关服务的场所。如果说体育健身娱乐市场的主要对象是成年人的话,体育培训市场的目标群体则不仅有成年人,还包括了广大儿童少年,即为满足广大青少年锻炼身体和学习运动技术技能的兴趣爱好而提供相应的有偿服务。因此,体育培训市场应是社会体育市场的一部分。

在西方经济发达国家中,体育培训是一个成熟并涉及面很大的市场。在这些国家中,青少年体育技术技能的掌握或在某一运动项目上成绩的提高,大多是通过参与学校和社区体育俱乐部的训练而获得的。以体育培训为内容的机构组织和俱乐部遍布这些国家的各地和各个角落，不少著名运动员在退役后也加入这一行列之中。如曾在奥运会上获得九枚金牌的美国著名运动员刘易斯,退役后就创办以他自己名字命名的“未来之星训练营”，专门从事儿童和青少年的体育技术技能培训。

目前,我国的体育培训市场大致可分为两类。一类是体育知识培训,这是一较为规范的领域，参与体育知识培训单位大多由国家主管部门指定或所属的教学与行政单位，培训场所相对固定，有严格的教学内容要求，有较好的教学条件和较高水平的师资，其性质相当于对社会所需的体育专业人员进行的岗前或上岗培训。另一类是体育运动技术培训,该市场主要是指社会各界所开办的相关项目技术培训的场所,即以各运动项目技术指导为商品,为满足社会上不同阶层和不同年龄群体在学习运动技术或锻炼身体等方面的需求而形成的一种专门的服务行业。

在关于体育培训市场发展的问题上,国家体育总局有关负责人曾提出:政府行政部门应重点优先发展能最大限度提高全民身体素质，为大多数人谋福利的俱乐部,这主要是指青少年俱乐部和群众健身俱乐部，无论是以社团形式存在,或者以民办非企业形式存在,还是以企业形式存在,都要采取积极鼓励、大力扶持政策,促其快速、健康发展。①

面对我国2.3亿多在校生这样庞大的群体,为克服学校体育活动的局限性,以儿童和青少年为主体的体育锻炼俱乐部和体育项目培训是一种好的形式。通

①张发强编著:《体育经济漫谈》,世界图书出版公司,2000。

过青少年体育俱乐部和体育培训中心在青少年中普及体育活动，一方面可以教授他们体育技能，从小培养良好的锻炼习惯，使体育运动成为人们的终生爱好，提高全民身体素质；另一方面，通过这一形式能发现和培养更多的竞技运动后备人才，为我国的奥运争光计划服务；此外，吸引更多青少年的参与，拉动体育消费，这不仅可获得一定的经济效益，对促进市场发展起到积极的作用，而且也能取得良好的社会效益。

近年来，随着我国大众体育社会化、市场化和竞技体育职业化、俱乐部化进程的加快，社会上对各种形式的体育项目培训需求加大，体育培训市场也有了较快的发展。由于需求的不断增长，参与体育培训的个人、机构和单位增多，规模也明显扩大，我国体育技术培训市场已经形成全社会参与的局面。社会需求的不断扩大也使得不少人士对其发展前景充满信心，市场格局已大致形成。

(四)体育旅游市场

体育旅游是旅游与体育的结合，是体育资源和旅游资源的互补与互利。近几十年来，世界旅游业快速发展。据联合国世界旅游组织调查和专家估计，2000年全世界出国旅游人数超过10亿人次，旅游费用可过5000亿美元。体育旅游作为现代人生活方式之一，已在世界许多经济发达国家得以开发和利用。

在欧美国家，人们所喜爱的高山滑雪、徒步登山、海边浴场以及攀崖、漂流、探险等冒险刺激类项目，都是体育运动与旅游结合的产物。在亚洲，日本和韩国的许多旅游点也设有相应的体育娱乐项目和设施，给旅游者提供体育健身娱乐服务。在经济发达国家中，利用自然资源，举办各种野营和回归自然的活动也相当普及。

在中国，除少数地方外，体育旅游是一个尚待开发的行业，正是由于我国的体育旅游业还未真正起步，因而其开发与发展的前景广阔。我国目前城市旅游资源较为丰富，但与旅游业发达国家相比，我们的产品缺乏特色，多为传统观光型旅游产品，而现代旅游市场所需要的休闲旅游、专项旅游等特色产品和新型产品却还没有得到足够的重视与开发，旧的传统型产品结构在一定程度上影响我国体育旅游业的快速发展。加快体育旅游业开发，对优化旅游市场结构，提高市场竞争力可起到相应的作用。

体育旅游业是体育产业中一个重要的行业。把体育融入旅游中或在旅游中加入体育的特色，正如体育有着无限的魅力一样，体育旅游有许多可以开发挖掘之处,有着极大的发展前景。把旅游与体育结合,开展以体育为吸引物的旅游消费活动,通过招商引资以及与其他经济活动相结合,不仅可使旅游业和体育产业双赢,同时对我国全民健身计划和奥运争光计划的全面落实起到推动作用。

开发体育旅游业,对我国有着重要的现实意义。我国提出西部开发战略,西部各省、自治区都提出了相应的对策,大多数省、自治区把发展旅游业作为当地经济新的增长点或重点发展的行业之一。体育本身也应是一种重要的旅游资源。结合当地的地理位置、气候特点和自然条件,在时空构架上充分挖掘体育旅游资源,对各地体育市场的扩展和旅游业的发展都具有积极的意义。但是,在体育与旅游的结合或开发体育旅游市场时,必须注意自然环境和生态保护,市场开发决不能损害、牺牲自然环境与生态平衡。

以上是对部分社会体育市场的简要介绍。一般来讲,体育市场发展的基本条件有三:一是国家社会的发展和经济的繁荣以及人们生活水平的提高;二是国家体育事业的发展和在市场经济条件下体育市场运作机制的形成;三是人们体育消费观念的转变和良性消费行为习惯的养成。由此看来,我国体育市场大发展的条件已基本具备。

二、社会体育市场的经营开发

据《中国体育报》2002 年 1 月 8 日题为《活跃社区文体生活,武汉民意街办体育赚了 50 万》的文章报道:人口稠密、寸土寸金的武汉商业中心江汉区民意街,开展社区体育工作“先天不足”。但就是这么一个 0.42 平方公里的地方,不仅体育活动开展得有声有色,而且一个小小的街办文体站 2000 年纯利润突破了 50 万元大关。这些钱从何而来?一句话,靠体育发了财。武汉民意街的经验告诉我们,自己拥有的优势就是价值,要将这种价值变为财富,就要注重产业开发和市场经营,走一条适合自身特点的路。

(一)社会体育市场开发经营的环境

我国的社会体育产业和体育市场是在社会主义市场经济这样一个大背景下形成与发展起来的,因而其经营开发必须与社会大环境相适应。影响社会体育市场发展的环境因素较多且较复杂,但从总体上讲,主要是外部环境和内部条件两大类。

1. 社会体育市场经营开发的外部环境

探讨市场经营开发的外部环境，主要是为了进一步把握市场规律，了解经营开发所需的客观条件，从而制定相应的经营策略。一般来说，影响社会体育市场的外部环境因素主要有以下几点：

(1)经济发展。国民经济的快速发展，人们生活水平的大幅提高，人均收入的持续增长，才能保证有越来越多的人参与体育消费活动。因此，国家经济的持续健康发展，是社会体育产业得以正常发展的前提，人们生活水平和收入水平的提高，是社会体育市场开拓的必要条件。

(2)体制因素。经济体制直接影响着体育市场的性质，体育管理体制则决定着体育市场发展的规模、前景和发展的速度。我国实施的市场经济体制决定了体育市场发展必须按市场机制运作。目前我国的体育管理体制正从集中型向结合型方向过渡，事业单位向企业型转化，多元化的体育管理体制有利于体育市场的规范，为市场竞争增加活力。

(3)政策环境。不同性质的企业在社会体育经营中应享受同样的政策，即在政策上应一视同仁。价格、财税、金融、优惠等政策应该统一起来，政策相互配套，使企业发展具有稳定的政策环境，保持可持续发展。

(4)法律因素。主要是指社会体育市场经营过程中的法律保障、依法经营、经营行为的法律依据和法律约束等。各种经济法律法规，如企业法、合同法以及体育法等，这些是社会体育市场经营开发的基本法律保证。

(5)市场环境。对于刚起步的我国社会体育产业和体育市场而言，市场环境对其自身的经营活动以及市场的健康发展极为重要。一个有利于企业经营，按照市场规律运作的良性市场环境，可以塑造社会体育经营者良好的经营行为。遵从市场游戏规则，按市场规则办事，以保证社会体育市场体系的健全，才能确保企业的利益。

(6)消费因素。体育消费是社会和个人消费结构的组成部分，是人们购买体育物质产品或劳务产品来满足物质和精神需要的一种特殊的文化消费，属于较高层次的消费。从总体上讲，一个国家体育消费结构和体育消费水平，又是由一个国家的经济发展水平决定的。随着我国城乡居民收入的不断增加，人们在用于体育消费的支出定会持续增长，这会给我国的社会体育市场造就一个有利的外部环境。

(7)余暇时间。余暇时间是人们进行体育锻炼活动的重要条件之一。据统计，目前我国每年国家法定节假日和周末双休日总和已接近120天，人们能够用于参与体育活动的时间在逐渐增多。一旦人们养成健康的生活方式，定会促使体育人口的不断增加，并为社会体育产业的发展和市场经营开发创造出良好的氛围。

(8)认知因素。民众的体育知识、健康观念、体育道德、行为习惯、体育价值观等，都对社会体育市场发展有很大影响。此外，社会体育消费群体或个人的心理因素，包括社会和个人消费心理以及消费特征等，都是企业在经营过程中应给予足够重视的问题。

2. 社会体育市场经营开发的内部条件

如果说外部环境是社会体育产业和市场发展的宏观背景的话，内部条件则是社会体育市场经营开发的微观环境。这里所讲的内部条件是指企业经营过程所赖以生存和发展的内部诸因素的总和。

社会体育市场经营的微观环境一般包括以下几点：

●经营管理者以及生产者、服务者的素质；

●经营过程中，人、财、物关系和责、权、利关系的协调水平；

●产品的质量和社会信誉度、服务水平；

●经营过程中的自主权和明晰的产权；

●产品的先进性和生产资料的低成本等。

对微观环境进行分析研究，可以使经营者了解自身的素质、能力、优势、特点，并经过分析评价，结合宏观环境的发展变化，找到自己经营的优劣与开发潜力，提高内部动力，提高经营的素质和能力，以最小的投入获得最大的产出回报。

(二)经营开发的基本要求

社会体育产业和市场的发展应坚持国家办与社会办相结合并以社会办为主的原则，围绕全民健身计划的实施，积极引导和鼓励社会各界投资兴办经济实体，从事体育健身娱乐方面的各类经营性活动。群众性体育协会、俱乐部、社会体育指导中心（站）和各体育娱乐经营场所，应以产业化为发展方向，面向市场，服务群众，为群众开展健身、健美、康复、娱乐等体育活动提供场地、设施和技术辅导等多项优质服务。

社会体育市场的经营要做到以下几点：

1. 以效益为核心

不断提高经济效益和社会效益是社会体育市场经营开发的核心。在社会体育产业与市场经营开发过程中,应当把重点放在效益上。重视效益,不断提高效益,这对解决我国社会体育资金不足,增加体育发展的活力,为社会提供更多更好的体育服务,实现社会体育发展战略目标有着重要意义。同时,良好的社会效益和经济效益也是社会体育产业和市场自身生存和发展的根基。

2. 以市场为导向

社会体育产业的开发和市场的经营应坚持以市场为导向，即根据市场需求来确定投资方向和选定目标市场；根据市场信息，调整经营行为与明确市场定位；根据广大体育消费者需求的变化趋势,调整经营战略和营销策略,使社会体育经营部门全方位地面向市场,增强服务能力与竞争能力,在市场中求生存,求发展,并通过市场向广大体育消费者提供更多、更好的能满足人们需要的各类体育产品和服务。

3. 以法律为保障

我国社会体育产业还处于发展初期,主要表现在市场条件还不够成熟,市场规则尚未健全,对社会体育市场发育起作用的竞争机制、价格机制等尚不完整,市场发展过程中还存在着一些不利因素和不良现象。为使社会体育产业和市场能得到健康、顺利、快速的发展,其经营开发必须要用法律来保障。通过逐步建立和完善市场管理法规来维护市场正常秩序，制止各类违法和不正当的经营活动。

4. 以营销为主要手段

在市场经济中，作为市场主体的各种经营行为都是以经营组织或个人的利益,特别是经济利益为出发点的。根据这一特点,社会体育市场的经营开发也要以营销为主要手段。通过营销方法和市场运作,建立经营组织的利益激励机制,奖勤罚懒,奖优罚劣,以调动劳动者的积极性,提高工作效率,增强内部活力,从而提高工作的效率和经营行为的经济效益。

(三)社会体育产业的市场营销

社会体育产业市场营销管理是按照企业管理的模式，用企业经营管理的方法来取得经济效益。企业经营管理的方法很多,而明确市场细分与市场定位,了解市场营销的特点,是体育产业实施经营管理的起点。

1. 市场细分与目标市场

市场细分就是根据消费者之间需求的差异性，把一个整体市场划分为两个或更多特定的消费者群体,从而确定企业目标市场的活动过程。每一个需求特点相同的消费者群体就是一个细分市场。

由于广大群众在对体育健身的需求上有所差别，并且城乡居民对体育的消费需求在不断变化,因而一个企业无论规模多么巨大,总不能满足全部消费者的所有需求,而只能满足市场上某一部分消费者的某种需求。从事社会体育的经营者在进行营销决策时,必须首先回答本企业的市场在哪里,本企业的产品在什么地方最能畅销等问题，以便明了自己的企业是为满足哪一类消费者的哪种需求而从事经营和提供服务的。这就是选择目标市场。

市场细分对社会体育产业和市场中的从业企业正确制定营销计划和营销策略,顺利实现营销目标有着极其重要的意义。

首先,市场细分有利于企业发现新的市场机会,形成新的目标市场。市场机会是指市场上客观存在的未被满足或未被充分满足的消费需求。体育企业在市场营销中,要使自己所提供的服务能在市场上站稳脚跟,就必须根据市场的现状和已经上市的项目在满足社会需要方面还存在不足的情况，根据竞争者的市场占有情况来分析市场被满足的程度，发现那些尚未得到满足或未被充分满足的需求,以发现新的市场机会,形成新的目标市场。

其次,市场细分有利于企业提高经济效益。一是在细分的基础上,企业可以集中人力、物力、财力,投入目标市场,取得理想的经济效益。二是在细分以后,企业可以面对自己的市场,生产出适销对路的产品和提供相应的劳务。这既能满足消费者体育健身的需求,又可增加企业的收入,提高企业的经济效益。

第三,市场细分有利于企业及时调整营销策略,以适应消费者的要求。市场细分后，每个市场变得小而具体，企业比较容易了解消费者的需要，因而可以根据不同的产品制定不同的市场营销策略。同时,细分市场,信息反馈快,一旦消费者需求发生了变化，企业可以迅速改变原来的营销策略，制定出相应的对策，及时适应消费者变化了的需求。这样，可以更好地提高企业的经营管理水平。

第四，市场细分有利于企业开发新市场，满足消费者的潜在需求。企业在取得一定的市场占有率以后，要想继续在原有市场上扩大营销，需要付出更大的努力，并且会加剧竞争的激烈程度。而通过市场细分，就可以在原有市场的基础上去开拓新的市场，通过满足那些尚未被满足的消费需求去提高企业对市场的占有率。并且通过市场细分，还可以预测本企业如何满足消费者的潜在需求量，为企业发展提供方向。

所谓目标市场，就是企业在细分出来的若干子市场中，根据企业资源状况来决定所要进入的市场。市场细分与确定目标市场既有联系又有区别。市场细分化是按照消费者需求与购买行为的差异划分消费者群的过程。确定目标市场则是企业选择某一部分市场作为营销对象的决策。选择目标市场有赖于市场细分，在市场细分化的基础上，选择一个或多个的细分市场作为目标市场，即为市场定位。

在市场营销活动中，任何企业都应选定目标市场。因为就企业来说，并非所有的环境机会都具有同等的吸引力，或者说，并不是每一个细分市场都是企业所愿意进入或能够进入的。对任何单一企业而言，是无法向社会体育市场中所有消费者提供全部所需要的商品与劳务的。由于资源有限，也为了保证效率，企业的营销活动必然会局限在一定范围内。

在制定市场营销策略时，企业必须在纷繁的社会体育市场中，发现什么项目是最适合本企业进行经营的，消费对象是什么人，消费者的地域分布、需要、爱好以及其他购买行为的特征是什么？这就是说，企业作出营销决策之前，要确定具体的服务对象，即选定目标市场。进入社会体育市场的企业必须根据市场调研所获得的资料和一定的标准，具体确定本企业应当把市场目标放在哪里。

2. 社会体育市场消费需求特征

在市场细分的基础上，当经营社会体育的企业找准目标市场并加以明确定位后，如何进行营销活动，即如何推销自己的服务和产品，还必须了解和把握市场消费需求的基本特征，因为没有消费需求就没有市场。社会体育市场的消费需求是随着社会经济文化的发展而不断地产生和变化的。虽然消费者的体育健身需求在变化与发展，但总是存在一定的趋向性和规律性。了解这些趋势与规律，对社会体育市场的经营开发是有益的。

(1)消费者需求的多样性

由于参与体育消费活动的人在收入、职业、文化程度、性格、年龄、民族和生活方式上的不同,当然会有各式各样的爱好、兴趣和习惯,因而对于体育服务的需要也是丰富多彩和千差万别的。人们需求的差异性,决定了社会体育市场向消费者提供商品与服务的多样性。

(2)消费者需求的发展性

随着社会经济文化的发展和人们生活水平的逐渐提高,人们对体育商品和服务的需要,无论是在数量或品种上还是在质量上都会不断地发展与变化。一种需求被满足之后又会出现新的需要,并由低级向高级发展,由简单向复杂发展,由数量上的满足向追求质量上的充实发展。某些现在受人们欢迎的热门项目,有可能在一段时间之后变成了过时商品,许多潜在的体育消费需求会不断地变成现实的购买行为。

(3)消费者需求的层次性

人们的需求是有层次的,对体育消费活动的需求当然也不例外。一般地说,人的需要总是由低层次向高层次逐渐延伸和发展的。当低层次的最基本的生活需要即满足生存温饱需要得到满足以后,就会产生高层次的社会性需要和精神需要,这就形成了消费需求的层次性。当人们追求较高层次的身心需要时,体育消费需求就开始出现并不断发展。

(4)消费者需求的伸缩性

人们的消费需求受外因和内因的影响,具有一定的伸缩性。内因的影响包括消费者本身的需求欲望程度和货币支付能力等;外因影响主要是商品的供应、价格、销售、服务和他人的实际体会等。两个方面因素都可能对消费需求产生促进或抑制作用。一般说,基本的日常生活必需品消费需求的伸缩性较小,人们对于这一类商品的需求不会因为货币收入增多或销售价格降低而大量增加需求。但是,许多非生活必需品或中、高档消费品,由于选择性较强,消费需求的伸缩性就比较大。体育消费便是这种伸缩性较大的需求。

(5)消费者需求的可引导性

消费者的需求是可以引导和调节的,即具有可引导性。从业于体育市场的企业通过成功和有效的市场营销工作,可以引导、诱发或刺激消费者的需求,把潜在需求转变为现实的购买,未来的购买欲望转变为近期的消费行为。因此,体育企业不但应向人们提供所需求项目及服务,还要努力做好各种营销工作,引导消费者的体育消费需要。

(四)社会体育市场经营开发的特点

社会体育市场经营可采用多种方式,但从企业市场营销的总体要求上讲,企业在社会体育市场中的经营开发有以下几个方面的特点:

1. 全局性

任何一个企业的市场经营开发战略都是体现该企业发展需要和利益的。怎么样预测在今后一段时期内社会体育市场需求发展的变化趋势，并作出相应的对策,发展某一新的项目和活动内容,推出某一新的服务,这既关系到社会体育产业和市场的发展,又属于企业经营开发决策的内容,具有全局性。然而,全局又是由各局部有机地构成的。所以,照顾各个局部之间的关系,也是经营开发决策的一项重要任务。

2. 长期性

企业的经营开发战略着眼于未来，要指导和影响该企业今后相当长的时期。对任何一个体育企业来讲,当前的经济利益固然重要,但不能只顾眼前的利益,要更加重视长远的利益。当然,未来又是以当前为出发点的,任何未来的发展都要以当前为依据。因此,立足当前,放眼未来,协调当前和未来发展的关系是市场经营决策的关键。

3. 系统性

系统性是说企业各个方面是一个紧密配合的和有机联系的整体。系统有层次结构之分,又有主次和大小之分。对应于不同层次和各子系统的战略,只能是整体系统战略的一个局部。局部应该服从全局。就一个体育企业内部而言,应该把整个企业的战略作为一个整体系统工程来统筹制定，追求整体效益的最大效益。

4. 灵活性

社会体育产业与市场的发展受外部环境和内部条件的综合影响。当外部环境发生变化(如市场需求,政治或经济形势变化,政策与法令变更等)时,必须不失时机地作出战略性的调整。企业的内部条件变化也会对市场经营产生影响。经营开发战略决策还应该适应内外环境变化，对变化作出灵敏而又具创造性的反应。企业战略是以现在为基础而对将来发展作出的决策，是积极地和有准备地迎接未来挑战的抉择。

5. 风险性

任何经营决策都不可能是在信息绝对充分的条件下作出的，也都是对未来所作的预计性决策，因而都具有一定的风险性。由于环境的多变性和复杂性以及企业自身的条件也在不断变化，使得任何战略决策都具有不确定性和冒险性的特点。某个机会的价值大小，往往取决于企业当时的地位、实力和素质条件，很多机会往往是瞬时即逝。机会和风险常常是可以互相转化的，能及时地抓住机遇并抢得先机，就会得到应有的报偿。

除上述方式外，社会体育企业的经营开发还应包括市场调研、市场信息的收集与管理和市场预测，市场营销战略、价格和促销策略的制定，市场开发、营销组合与计划、市场营销服务等项工作。

(五)社会体育市场的特征与经营的内容

1. 社会体育市场的特征

社会体育是公民自愿参加的，以增强体质与增进健康为主要目的的多元化的体育活动，其所包含的内容十分丰富。据此，社会体育市场的主要特征是：

(1)市场容量巨大。由于社会体育市场的消费者是全体公民，因而其对象极为广泛、市场广阔，发展潜力很大。每一个人都需要健康，随着社会经济的发展和人们生活方式的转变，健康投资将会成为人们的基本需求。

(2)产品内容丰富。社会体育的对象有儿童少年、成年人、妇女、老年人等，其消费对象以个人、家庭、团体为主体，他们所需要的消费品包括保健、休闲、娱乐、健身、健美、康复和享受等各个方面。虽然健身娱乐市场是其主导市场，但人们需求的多样性决定了社会体育市场产品的广阔性。

(3)经济效益可观。我国社会体育市场是一有待进一步开发的领域，随着群众体育管理社会化进程的加快和市场经济的快速发展，这一市场有着广阔的发展前景。目前，在国内部分地区各种群众性比赛或娱乐活动、各类健身健美经营场所、各种体育培训班、体育俱乐部等，发展速度惊人，许多经营得当的企业的经济效益可观。

2. 社会体育市场经营的基本内容

(1)体育用品的销售。体育健身器材以及各种体育用品的最大消费者是广大群众,在社会体育市场经营中应当重视对这一市场需求及变化的考察与调研。企业在生产出适销对路、质量上乘、经济适用的各类体育用品来满足广大体育用品消费者需要的同时,还要研究产品销售的渠道和消费对象的要求。

(2)新技术、新方法、新器材的开发。主要指用于体育健身方面的新技术、新方法和新器材的研究和开发。要依靠科技进步,加强社会体育及其市场的科学研究,生产出更加经济实惠,更加科学有效的体育健身用品,并向体育健身消费者提供科技含量高的和优质的体育健身服务。就增强企业在社会体育市场中竞争力而言,增强经营实体的服务质量是非常关键的。

(3)健康咨询和指导。包括对体育锻炼的基本知识、增强体质有效的方法和手段等,进行技术咨询和辅导,办相应的指导班和培训班,以及进行体质等方面的测试及评价、运动处方指导等。从事这一市场经营活动除需要有懂行的管理人员之外,关键在于专业人员应有较高的素质与具备相应的专门知识。

(4)群众性体育健身俱乐部。按照国家相关政策法规,成立以健身、娱乐为目的的俱乐部,以会员制、定期消费制和临时收费制等方式收取相应的费用。其目的是为了在丰富群众体育活动时,为广大体育消费者提供有偿的体育服务,满足不同层次体育消费者的需要。

(5)体育表演市场。主要形式是个人或集团承办各级各类体育观赏比赛,引导人们进行这方面的消费,以满足群众在精神方面的需要。而承办者通过收取相应的门票收入、广告费用和商家赞助等,获得经济收入。

在社会体育市场领域中可经营的范围非常广，从事社会体育产业和市场经营活动的企业可根据社会体育发展的战略目标进行决策，开展市场调查和进行经营抉择,明确制定具体的经营项目,编制经营开发计划并确定经营方向。

第三节　社会体育产业的现状与发展趋势

经济的发展为社会体育产业的发展奠定了物质基础。随着人们物质文化生活水平的提高,人们在心理和健康方面的需求在不断扩大。为了适应这一社会需求，健身体育、休闲体育、娱乐体育等大众体育正在勃勃兴起，为满足人们对体育文化享受的需要和大众体育消费的需求，体育产业得到了迅速的发展，并逐渐形成规模生产。

一、国外社会体育产业的发展现状

社会体育在市场经济条件下运作并逐渐形成一项产业已有100年的历程。特别是近年来，西方部分国家经济的高速发展、人们生活水平的大幅度提高和余暇时间的增多，促动着以职业体育和健身休闲娱乐为代表的社会体育业的兴旺发达。全球体育产业的形成和发展，除与竞技运动项目的职业化、商业化有关之外，大众体育的发展和健身娱乐业的崛起也是推动体育产业发展的一个非常重要的因素。

与竞赛表演业相比，大众体育商业化的形成时间较晚。20世纪中期，欧洲国家二战后经济的重新崛起，人们收入和消费水平的大幅度提高，体育健身娱乐消费活动实现了平民化、生活化、普及化后，大众体育才具有了产业的位置。经过几十年的发展，以体育健身娱乐业为代表的社会体育产业后来居上，在规模和产值上都超过了竞赛表演业，并以其对相关产业的拉动作用，成为了全球体育产业中的主导产业。

除西方经济发达国家社会体育产业有较快的发展之外，在亚洲，以社会体育产业为主干的日本体育产业也正在兴旺发展。1982年日本体育产业的规模是2.95万亿日元，1990年是4.2万亿日元，1993年增加到6.14万亿日元。日本国际工贸部预测，2000年日本体育产业的市场规模达到22万亿日元。韩国的体育产业主要由体育用品和体育服务业构成，1980年韩国体育用品业生产总值为5310亿韩元，1990年为19 490亿韩元，2000年达到63 580亿韩元。韩国人在体育服务业中的消费增长也较快，1989年该国每人每月平均体育健身娱乐活动消费为1.3万韩元，1994年时达到2.6万韩元。据韩国国家统计局年鉴所公布的数字，1996年韩国国内体育用品市场和体育服务市场的消费总额为26 900亿韩元，其中体育用品市场占44%，体育服务市场占56%。

经过多年的形成和发展，在西方发达国家中体育产业的结构、功能相对完善，生产规模也较为庞大。从社会体育产业的组成形式上看，主要包括健身健美和体育娱乐经营、体育技术培训、体育旅游以及各种体育文化产品的经营。虽然世界各国的体制、国情和经济发展水平不同，社会体育产业的结构、规模、产业发展方向和产业政策等有较大区别，但作为一新兴行业，社会体育产业目前在世界上许多国家都有不同程度的发展。

二、我国社会体育产业的现状与管理

（一）我国社会体育产业的现状与问题

20世纪80年代以前，我国的社会体育产业只有规模不大的体育用品制造业，真正意义上的社会体育产业是在80年代开始出现的。此后，我国社会体育产业的发展大致经历了两个阶段。第一阶段是从20世纪80年代初到90年代初。党的十一届三中全会提出了以经济建设为中心，在“有计划的商品经济”改革思想指引下，国家体育主管部门提出了体育社会化的方针，使体委一家办体育转变为各行各业大家办，由过去单一国家投资转向以国家投入为主，向社会多方筹集资金。当时所采取的措施，在一定程度上拓宽了体育投资渠道，但社会体育产业本身的价值和地位还未得到真正的发掘。第二阶段是从20世纪90年代初至今。党的十四大后，随着社会主义市场经济的逐步建立，国家体育主管部门提出了体育事业要“面向市场，走向市场，以产业化为方向”的基本思路，加之社会各界对体育市场的看好和资金的涌入，以体育健身娱乐业为先导的社会体育市场从沿海地区向全国漫延，其他市场也逐步跟进，并且以较快的速度发展，现已基本形成产业格局。

仅以健身娱乐业为例，1998年全国体育系统在此项目上的经营收入就达到了1.7877亿元。据有关统计，1998年深圳市已有长期注册的体育经营企业306家，总投资额67.79亿元，总注册资金34.04亿元，从业人员10 490人；河北省共有注册的经营企业2976家，总营业额8.26亿元，上缴税金381万元，从业人员30 494人；北京市共有体育经营企业5000家，年营业额6亿多元，上缴税金7800万元，进入经营性体育场所参加体育活动的消费者达3000万人次；上海市体育经营企业已达1057家；湖北省和安徽省的体育经营企业也已达到3000多家。

从目前情况分析，我国社会体育产业的发展主要表现在：首先，以本体市场为主的社会体育市场已初具规模，产业和市场体系的基本框架较为明确。包括体育健身娱乐市场、体育培训市场等在内的体育本体市场已逐步发展成为层次结构较为清晰的产业；其次，社会体育产业的质量与效益不断提高，开发领域正在扩展，显示出了社会体育资本和资源开发的巨大潜力；第三，出现了一批多种所有制的体育经营场所、体育俱乐部和体育企业。随着人们生活水平的提高和社会体育消费需求的扩张，许多健身娱乐性强、受大众喜爱的体育健身项目成为社会投资的热点；第四，基本上形成了社会体育产业开发多渠道、多层次、多形式的筹资渠道，不再单一依靠政府对社会体育的资金投入，而是从不断发展的社会体育产业和市场中获得。

我国社会体育产业虽然已初步形成规模，但因其形成和发展的时间较短、基础比较薄弱，在许多方面还不可能与发达国家同类产业相提并论。由于社会体育产业在我国还属于新兴产业，虽在近年得以较快的发展，但管理体制和运行机制不完善，发展不平衡，结构不尽合理，产业规模不大，相关政策法规也不太适应体育产业的快速发展。现阶段我国社会体育产业存在的问题主要有：

1. 结构与产品质量问题

社会体育产业结构缺陷主要表现在本体产业的发展还未形成支柱性优势，以健身娱乐业和体育培训业为主的社会体育核心产业落后于体育用品业的发展。就主体产业而言，其市场开发与利用的深度与广度不够，市场运作也不很规范。如果不能解决体育本体产业发展滞后的问题，社会体育产业就难以在体育产业中占有较大份额。

产业质量问题主要体现在社会体育市场中各类企业规模较小，管理水平、管理方式和经营理念落后，市场竞争力不强。各类体育经营场所能按现代企业制度组建运作和提供高质量服务的不多。此外，体育企业如果不在生产和经营上下工夫，不降低成本、提高产品与服务质量、扩大经营利润，也会缺少可持续发展的动力。

2. 发展不平衡问题

首先是地域间的不平衡。由于受各种因素特别是经济基础和发展水平的制约，城乡差距、东西部差距十分明显，并且在个别地区这种差距还在扩大。这些差距必然影响到某些地区体育消费状况，从而制约着该地体育市场和社会体育产业的发展。

其次是所有制结构失衡问题。由于过去计划经济条件下所形成的在资产和资源配置上的差别，虽然经过近些年的体制改革与产业结构调整，国有资产的比重有所下降，但所有制结构仍然不平衡。如我国目前体育场馆国有率占 75.4%，集体占 12.4%，个体占 5.1%，外资占 4.7%，其他为 2.4%，其中集体所有中又有相当一部分属国有。这种所有制结构不利于资源共享，在一定程度上制约着市场的公平竞争。

其三是项目开发的不平衡。就社会体育产业而言，目前存在着已形成的市场、正在形成的市场和尚未形成的市场三个层次。已形成的市场主要是指体育用品业、体育健身娱乐业和体育技术培训业，正在形成的市场包括体育旅游业等，还有尚未形成的市场。这些市场和行业的发展速度也有快有慢，发展规模有大有小，行业管理有好有差，市场发育不全，在一定程度上制约了社会体育产业的整体发展。

3. 市场管理的规范化问题

规范有序的市场是产业稳步发展的前提，管理的法制化是市场规范化发展的保证。我国体育市场的管理还缺乏高层次的立法，虽然不少省、市、区发布了地方性体育市场管理法规或政府规章，其中包括了一些社会体育市场的管理措施，但是在管理中的许多问题仍然需要高层次的立法加以明确。

社会体育产业管理过程中，在市场上一些体育经营项目存在着交叉与越位管理，即在不同的地区由不同的部门管理，或在同一地区由不同的部门同时管理，甚至有些项目无相关部门管理。因而在全国范围内制定出高层次的社会体育产业和体育市场管理专项法规，这对于加强宏观管理就显得十分必要。

目前在社会体育产业中还没有一个覆盖全国的统一的行业管理标准。科学的、切实可行的行业管理标准和行业服务准则是加强市场管理工作的切入点，目前除个别地方正在进行这方面的尝试外，不少地区并未实施积极有效的管理，市场的科学化、规范化管理程度不高。

其他如投入不足、资产管理不顺、经营人才不多和部分行业经济效益不理想等问题，在社会体育产业发展过程中不同程度地存在。目前我国体育产业中虽然还存在着这样或那样的问题和矛盾，但是作为新兴的体育产业，在其发展过程中出现这些矛盾与问题也是难免的。随着我国体制改革的深入，社会的进步和经济的发展，以及部门和行业管理水平的不断提高，社会体育产业定会逐步壮大。

（二）我国社会体育产业管理

针对我国体育产业和体育市场发展中亟待解决的问题，国家体育管理部门从 90 年代中期以来出台了一些相应的管理措施和办法。1994 年 5 月，国家体委下发了《关于加强体育市场管理的通知》(以下简称《通知》),就体育市场的管理范围和从事体育经营活动必须具备的条件等作了明确的规定。《通知》中明确了体育市场的内容包括:1. 营业性的体育健身、娱乐;2. 营业性的体育竞赛、表演;3. 营业性的体育培训;4. 营业性的体育技术信息;5. 营业性的体育活动场所;6. 其他体育集资、赞助和经营活动等方面。1996 年 7 月,国家体委又下发了《关于进一步加强体育经营活动的通知》,针对当时体育市场中所存在的一些问题,就进一步加强体育经营活动管理提出了五个方面的要求,其目的在于正确引导体育经营活动的开展,培育和繁荣体育市场。

1995 年 6 月,国家体委出台的《体育产业发展纲要(1995~2010 年)》(以下简称《纲要》),从发展体育产业的指导思想、重点和目标,发展体育产业的基本政策,发展体育产业的基本措施三大方面就我国未来 15 年体育产业的发展作了明确的要求与规定。关于发展体育产业的目标方面,《纲要》提出了争取用 15 年左右时间,逐步建成适合社会主义市场经济体制,符合现代体育运动规律,门类齐全、结构合理、规范发展的体育产业体系的总体要求。具体目标为:

●到本世纪末,基本形成以体育主体产业为基础,多业并举、多种所有制并存、共同发展的产业发展新格局。

●重点培育和发展体育健身娱乐市场、体育竞赛表演市场、体育人才和技术信息市场、体育用品市场等,促进体育的有关固定市场与流动市场、国内市场与国外市场等各级各类市场充分发育,初步形成符合我国国情、比较健全而完善的体育市场体系。

●力争一批体育事业单位,通过自身经营优势和潜力的发挥,立足体育产业的发展,增强自我发展能力,由差额管理逐步做到自收自支;一批自收自支的经济实体能够逐年增加上缴利润,为体育事业的发展作贡献。

●形成一批符合现代企业制度、产权明晰、开展体育经营、综合开发、效益显著、规模发展的股份制企业或企业集团。

●不断增加体育产业开发收入的总量,使之占体育事业经费的比重每隔几年有较大的提高,成为弥补体育事业发展经费不足的主要来源之一。

此外,国家体育总局 2000 年 12 月下发的《2001~2010 年体育改革与发展纲要》中,就“加快发展体育产业,引导全民体育消费”问题,提出了加强体育产业发展的规划和政策引导;发展多种所有制形式的体育产业;促进体育产业的发展规模;积极培育和依法管理体育市场;加强对国有资产的管理和对无形资产的开发;重视体育产业队伍建设等具体措施。国家体育管理部门所制定的规划、措施和提出的要求，无疑对我国体育产业和社会体育产业的规范化管理提供了政策依据。

自20世纪90年代中期以来，全国各地方体育管理部门根据本地体育产业发展的需要与市场规范、健康和有序发展的要求，也有针对性地制定了一些关于社会体育产业和市场管理的地方性法规与办法，这对各地社会体育产业和市场的顺利发展是有益的，对规范市场行为、整顿市场秩序、保护消费者利益起到了积极作用。但管理部门应当注意，对社会体育产业加以有效的管理切忌采用传统计划管理方式，管理的目的是为了进行宏观调控和对产业与市场进行政策引导，要积极地培育市场而不是过多过细地干预市场，即发挥监管职能，加强宏观调控，努力地规范培育市场。

就目前我国社会体育产业和市场管理工作的成绩而言，主要表现在：

体育市场管理作为一项重要工作受到各级政府和体育行政部门的高度重视，一些地区将开拓体育市场、发展体育产业作为一项重要工作内容列入了政府工作计划，并制定了本地区的体育市场和产业发展规划。

体育市场管理机构和管理队伍建设得到加强。全国约80%的省级体委设立了体育市场管理部门，湖北、安徽、广东、浙江、河北等省市的大多数基层体育部门也建立了体育市场管理机构，体育市场管理队伍不断扩大，人员素质也在逐步提高。

对体育市场管理进行了积极的探索，积累了宝贵的经验。全国体育市场管理部门在各级体育局的领导和有关方面的大力支持下，经过短短几年的努力，根据各地的实际情况，摸索出一套行之有效的管理方法。这表明体育市场管理有了一个良好的开端，为今后体育市场的管理工作积累了经验，奠定了基础。

体育市场管理法制建设成绩显著。目前全国有超过一半的省市区均发布了体育市场管理方面的地方性法规和政府规章，一些地方还相继建立了单项体育经营活动的管理细则、服务标准人员培训等配套制度，初步建立了本地区的体育市场管理法规制度体系。另外，绝大多数省会城市和一些较大的城市也制定发布了体育市场管理法规。①

在1999年全国体育市场管理工作座谈会上，有关部门进一步明确了今后体育市场管理的工作思路。即从正确把握体育市场发展方向入手，充分认识和高度重视体育市场的培育与管理工作，处理好发展与管理的关系。明确职责，理顺关

①国家体育总局经济司:《发展体育产业　培育体育市场》,2000。

系，切实担负起体育部门对体育市场的管理任务。注重基本建设，加强立法，实现管理的科学化、法制化，加强调查研究，着重解决新形势下体育市场发展和管理工作中的重大理论和实践问题；加强对体育产业和体育市场的统计和调查工作，全面、客观、科学地认识其现状；加快立法步伐，特别是高层次立法，要填补空白。加强队伍建设，提高队伍素质。在机构改革过程中，体育市场管理机构和队伍建设只能加强，不能削弱。要不断提高队伍和人员的素质，以适应体育市场管理的需要。总之，要统一思想，提高对体育产业的市场管理工作重要性的认识，进一步明确有关部门对体育产业和市场管理的职责和任务，加强科学管理、重视立法、抓紧做好行业标准工作，使社会体育产业有更大更快的发展。

社会体育产业的发展必须坚持有利于社会精神文明建设，有利于全民族身体素质的提高，有利于满足广大民众健康的体育需求和有利于经济效益的获得的原则。在社会主义市场经济条件下，社会体育产业要遵循一般产业必须遵循的普遍规律，如必须面向市场、遵循价值规律、竞争规律、供需规律等，但又有其固有的特点。社会体育产业要快速发展，就必须在培育市场上下工夫；社会体育市场产业要健康发展，就必须在加强经营管理上下工夫；社会体育产业要持续发展，就必须在追求经济效益上下工夫。

三、我国社会体育产业的发展趋势

尽管当前我国的社会体育产业还不尽成熟，但作为一朝阳产业，在社会经济发展、人们收入水平提高和大众消费结构变化的推动下，在产业结构调整、扩大内需与增加就业政策的作用下，社会体育产业的快速发展已成必然。

（一）产业结构调整给社会体育产业带来机遇

体育产业总体上讲属于第三产业，而大力发展第三产业是目前我国调整产业结构的基本方针。国家产业结构调整和升级的变化，大体上是从三个方面影响社会体育产业的发展：

一是能得到国家产业政策的扶持，包括投资融资的优惠政策、税收减免的优惠政策、用工用地的优惠政策等。特别是随着我国产业结构调整的力度不断加大和体育产业规模、效益的不断提高，国家和政府给予社会体育产业一定的优惠政策将是有可能的。

二是产业结构调整会给体育产业带来更多的社会投资。因为资本的流向是由资本利润决定的，体育产业是朝阳产业，随着产业结构调整步伐的加快，如果在社会体育产业中投资的回报率明显高于社会投资的平均利润率，这就会出现各种资本向社会体育产业流动的良好态势。

三是产业结构调整会给社会体育产业带来更多高素质的经营管理人才。到了后工业化时代，高素质的经营管理人才将会出现由制造业向服务业转移的趋势，因为人才流向和资本流向同样是由利润率高低决定的。产业结构调整的力度越大，体育产业集聚高素质人才的优势也就越明显，而高素质专业化人才对于社会体育产业这样一个具有生机和活力的新兴行业来说是十分重要的。

（二）社会体育产业对拉动经济增长的贡献

目前我国经济领域的中心工作就是要扩大内需，以拉动经济持续增长。近年来，在市场消费不旺的情况下，我国的体育消费持续增长，体育市场逐渐繁荣，体育产业的规模和效益不断提高，保持了较快的发展势头，这一现象已得到了政府和社会的关注。社会体育产业要抓住机遇，在扩大内需，拉动国家和地区的经济增长上起到明显的绩效。为此，应注重以下几方面：

首先，体育用品业在出口创汇方面作出更大的贡献。虽然我国是一个体育用品数量上的出口大国，但在产品的质量和附加值方面还较落后。体育用品是人们参与体育活动的物质条件，世界上许多国家都有较大的需求。这些年来我国体育用品业在出口上作出了一定贡献，但要取得更大的发展则须做到：一要提高我国体育用品业整体的规模效益，提高我国体育用品企业与国外同类企业的竞争力；二是体育用品企业要加大研究与开发的投入力度，不断提高我国体育用品的科技含量，增强所出口的体育用品在国际市场上的竞争力。

其二，社会体育产业要在增加投资需求，尤其是启动民间投资需求方面发挥作用。增加投资是刺激有效需求、推动经济增长的一个重要途径。社会体育产业有着美好的发展前景，有望成为民间投资的热点。因为，一是社会体育产业的主体部分是健身娱乐业，在这一领域投资，相对来说投资少、见效快、效益好，因而符合民间投资小额、分散的特点和投资主体归避风险的心理；二是以健身娱乐为主要内容的体育消费正在成为全社会新的消费热点，而先期在这些领域投资的企业经营绩效也越来越好。体育消费渐旺和巨大的增长潜力以及先行者获利的示范效应，都使得在这一领域启动民间投资成为可能。

其三,能把居民有支付能力的体育消费需求引导出来。扩大消费需求最主要的是增加最终消费。从我国情况看,当前增加消费需求的重点是要增加居民的消费需求。而居民消费需求又分为实物消费和非实物消费两类。目前,进一步增加居民的消费必须把工作重点由实物消费领域转到非实物消费领域,而非实物消费主要指文化消费。体育消费是广义文化消费的形式之一,从本质上讲属于满足人们享受的发展需求的消费。要把居民有支付能力的体育消费需求引导出来,是扩大内需的一种方式。

(三)城市社区化和农村城镇化推动社会体育产业发展

目前世界高收入国家城市化水平已达80%以上,中上收入国家达60%,中下收入国家达55%,低收入国家平均也在35%左右。近20年来,我国的城市化水平尽管有了较大幅度的提高,但目前我国的城市化水平在世界43个低收入国家中仍然处在中位偏下的水平。整体城市化水平的低下严重制约了消费结构和产业结构的升级。因此,我国政府将会采用调整现有大城市的功能,适度扩大大城市规模和积极发展中小城市等多种手段,迅速提高我国的城市化水平。同时,与农村城镇化趋势相伴随的将是城市社区化程度越来越高。随着城市人口的自然增长以及城市化带来的农民进城效应,我国的城镇人口今后一个时期将会有一个较快的增长。按照发达国家的经验以及我国在部分城市试点的情况,新型的组织管理形式就是社区化服务。从体育产业的角度看,城市社区化和农村城镇化都将为加快体育产业的发展提供机遇。

城市社区化和农村城镇化能创造出巨大的体育消费需求。目前我国的体育消费主要在大中城市表现得比较活跃,约占70%的农村人口几乎没有体育消费。这是因为农民的低收入和传统的生活方式从客观上制约了他们对体育服务和体育用品的消费。因此,如果没有激发8亿农民体育消费的有效途径,体育产业成为国民经济新的增长点就不太现实。而城市社区化和农村城镇化为解决广大城乡居民基本体育消费需求提供了可能。

城市社区化和农村城镇化,对培育和发展社会体育市场十分有利。从市场学的角度看,消费者在一定规模上的聚集是市场形成和发展的必要条件。社会体育市场的培育和发展,也需要消费者的聚集效应来支撑。城市社区化和农村城镇化还会拉动对社会体育产业领域的投资需求。社区化和城镇化在激发体育消费、活跃体育市场方面的效应,会使社会投资者对在这一领域投资的信心增强，从而能吸引更多的资金进入，扩充体育产业的资本总量，提高社会体育产业的规模效益。①

（四）我国社会体育消费的增长趋势

体育消费作为现代人日常生活消费的组成部分，符合消费结构变化的趋势。根据我国社会经济发展的基本走向和社会体育市场的基本走向，社会体育消费的发展会出现以下几个主要趋势。

1. 城乡居民体育消费的总量将持续增长

未来 20 年我国的 GDP 仍将保持 7% 以上的增幅，城乡居民的收入水平也将保持同步增长的势头。城市化进程将进一步加快，城镇消费人口总量将会有一个较快的增长，这些因素都会使得城乡居民消费结构不断优化，未来我国居民体育消费的总量定会有所增长。然而，消费总量的增长作为一般趋势，在不同的体育消费领域会有不同的效应，即体育物质产品的消费在一定时期内仍会高速增长，而随着时间的推移，增幅会逐步回落；体育服务产品的消费会逐步活跃，并且随着时间的推移，其增幅将会不断提高。

2. 个性化、多元化的体育消费将会出现

实物型体育消费将继续增长，但消费差别与档次将不断加大，个性化、多元化消费的趋势开始显现。实物型体育消费的持续增长，主要是指运动服装鞋帽、健身器械、体育图书、报刊、音像制品等实物型消费资料需求的持续增长。与此相伴的是消费结构上也会出现一些变化。首先，城乡居民收入水平差距的拉大将导致对体育用品消费档次的进一步加大。城市居民对体育用品的消费需求将由低档商品向中高档商品方向发展，而农村居民在一段时间内仍将维持对低档体育用品的需求。其次，人们对体育用品的需求会出现个性化和多元化的特征。这不仅表现在体育用品会出现多样化的趋势，新产品、新品牌将不断涌现，而且同类商品在款式、规格、用料、功能、价格以及售后服务等方面也会出现高中低档并存的现象，以适应体育消费者多元化和个性化的消费需要。

---

①鲍明晓：《体育产业—新的经济增长点》，人民体育出版社，2000。

3. 观赏性体育消费者群体将日趋壮大

随着我国居民收入水平的不断提高和消费结构的不断变化，人们不但对观看高水平竞赛表演的需求将会进一步提高，而且还会增加对趣味性、娱乐性、刺激性等类体育活动的观赏兴趣，观赏性体育消费者群体也会越来越大。需要特别指出的是，广大群众对高水平运动竞赛和对趣味性、娱乐性、刺激性等体育活动的观赏并不是一种刚性需求，即在这方面的消费弹性很大，假如各项目比赛质量不能切实得到提高，或娱乐趣味体育活动无观赏价值，观众花了钱得不到应有享受的话，这种潜在的增长趋势也就难以变为现实。

4. 参与性体育消费将会带动整个体育消费的快速增长

参与性体育消费主要是指人们为追求健康和娱乐而花钱购买由体育服务企业提供的健身娱乐服务，健身技能培训、辅导、咨询，体质测试，健康评估以及体育康复等服务产品。这一类型的消费将会成为带动整个体育消费快速增长的原因有三：一是我国居民人均收入的不断增加以及生活方式的改变是带动参与性体育消费快速发展的动力；二是医疗保健制度的改革激发了人们对“参与性”体育消费的需求，人们更愿意花钱参加各类体育健身消费以增进健康；三是政府的重视与支持，为参与性体育消费群体的扩大和消费水平的提高造就了良好的外部环境。

我国国民经济的持续稳定发展，将会推动我国社会体育事业的进一步兴旺发达，而社会体育产业作为社会体育的一个重要组成部分，必将与社会经济和社会体育事业同步协调发展。因此，有理由相信，我国社会体育产业的发展具有广阔的前景和巨大的潜力。

思考题

1. 如何理解产业、体育产业和社会体育产业的基本概念？
2. 你认为在社会体育产业中，哪些市场发展潜力较大？
3. 目前制约我国社会体育产业发展的主要问题是什么？

参考文献

1　戴伯勋等主编．现代产业经济学．经济管理出版社,2001.

2　李景泰主编．市场学．南开大学出版社,1988.

3　张岩　柳伯力等．中国体育市场的理论与实践．陕西人民出版,1999.

4　鲍明晓．体育产业—新的经济增长点．人民体育出版社,2000.

5　国务院研究室科教文卫司　国家体委政策法规司编．体育经济政策研究．人民体育出版社,1997.

6　国务院研究室社会发展司　国家发展计划委员会社会发展司　国家体育总局政策法规司．体育产业与经济发展．1999.

7　国家体育总局政策法规司．中国体育市场研究．2000.

8　刘忠　王芬等．市场经济与体育．北京体育大学出版社,2000.

9　国家体育总局体育信息研究所．市场经济条件下各国体育政策．1998.

10　张发强编著．体育经济漫谈．世界图书出版社,2000.

11　国家体育总局体育经济司．发展体育产业培育体育市场．2000.

12　骆秉全编著．简编体育市场营销学．中华工商联合会出版社,2001.

13　赵立　杨铁黎主编．中国体育产业导论．北京体育大学出版社,2001.

第五章

单位体育

本章重点

“单位体育”是企事业、机关等机构的员工组织进行的体育活动。由于“单位”在中国具有特殊的地位，从而形成了中国特有的单位体育。单位体育作为企业文化的重要组成部分，在社会主义现代化建设中发挥着重要的作用。

第一节 我国的单位体制

一、单位体制

新中国成立以来,在中国的社会组织中被人们称之为"单位"的工作场所,具有许多特点,形成了中国城市社会独特的制度——单位体制,"单位体制"显示出了中国社会结构的独特性。改革开放以来,一方面单位依然是城市社会的基本组织制度,另一方面其赖以生存的基础条件逐渐发生了变化,"单位体制"也给城市社会带来了很多"意外后果"。因而,从20世纪90年代开始,众多学者开始关注对"单位体制"的研究,但由于研究时间较短,还没有达到成熟的阶段,对"单位体制"也还没有一个统一的定义。有学者认为,"单位体制"是指广大社会成员被组织在国家设立的各种组织中,并以此为中介发生多方面联系的制度。有学者认为,"单位体制"就是由单位这一实体构成的社会调控体系。还有学者把整个社会运转不得不依靠单位组织的结构定义为"单位体制"。①综合几位学者的定义可以得出:"单位体制"就是以单位组织为基本单元建立起来的、以保证社会正常运转的社会调控体系。"单位体制"的基本内容主要包括以下几个方面:

1. 任何单位都被赋予了不同的行政级别。在一般情况下,单位的级别愈高,权力就愈大,拥有的资源、利益和机会也就愈多。

2. 单位曾经对个人及其家属发挥着保障就业、劳保福利、分配住房、解决子女入托入学,甚至出具结婚登记证明等多方面的功能,从而使个人归属于单位依赖于单位。单位对个人具有较高的权威性。

3. 党和政府对城市居民的行为控制,主要通过一个个的单位来实现。由此可见,单位绝不仅仅是一个工作场所,而是一个以实现社会整合和扩充社会资源总量为目的的制度化组织形式,是国家与个人之间的连接点。"对于国家而言,单位是中国政治体系的最坚实的支撑者和巩固者;对于个人而言,单位又是个人社会化及其价值实现的惟一通道。"②在城市,几乎每一个人均生活在单位之中,单

①王伟等:《国内学术界关于"单位制"的研究综述》,载《新华文摘》,2001(6),189。

②刘建军:《单位中国》,第1版,2页,天津,人民出版社,2000。

位构成了中国人生活的原点。单位是城市社会的基本组织单元，国家通过单位管理社会，并事实上覆盖着全社会。因此，长期以来单位成了中国社会的一种不可替代的组织形式。

二、我国单位体制形成的背景

在中国，由于其社会历史根源、经济根源和政治根源，逐步形成了由“单位”这一实体构成的社会调控体系——单位体制。

（一）社会根源

单位体制在中国社会能够存在并且得到社会成员的普遍认同，在很大程度上是由于它秉承了传统家族的许多特性，满足了中国社会多方面的需要。几千年的旧中国是一个官与民的社会，以皇权为顶端的官僚组织、家族制度、宗法血缘关系一直是统治中国社会的有力工具，而建立在个人权利、能力、平等基础上并以契约方式结合起来的组织从未见诸于历史。传统意义上的中国家族作为社会基本组织，具有许多社会功能，而当代的中国家庭特别是城市中的家庭已经很少有这种功能了，然而这些功能并不是由社会来替代，而是被单位以另一种团体本位的形式所吸引。单位内部的角色同时也构成了一种社会化的家族系统，虽然它不是建立在血缘关系这一基础上，但它明显不同于西方社会建立在法权关系基础上的技术化组织。这是一种在中国社会独特的文化框架中产生的复合型组织形式，它一方面满足了国家调控的需要，另一方面也为人们提供了情感、利益交织在一起的独特空间。正是中国社会中普遍的非契约特征以及社会成员根深蒂固的家族观念构成了单位制得以存在的社会历史根源。

（二）经济根源

单位制作为中国社会所特有的制度设置也有其特定的经济背景，这种经济背景就是新中国建立后相当长的一段时间内社会资源总量的不足。一段时间内，国家占有了绝大多数的社会资源，其他几乎所有的社会组织都成为了国家行政机构的一部分。国家不仅是最具权威和强制性命令权力的统治者，同时又是财产的所有者。国家既是政权，又有财产所有权。在资源短缺的情况下，国家通过单位组织来调控社会资源总量成为在落后的状况下推进现代化建设的便利选择。单位组织直接承担着汇聚资源和提供公共产品的功能，国家以单位为中介完成资源的再分配，大部分城市社会成员只有通过单位组织才能获得自身生存和发展的必要资源，这就导致了他们对单位组织的高度依赖，由此强化了单位组织的社会控制和政治控制功能，达到对社会有效调控的目标。因此，也可以说单位是新中国依靠政权力量从经济落后状态推进社会主义工业化在组织上的反映。在社会总资源明显短缺的情况下，“单位”自然也就成为满足现代化要求这一战略设计的重要产物。

(三)政治根源

单位体制作为一项制度设置，一方面充分体现了国家政治整合的需要，另一方面也是长期革命战争和政治斗争的产物。中国革命走的是农村包围城市的道路，革命胜利后建立新的制度、实现城市整合就成了头等大事。在社会资源总量不足的情况下，新政权在运用革命力量打碎旧的国家机器之后，必须依靠新的手段为自身重新构造新的社会基础。所以，社会改造的任务几乎是与经济重建处于同等重要的地位。新政权通过社会改造把离散的社会重新纳入到新的政治体系中，以免体系外的力量构成对新政权的威胁。城市社会的整合及调控方式的再造可以理解为重新构建秩序的过程。秩序的构建是以制度的权威性和功能性作为实现途径的。“制度是指非常稳定地组合在一起的一套规范、价值标准、地位和角色，它是围绕着某种社会需要被建立起来的。”①

中国革命胜利后，巩固新政权的社会基础则是当时最重要的社会需要。革命后新政权通过新的制度分配既定社会的社会性资源，把城市旧的企业和工商业改造成为单位，把社会成员归属到各个单位，使单位成为国家和个人的联结点，成为国家权威在基层社会的代理者，成为把人纳入集体之中以规范和保护个人为己任的吸纳者。单位迅速形成了一种新的社会调控体系。为了树立新制度的权威性和功能性，除了单位的专业功能以外，国家又赋予了单位一定的政治、经济和社会功能，从而形成新的政治秩序，达到巩固新政权之目的。

单位的雏形产生于革命根据地最初的经济、社会和文教组织，并在新中国建立之初随着党的组织系统向一切社会组织延伸而被最后确立起来。单位制度源

①[美]伊恩·罗伯逊：《社会学》(下册)，453页，商务印书馆，1994。

于根据地时期形成的对以中共党员为核心的公职人员群体的特殊管理体制。另外，单位制的构建在相当的程度上也体现了新中国建立之初的一种普遍的革命理想和意识形态。

三、单位体制下的单位功能

单位功能的“全能性”是“单位体制”的重要内容之一。我们在研究“单位体制”时,通常把单位功能的“全能性”理解为单位专业性功能和非专业性功能的总和。专业性功能指不同性质的单位应具备的专门性功能。如政府行政部门的政治功能(军事保卫、外交、治安、民主政治建设),经济功能(宏观经济调控、提供公共产品和服务、市场监管),文化功能(发展科学技术、发展教育、发展文化事业、发展体育卫生)和社会功能(调节社会分配和组织社会保障、保护生态环境和自然环境、促进社会化服务体系建立、提高人口质量和实行计划生育);企业的微观经济功能;事业单位的公共性服务功能等。各类单位专门性功能以外的功能就是非专业性功能。单位的非专业性功能基本相同,可概括为 6 个方面。

(一)安抚功能

单位的安抚功能来源于它的属性,既然单位是国家党政体系(或社会调控体系)中的重要组成部分,那么国家就必然把许多安抚民心、稳定民心的责任分解到单位,依靠单位体制来维持整个政治结构和社会结构的严密性。单位承担安抚功能的部门有:工会、妇联、离退休管理委员会、调解委员会等。虽然它们安抚的对象不同,但其共同的一点就是使所有的单位成员在生活上得到保障,在精神上得到安慰。

(二)联结功能

单位是国家与社会的联结点，是党和政府向社会基层推行其政策和法令的中介。单位完成联结功能的载体主要是单位中的政党系统。单位中的政党系统具有特殊的联结功能，党和政府的方针政策就是通过单位中的政党系统渗透到单位的每一位成员之中,并获得民众的认同。单位的联结功能是通过单位的“政治保险”得以实现的,即单位要为其成员承担政治上的责任。单位联结功能的实现，为党和政府的政策及法令的执行与落实提供了保证。

(三)供给功能

单位的供给功能是其功能体系中最重要的一部分。单位作为职工及其家属的归属,作为个人社会化及其价值实现的惟一通道,必须供给职工及其家属赖以生存的生活资料。如住房、奖金、食品补贴、交通补贴、就医、子女入学,甚至还包括组织文体活动等。单位供给功能实现的程度,决定了单位内部环境质量的高低。

(四)动员功能

单位的动员功能是从整个国家的政治体系中分解出来的一种功能,国家政策的推行,最终都要依赖于单位动员功能的实现。单位内部的工会、宣传部、共青团等机构,都是单位完成其动员功能的主要工具。单位的动员功能一方面要完成国家赋予的政治动员功能,保证上下贯通。另一方面要达成单位内部一些政策的共识,起到汇聚单位内部能量的作用。

(五)保护功能

当代中国城市中个人与单位的基本关系模式为:个人是单位的附属物,单位为内部人员的保护者。在法制尚不健全的社会,个人的名誉、利益、权利等都需要找一个能够得到保护的场所,这个场所就是单位。单位所承担的不仅是经济利益上的保护,更重要的是一种政治保护。

(六)证明功能

单位时代也是一个身份制时代。个人的身份是由单位赋予的,单位的身份则是由国家赋予的。个人需要单位的身份赋予才能完成其社会化的进程,这就是单位的证明功能。所谓证明,就是证明其身份和行为的正当性和合法性。社会成员外出处理公务需要单位证明,结婚、离婚需要单位证明,出差住旅馆也需要单位证明。

第二节　单位体育的基本结构与内容

一、单位体育的概念

“单位体育”是指为了提高员工的健康水平和工作效率，树立单位形象，促进单位文化建设，增强员工凝聚力，在单位内、行业内或特定区域内单位间开展的各种体育活动的总称。在城市，每个人均生活在“单位”之中，单位既是个人体育利益取向的原点，又是单位通过体育实现整合和调控的途径之一。

单位体育通常采用简单易行、富有实效、群众喜闻乐见的运动项目和身体活动方式作为身体练习的基本手段，在职工自愿的前提下，主要利用余暇时间进行。其目的是为了全面提高广大职工的身体素质，丰富职工的余暇文化生活，提高劳动生产率，加强单位文化建设，促进社会主义物质文明和精神文明的建设。

二、单位体育的基本结构和内容

（一）单位体育的基本结构

根据单位体育的活动范围，我们可以把单位体育分为单位内体育和单位外体育（图 5-1）。单位内体育，指工作在同一个单位的职工之间开展的体育活动。单位内体育包括工间操、日常体育锻炼、单位运动队训练、体育竞赛、体育辅导与培训，单位内体育的特点是所有参与者的就业场所相同。单位外体育是指不同单位的职工之间开展的体育活动。单位外体育又可分为行业体育和区域性单位体育两种。行业体育的特点是所有参与者所属单位的行业相同。区域性单位体育的特点是所有参与者所属单位在同一地域。

（二）单位体育的基本内容

单位外体育的基本内容主要包括行业体育活动和区域性单位体育活动两种。行业体育可以分为全国、省、地、县级行业体育，以跨地区开展高水平的竞技

- 单位体育
  - 单位内体育
    - 1. 工间操
    - 2. 日常体育锻炼
    - 3. 单位运动队训练
    - 4. 体育竞赛
    - 5. 体育辅导、培训
  - 单位外体育
    - 1. 行业体育(全国、省、地、县级行业体协)
    - 2. 区域性单位体育(地方各级工会和工人文化宫)

图 5－1　单位体育的基本结构

性体育活动为主。区域性单位体育可以分为全国、地方各级工会和工人文化宫开展的体育活动，这一类体育活动的目的是提高运动水平与锻炼身体相结合。

单位内体育接受单位工会的领导，主要通过建立单位运动队、单位体育俱乐部或体育协会，开展日常性和经常性的体育活动，组织体育竞赛，开展体育辅导和培训等途径和方法发展单位体育。单位外体育与单位内体育的异同见表 5－1。

表 5－1　单位内体育、区域性单位体育、行业体育的异同

项目	单位内体育	区域性单位体育	行业体育
活动范围	单位内，范围小	不同行业，同地区	同行业，跨地区
活动形式	锻炼为主，比赛为辅	比赛为主，锻炼为辅	比赛
参与主体	全体或体育群体	单位运动队	单位体育精英
组织者	单位工会、体育协会、俱乐部	单位工会、区域体育协会	行业体协
活动目的	健身、健心、交往	健身，提高运动水平	提高运动水平
活动时间	业余时间和工间休息时间	业余时间和工作时间	工作时间
活动内容	多种多样	竞技项目为主	竞技项目
活动经费	单位经费	单位经费	行业体协经费
活动场所	正规、非正规	正规	正规
技能水平	要求不高	可高可低	要求很高

第三节　单位体育的组织与管理

一、单位体育的组织领导体制

从一个具体的单位体育管理部门来看，它对本单位的体育行使着管理的职能，它是管理的主体；但对整个国家和社会的体育管理职能部门来说，它又是被管理者，它是管理的客体。单位体育的管理包含了政府和社会对单位体育的管理以及单位内部的管理两个层次。政府对单位体育的管理主要通过各部委体育主管部门和体育行政管理部门进行。社会对单位体育的管理体系包括中华全国体育总会所属的行业体协和中华全国总工会及地方工会。共青团、妇联等群众组织对单位体育中的青年和妇女群体的体育活动也有宏观和具体的指导职能(图 5－2)。

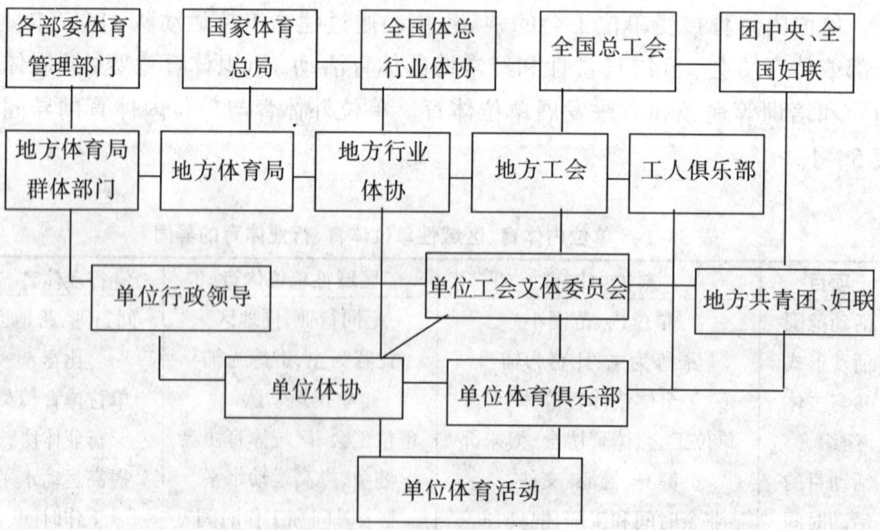

图 5－2　单位体育组织管理系统

二、单位体育的管理体制

（一）工会对单位体育的领导

1955年10月以前，全国总工会管理职工体育工作的机构是全国总工会下设的宣传部。1955年10月建立了全国总工会体育部。1982年7月，体育部与宣传部、教育部合并，改称为全国总工会宣教部，宣教部下设体育处。1992年9月，为适应职工体育发展的需要，并使组织机构名称与工作内容相一致，改称全国总工会宣传教育文化体育部，下设体育处。各省、自治区、直辖市总工会管理职工体育的机构，个别为体育部，绝大多数为宣传部。

（二）国家体育总局对单位体育的领导

国家体育总局是国家政府的职能部门。总局作为国务院的体育行政主管部门，统一领导、协调、监督全国体育事业。国家体育总局群体司及各地体育局群体部门负责对单位体育的方针、政策、制度、规划的制定，运用宏观调控手段，在面向全民的基础上，加强对单位体育工作的指导、配合、协调，充分发挥各级工会对单位体育的组织领导作用，体现单位体育管理以工会为主。

（三）行业体协对本行业体育的领导

行业体协由各类单位按系统组成，自成体系。我国从20世纪50年代起，一些行业建立了体育协会，80年代以后，行业体协发展得很快，现已正式建立了行业体协27个。行业体协具有雄厚的经济实力、较完善的组织机构、较好的体育设施、经验丰富的体育干部队伍及较为完整的教育体系，通过行业体协组织领导本行业的体育工作，易于管理、协调，便于开展活动。因此，它是推动整个单位体育工作不可忽视的力量。

（四）单位职能部门对本单位体育的组织领导

目前各厂矿、企业、事业、机关等基层单位，普遍建立了从属工会领导的基层职工体育协会,具体负责本单位的职工体育工作。有少数单位是在基层工会委员会中建立职工体育工作委员会或体育部,也有的建立文化体育工作委员会或文体部。基层体协根据工作需要,设专人或一定机构分工负责日常工作,工会有一名主席或副主席分管体育工作。在车间、科、室,设体协分会或体育委员,负责开展本部门的体育工作。基层体协是群众自愿组成的业余群众体育团体,是中华全国体育总会的基层组织。基层体协在工会的领导下,有利于取得党委的领导,行政的支持,共青团的配合,有利于把体育积极分子组织起来,推动群众性职工体育活动的开展。

单位体育的管理历来是以工会为主,体委指导、配合、协调。在实践中,单位体育有不同层次,多种形式的组织。全国总工会宣传教育司和国家体育总局群体司设有管理职工体育的部门。各省(市)以下总工会宣传部和体育局群体处管理单位职工体育。单位体协或体育俱乐部由基层工会具体领导,有的由党政部门分管。行业体协在贯彻、落实群众体育与竞技体育协调发展的方针中,具有组织机构、体育骨干、场地设施、活动经费等多种优势,而且易于管理协调,各行业的体育工作由其主管部门负责。随着我国市场经济体制改革的逐步深入,单位体育组织近些年出现了许多新的形式,一些省区建立了职工体育协会、联合会和基金会,一些城市建立了片区联合的地区体协、与街道联合成立了街道辖区体协,有的厂矿建立宿舍区体协,还出现了各种职工体育活动点,这些组织的特点是:横向联系,就地就近,经常化,日常化。其中街道辖区体育协会和体育活动点使单位体育活动与城市居民的社区体育活动在组织上联系起来,与整个城市的精神文明建设联系起来,不仅使厂矿机关职工的体育得到了更广泛的支持,而且也有利于推动整个城市群众体育活动的开展。

第四节 单位体育的发展概述

单位体育是我国群众体育的重要组成部分。特别是计划经济时期,单位体育在城市社会体育中占有十分重要的地位。开展单位体育,有利于提高我国职工队伍的整体素质,提高劳动生产率,促进单位文化建设,增强企业凝聚力。

新中国成立以来,我国的单位体育与整个体育事业一样,在国家体育总局和全国总工会的正确领导下,得到了迅速的发展,取得了巨大的成就。1951 年,开始推行“劳卫制”和广播操制。1954 年 1 月,中共中央下发了《关于加强人民体育运动工作的指示》，要求各级党委要在工矿、机关中把群众性的体育运动切实地开展起来。同年3月，中央人民政府政务院下发了《关于在政府机关中开展工间操和其他体育运动的通知》。1955年举行了第一届全国工人运动会，中华全国总工会颁发了《关于开展职工体育运动暂行办法纲要》，同年10月，全国总工会设立了体育部，直接负责单位职工体育工作。此后，各省市、自治区工会设立了体育部。到1957年，铁路、煤矿、冶金、公安等20个系统成立了行业体育协会，全国拥有4万个基层职工体育协会和400多万会员，建立了近2万个体育锻炼小组。1956年国家体委公布了《基层体育协会示范章程》。中国总工会章程中规定，工会基层委员的基本任务之一是："开展有益于职工身心健康的文化、体育活动，办好工会的文化、教育、体育事业。"为此，全国总工会和省、市、区总工会十分注意研究单位体育工作的特点、规律和方针、原则，推进群众性职工体育活动的开展。但1958年，全国性的"大跃进"对单位体育产生了严重影响，许多地方大搞"千人表演""万人誓师"和"停产突击"，出现了要求工人"挑灯夜战做体操"的现象，不仅冲击了单位职工的正常工作，也挫伤了单位职工的体育积极性。"文化大革命"期间，单位体育组织瘫痪，单位体育工作遭到严重破坏。

十一届三中全会后，国家体委和全国总工会连续两次联合召开全国体育工作会议，陆续恢复和制定了一系列规章制度。改革开放的新形势，既为单位体育的发展提供了许多有利的条件，也使单位体育面临着新的挑战。

1984年中共中央发出《关于进一步发展体育运动的通知》，为了进一步推动单位体育发展，全国总工会采取了两大举措：1989年3月29日发出了《关于在全国厂矿企业中试行〈全国职工健身七项锻炼标准〉的通知》，《通知》指出：为了适应当前厂矿企业经济体制改革的新形势，充分发挥单位体育在提高企业劳动者素质，增强企业活力，培养"四有"职工队伍等方面的积极作用，请根据各地情况，认真执行。1990年，全国性的行业体协总数达到了27个，拥有职工体育组织10.2万个。1991年8月在青岛召开了"第二次全国职工体育工作会议"，会上提出了今后几年的职工体育工作任务：不断适应形势发展和职工群众的需要，积极研究开展职工群众体育活动的内容、方法和形式，开创职工体育的新局面，为建设"四有"职工队伍，为早日实现"八五"计划和十年规划作出积极贡献。1995年，《中华人民共和国体育法》《全民健身计划纲要》正式颁布，《体育法》第十三条指出"国家机关、企事业组织应当开展多种形式的体育活动，举办群众性体育竞赛"。《全民健身计划纲要》要求"国家机关和企事业组织要加强职工体育工作，因人、因时、因地制宜，开展形式多样、健康文明的职工体育健身活动"。《体育法》和

《全民健身计划纲要》的颁布实施，有力地推动了单位体育活动的开展。

第五节　当前我国单位体育的特点与改革

20世纪80年代中期以来，随着城市经济体制改革的深入，城市社会调控体系的重建和“单位体制”的松动，单位功能的“全能性”受到了限制，“单位体制”出现了松动，单位体育也受到了一定程度的影响，从而使单位体育的发展面临着新的挑战。

一、当前我国单位体育的特点

（一）运行机制自主化

我国单位体育原有模式的运行机制基本上是属于完全指令性的，即体育活动多依托企业行政系统的力量进行组织和控制，如单位运动会、广播操、达标活动等。随着职工体育向8小时工作以外的节假日转移，体育逐渐成为属于职工自己的余暇活动内容之一。单位体育活动的业余化，使单位单独依靠行政手段组织职工活动的效用大为减弱。新时期职工按照自己的喜好支配业余生活的主体意识日益增强，并明显地带有广大职工自觉自愿的特征，这使得原有模式下的运行机制受到了挑战。现阶段的运行机制呈现出指令性与非指令性并存的特性。

（二）活动内容多样化

原有单位体育模式的活动内容多从增强职工的身体素质出发，以常规的工间（前）广播操、竞技运动项目的比赛和举办单位内、单位间运动会为主。近年来，职工对这些体育活动的兴趣逐渐下降，余暇单位体育活动开始沿着健身、调心、益群等多种维度展开，并与其他文化形式相结合，呈现多样化的趋势。

（三）组织结构分化

当前我国单位体育的开展逐渐打破由各企事业、行业独家和“条条块块”封闭分割的格局，开始朝横向方向发展，并陆续出现了与其他企业、事业单位联合，或与社区体育交叉的新的网络化组织体系的趋势，并出现了较为稳定的单位体育组织形式，如以单位体育俱乐部为基础的群众体育组织，厂矿企业建立基层单位体育组织等。由于单位体育活动的业余性和活动内容的多样化，许多职工自发组织的体育活动形式大量涌现，如各种晨练点、辅导站、老年职工门球队、青年职工健美小组等，均带有鲜明的群体特征。

（四）活动经费不平衡

现阶段我国正处于由计划经济向社会主义市场经济转型的过渡阶段，单位体育活动的开展也带有鲜明的转型特点。当前我国单位体育的开展明显地带有“冷热并存”的现象，由于单位体育经费主要靠拨款开展，凡是单位经济效益比较好，又有健全的单位体育组织，党政领导比较重视的单位，单位体育开展得比较热，反之则相反。

（五）与企业文化建设相结合

现阶段我国单位体育的开展带有与相应企业文化建设相一致的特点。首先，作为企事业单位文化有机构成因素的单位，体育的发展必定要受到单位文化的制约，同时它又从多方面丰富和充实了企业文化；另一方面，企业的文化建设把单位体育提高到了一个新的高度，并为其发展提供了前所未有的广阔前景。

二、我国单位体育面临的问题与改革

（一）传统模式的不适应性

传统的体制、价值观、组织方式以及传统的计划性、事业型的观念，使单位体育发展的路子越走越窄，已跟不上我国转型期企事业内部机制深化改革的步伐。在社会主义市场经济条件下，单位体育的发展面临着严峻的挑战。如何改变传统福利型单位体育体制下高度集中统一的，以事业型为主的传统模式，树立体育健身的新观念，以适应社会发展的要求，探索真正充满生机和活力的集服务型和经营型为一体的，具有社会主义初级阶段特色的单位体育模式，已成为当前我国急需解决的一个现实的重要课题。

(二)管理体制的不协调性

目前我国单位体育的组织管理中仍存在着既有专门的政府部门，又有属于工会自身的地区总工会和产业工会的体育管理部门，还有形形色色的社会上的体育管理组织等多头、分散性的管理弊端。我国单位体育这种组织管理的多头、多样性，使得现阶段我国单位体育的管理成为一项极其复杂而富有挑战性的工作。这就要求我们在实际的管理过程中，要协调好地方工会与行业体协之间的关系，避免制定单位体育活动计划时的重复性和矛盾性。另外，各级工会与团委、妇联及社会体育组织之间也要相互支持，相互配合，使单位体育工作能够协调有序地开展。

(三)员工体育需求的丰富性

改革开放以来，随着我国职工的物质生活水平的提高，对精神文化生活的需求也明显提高。原有的单位体育模式难以满足我国职工群众日益增长的新的文化需求。据有关方面 1988 年和 1991 年的调查，我国城市居民对文化生活满意程度的评价甚低，其中 68.6%(1988 年)和 67.7%(1991 年)的人认为，体育设施不能满足群众体育的需要。[①]现阶段单位体育的开展必须考虑到时代发展的需要，适应单位职工中不同人群的身心发展需要。对老年职工应多搞一些健康长寿的活动，对中年职工应多搞一些追求强身健体的活动，对青年人应多搞一些集娱乐、健身、健美于一体的活动，以满足全体职工日益增长的体育文化需求。所以说，单位职工体育的开展要立足基层，组织开展形式多样的体育活动，通过开展体育比赛，激励职工的创造精神和对美好事物的追求，创建一个在平等的氛围中公平竞争的企业文化环境，培养现代企业职工勇于进取、敢于拼搏的良好素质品格，惟有这样的单位体育才能真正为单位注入活力，为实现我国宏伟的发展目标奠定良好的人力资源贮备。同时，我们还要加强体育场地设施建设，解决制约单位体育发展的“瓶颈”问题。

---

①国家统计局社会统计司　中国科技促进发展研究中心.《中国社会发展资料》，71 页，中国统计出版社，1992。

(四)单位转型的矛盾性

计划经济时期,我国依靠单位建立了城市社会调控系统,单位承担了许多社会功能,其中包括体育功能。经济体制改革使单位面临竞争压力,要求单位的社会功能分解,逐步建立新的社会调控体系。单位专业功能的强化,必然削弱包括体育在内的非专业性功能。这就要求我们要打破原有纯福利型、非业余性、跨地区性的体育模式,将单位体育与社区体育结合起来,以单位内体育和区域性单位体育为主,尽量减少跨地区的体育活动,尽可能减少对单位的压力。

思考题

1. 何谓单位体制?
2. 简述单位体制形成的背景。
3. 何谓单位体育?
4. 简述单位体育的基本结构。
5. 试述单位体育的组织管理体系。
6. 当前我国单位体育的特点有哪些?

参考文献

1　孙汉超等. 职工体育管理学. 中国工人出版社,1993.
2　俞继英等. 职工体育指导. 人民体育出版社,1997.
3　国家体委群众体育司. 一九九六年全国城市社区体育工作会议文集.
4　全国体育学院教材委员会审定. 群众体育学. 人民体育出版社,1995.
5　邓力群等主编. 当代中国体育. 中国社会科学出版社,1984.
6　郭敏主编. 全国职工体育论文报告会获奖论文汇编. 1994.
7　熊斗寅编著. 比较体育. 人民体育出版社,1990.
8　周西宽等. 体育学. 四川教育出版社,1988.
9　国家体委政策法规司编. 体育改革文件选编(1992~1995).
10　国家体委编. 中国体育年鉴(1949~1991)(上、下册). 人民体育出版社,1993.

11 国家体育运动委员会编．中国体育年鉴(1994～1995)．中国体育年鉴社出版,1996.

12 顾渊源主编．职工体育管理．北京体育大学出版社,1995.

第六章

城市社区体育

本章重点

社区体育是我国政治、经济体制改革的产物，是社会体育的主要模式。社区体育对改善居民生活、满足体育需求、增进健康、建立社区感情有重要作用。社区体协和健身点是社区体育的主要组织活动形式，“便民、亲民、利民”是主要指导方法。改变社区体育人财物匮乏的状况，创造多元化发展局面是目前社区体育的主要趋势。

第一节　城市社区体育概述

中国城市社区体育诞生于20世纪80年代后期。当时北京、天津、上海、沈阳等大城市出现了以街道办事处牵头组织的体育活动，成立了社区体育协会，打破行业隶属关系，组织辖区单位和居委会就地就近开展体育活动。

“社区体育”概念形成于20世纪80年代末。1989年，天津市河东区二里桥街道成立了街道联合体协，在当年召开的街道工作经验交流会上，这种街道联合体协模式得到重点推广。会后，该区领导参照民政部“社区服务”的概念，把这种体育形式定名为“社区体育”。1991年，国家体委在天津市召开了“全国部分城市社区体育工作研讨会”，会上对“社区体育”作了初步定义，统一了与会者对社区体育的认识。自此，“社区体育”一词被人们广泛接受和应用，社区体育活动也在全国范围内蓬勃发展起来。截至1996年，全国20个省（市）已成立了2247个街道社区体协，占街道办事处总数的54.5%。[①]

1995年底，国家体委群体司与北京体育大学联合进行了“中国城市社区体育的现状与发展趋势”的课题研究，为1996年的全国社区体育工作会议作准备。1996年11月，国家体委在武汉市召开了第一次全国城市社区体育工作会议。会上对社区体育的概念、发展方向、现状特点等进行了深入的探讨和定位。

1997年，根据我国全民健身活动的实际需要，国家体委开始实施“全民健身工程”。三年多来，国家体育总局与各省（自治区、直辖市）共在全国1000多个城市社区兴建“全民健身工程”2000多个，健身路径近万条，为老百姓进行体育健身提供了活动场所。

1997年4月，国家体委、教委、民政部、建设部、文化部联合下发了《关于加强城市社区体育工作的意见》。对社区体育的概念、社区体育工作的主要任务和职责、组织管理与体制、场地设施的建设与利用等作了明确的阐述。

1997年11月，国家体委以24号主任令颁发了《全国城市体育先进社区评定办法（试行）》。1998年2月，国家体委下发了《关于开展第一批全国城市体育先进社区评定工作的通知》。截至2001年，全国共有两批322个社区被授予全国城市体育先进社区的称号。同年7月对体育先进社区和全民健身工程情况进行

①国家体委群体司城市体育处统计资料，1996。

了抽查。现在,全国有30个省(自治区、直辖市)制定了本地区城市体育先进社区标准,并开展了评定工作。

当前,我国社区体育的主要形式是街道社区体协和晨晚练体育活动点。街道社区体协以街道办事处为依托,以辖区单位和居委会为参加单位共同组成。街道社区体协属于上位管理型组织,晨晚练体育活动点是下位活动性组织。截至1996年,全国20个省(市)已建立晨晚练体育活动点21754个,平均每个街道5.34个。[①]城市社区体育在横向上突破了以往群众体育“以条为主”的管理体制,纵向上使群众体育深入到了城市的基层,正在形成“条块结合”“以块为主”的新型群众体育管理体制。

一、社区与社区体育的概念

(一)社区的概念与特征

“社区(community)”一词,1887年由德国社会学家藤尼斯提出。20世纪30年代由美国社会学家帕克引入中国。由于社会学家研究的角度不同,对社区所下的定义也多种多样。据社会学家统计,有关社区的定义有一百多种。其中人文区位说(区位和聚集点)、地理和社会实体说(地理与共同心理和文化特性)、同质说(共同意识、共同地区、分享共同利益)等理论学派关于社区的界定具有一定的代表性。综合大多数社会学家的观点,可使我们认识到社区范畴的内在要义:社区即在一定地域内,按一定的社会制度和社会关系组织起来的,具有共同人口特征的地域生活共同体。[②]社区作为社会学的一个重要范畴,有一些共同的构成要素:

1. 一定的社会关系为基础组织起来的人群。人群是社区的主体,社区生活的创造者,社区物质要素的创造者和使用者,社区社会关系的承担者。

2. 一定的地域条件和相对完备的生活服务设施。地域和生活服务设施是社区的物质基础,地域要素为社区成员提供了活动场所,提供了生产和生活的部分资源,同时也影响社区的形成和发展速度。生活服务设施是居民参与社会生活的基本场所,生活服务设施的完备程度由社区的发展水平决定。

3. 特有的社会文化。社区文化要素包括一定的行为规范,一定的管理机构,

①国家体委群体司城市体育处统计资料,1996。

②王康:《社会学词典》,山东人民出版社,1988。

一定的物质文化和精神文化特色。

4. 成员对社区情感和心理上的认同感。对社区的认同感既是社区成员在一定地域内共同生活所形成的结果，又是将社区成员凝为一体的粘合剂和纽带。

社区的类型多种多样，按不同的划分标准可以划分为不同的社区。如按功能划分，可分为经济社区、政治社区、商业社区、文化社区和军事社区；按形成方式划分，可分为自然社区和法定社区；按完整程度划分，可划分为整体社区（区县以上社区）和局部社区（街道办事处、乡镇和居委会、村）；按综合标准划分，可划分为农村社区和城市社区；按规模大小可以分为4级社区，即国际社区（international community）——巨型社区，国家社区（national community）——大型社区，地区社区（regional community）——中型社区，乡土社区（local community）——小型和微型社区。通常社会学家又将乡土社区称为基层社区和微型社区。基层社区由若干个邻里社区组成，邻里社区又由若干个社会细胞——家庭组成。人们通常所说的社区建设、社区服务、社区体育，其地域范围主要指第四层次的基层、微型社区，相当于我国城市的街道办事处、居委会，农村的乡镇、村范围。社区具有五大基本特征：①

（1）社区是一个社会实体；

（2）社区具有多重功能；

（3）社区是人们参与社会生活的基本场所；

（4）社区以聚居作为自己的依托或物质载体；

（5）社区是发展变化的。

（二）社区体育的概念与构成要素

关于城市社区体育的界定，我国的体育管理者和学者们随着对社区体育实践认识的不断深入，从1991年至今先后形成过不少定义。有学者在总结多个定义的基础上，对社区体育的基本特征进行了概括：

1. 它是区域性体育，区域范围相当于基层、微型的社区；

2. 它是面向全体社区成员的体育；

3. 它以本社区的自然环境和体育设施为物质条件；

4. 它的宗旨是提高社区成员的生活质量，巩固和发展社区感情。

---

①唐忠新：《中国城市社区建设概念》，4页，天津人民出版社，2000。

根据上述的四个特性，可对社区体育作出界定：现阶段我国城市社区体育主要指在人们共同生活的一定区域内（相当于街道、居委会辖区范围），以辖区的自然环境和体育设施为物质基础，以全体社区成员为主体，以满足社区成员的体育需求、增进社区成员的身心健康、巩固和发展社区感情为主要目的，就地就近开展的区域性体育。①

社区体育具有六大构成要素，即社区体育组织、社区成员、场地设施和经费、管理者和指导者、社区体育活动。社区体育组织是社区体育的主导要素，社区成员是社区体育的活动主体，场地设施、经费是社区体育的物质保证，管理者、指导者是联系社区体育各要素之间的纽带，社区体育活动是社区体育的具体表现形式和直接目标（图 6－1）。②

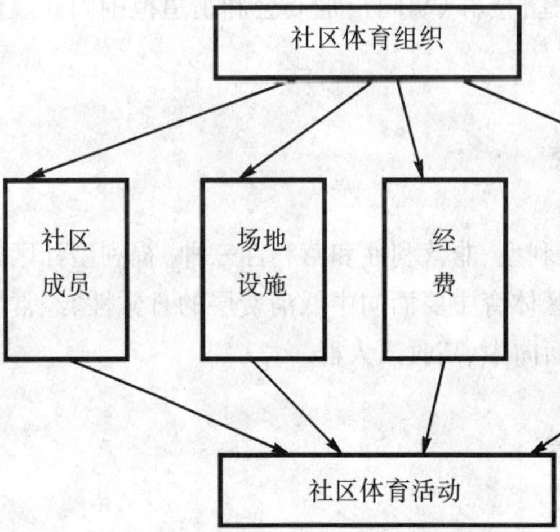

图 6－1　社区体育构成要素关系图

①王凯珍：《对北京市城市社区体育现状的研究》，载《体育科学》，1996(2)，17。

②任海、王凯珍等：《我国城市社区体育概念、构成要素及组织特征》，载《体育与科学》，1998(2)。

二、社区体育的类型

研究社区体育的分类，如果按照体育功能、人群、年龄、性别等分类，很容易混同于群众体育的分类。这里我们根据社区体育的特性，按照体育活动参与主体的群体规模大小、消费类型、活动时间、组织类型、参与人群、活动空间进行分类。

（一）按参与主体的规模大小分类

实践中社区体育参与主体的规模，通常可以分为个人体育、家庭体育、邻里（楼群、庭院或胡同）体育、微型社区（居委会）体育和基层（街道办事处）社区体育五种。社区体育既可以个人、家庭、邻里、居委会和街道为单元参与不同规模的体育活动和竞赛，又可以在家庭、楼群（胡同）、居委会和街道范围内开展体育活动和竞赛。

（二）按消费类型分类

按消费类型可以分为福利型、非营利性和营利性三种。福利型社区体育主要面向弱势人群，非营利性社区体育主要面向中低消费层的日常性、经常性体育活动者，营利性社区体育主要面向中、高收入人群。

（三）按活动时间分类

按活动时间可以分为日常性体育活动（晨晚练活动）、经常性体育活动和节假日体育活动（节日、周末和学生寒暑假体育活动）三类。

（四）按组织类型分类

社区体育的组织类型可以分为自主松散型和行政主导型两种。晨晚练体育活动点、辅导站、社区单项（人群）体协等为自主松散型社区体育，社区体育中心、社区体育俱乐部、街道社区体协等为行政主导型社区体育。

(五)按参与人群分类

按参与人群分类可以分为婴幼儿体育、青少年体育、在职人员体育、老年人体育、特殊人群体育和流动人口体育六类。

(六)按活动空间分类

按活动空间可以分为庭院体育、公园体育、公共体育场所体育和其他场所(空地、广场、江河湖畔等)体育四类。

三、社区体育的功能[①]

社区体育的功能包括一般性功能和特殊性功能两部分。一般性功能是指任何体育形式对于参与者个体所具有的共同功能,即体育的健身功能、健心功能和社会化功能。由于体育的一般性功能在《体育概论》《群众体育学》等教材中都有论述,这里不再重复。社区体育的特殊功能是指社区体育形态所具备的独特功能,主要表现在以下四个方面。

(一)促进居民参与社区活动

体育作为人们业余文化生活的内容之一,具有参与主体的广泛性、活动形式的多样性、活动内容的趣味性、活动效果的同步性等特点。这些特点对于吸引广大居民积极参与具有特殊的作用。社区体育作为社区文化的重要内容是社区建设不可缺少的重要组成部分。社区建设成功与否,居民的参与至关重要,只有广大居民作为社区的主人,积极参与社区建设和社区管理,才能在真正的意义上形成社区意识和社区归属感,社区也才能成为个人社会化及其价值实现的通道。

①卢元镇等:《社会体育学》,130页,高教出版社,2000。

(二)改善居民生活方式

科学、健康、文明的生活方式有助于提高居民的生活质量，维护社区秩序的稳定。社区体育活动作为一种极具吸引力的休闲活动，吸引了众多的居民参与，一定程度上丰富了居民的业余文化生活，抵御了不健康的生活内容的侵蚀，在改善居民生活方式方面发挥了积极的作用。

(三)增强社区凝聚力

随着原有的社会调控体系——单位体制的非专业性功能削弱，作为生活居住地的社区，将逐步成为新的社会调控体系，发挥社会整合功能。社区体育在进行社会规范，满足居民体育需求，丰富居民业余文化生活，提高居民身心健康水平等方面发挥重要作用，使居民在体育方面归属于社区，依赖于社区，从而通过社区体育加强社区整合、增强社区凝聚力。

(四)发展社区文化

社区文化有狭义、广义之分。广义的社区文化指除社区政治、经济以外的所有社会现象；狭义的社区文化仅指社区居民的文娱活动。[①]社区体育的场地设施、体育内容、体育规章制度，表现出来的体育精神、道德风尚，居民的体育意识、体育价值取向等，都是社区文化的重要内容。

第二节　城市社区体育形成的社会背景

一、城市经济体制改革是社区体育兴起的内部动力

我国城市社区体育的兴起是社会体育发展适应城市经济体制改革的必然结

①唐忠新：《中国城市社区建设概论》，157页，天津人民出版社，2000。

果。在过去相当长时间内,我国城市社会体育一直由单位、行业、系统组织开展,社区体育基本上没有得到发展，究其原因，主要是由于我国城市多年来严重的“单位社会化”现象所致。“单位社会化”现象使单位变成了一个“大而全”“小而全”的综合型社会单位,造成单位功能泛化,效益低下。同时,“单位社会化”现象又变相剥夺了社区的职责,使社区功能萎缩,人们的社区意识淡薄,社区归属感差，反过来又更加依附单位。1985 年开始的以转变企业经营机制为核心的城市经济体制改革，以及 90 年代初开始的市场经济体制改革，强化了企业的经济功能和事业单位的公共服务功能,压缩了政府行政编制和微观管理功能。这一系列的变化冲击了以往根深蒂固的“单位体制”,单位的许多非生产职能正在剥离给社会,由社区承担起来。单位不能再像计划经济时期那样时常占用工作时间组织体育活动了,一向以“条条管理”“单位管理”为主的社会体育也受到了越来越多的限制。但人们的体育需求却在不断增长,当人们的体育需求难以在单位得到满足时,其体育利益取向就开始由单位转向社区,业余时间就地就近开展的经常性社区体育活动,成了人们满足体育需求较为理想的途径。

二、建立与城市经济体制改革相适应的社区管理体系，是社区体育发展的适宜条件

市场经济体制的建立对城市基层社区建设提出了更高的要求，众多的社会服务职能下放到社区,加强社区建设、社区管理和社区服务已成为深化经济体制改革的需要。社区管理和社区服务紧密相关,是一项完整的系统工程。随着人民生活水平的提高,社区管理和社区服务的质量与居民的生活、工作和学习的关系日益密切,尽快建立与经济体制改革相适应的管理有序、服务完善的社区管理体制已是众望所归。社区体育是社区建设的重要内容,是社区文化和社区服务的重要组成部分,开展社区体育不但能增强居民的体质,丰富业余文化生活,改善生活方式,提高生活质量,还可密切人际关系,培养社区感情,增强社区凝聚力,强化社区意识,促进社区精神文明建设。由此可见,发展社区体育既是体育事业的需要,也是社区建设和社区管理的需要。

三、社区老龄人口的体育需求增长是社区体育兴起的催化剂

我国平均寿命的增长加快了人口老龄化的速度，2000 年我国已进入老年型

国家的行列。老年人不仅拥有大量的闲暇时间,而且又有迫切希望健康长寿和重建社会交往圈的愿望。体育活动正好是他们保持健康、延缓衰老、扩大社会交往、消除孤独与寂寞、善度闲暇的理想途径。老年人对体育的钟情,推动了社区体育的发展。

四、体育社会化是社区体育发展的促进因素

随着经济体制改革和人们体育需求的增长，政府一家办体育已不能适应体育发展的需要,必须走体育社会化之路。社区体育既是社区建设的主要内容,也是体育社会化的产物。

第三节　社区体育管理

一、社区体育管理原则[①]

社区体育管理有其自身的特点和规律,概括起来可分为六大管理原则。

(一)区域性原则

社区体育就地就便的区域性是社区体育的重要特点之一。它是某一特定区域内的群众体育活动,它的参加者、组织者、体育资源等都在特定的区域内。因此,我们进行社区体育管理时,一定要立足特定的区域,根据特定区域内居民的体育需求、场地设施、经费等情况确定体育目标,制定体育计划,开展体育活动。

(二)合作性原则

现阶段我国社区体育具有明显的过渡性特点，即具有单位体育与社区体育的双重特点,我们称之为区域性单位体育与居民体育的联合体。这种联合体无论

①卢元镇等:《社会体育学》,133 页,高教出版社,2000。

是参与者、场地设施、体育经费和体育骨干的来源，还是体育活动的组织等在短时间内都分不开，因此合作性原则在社区体育管理中十分重要。社区体育的领导机构、街道社区体协与辖区各单位工会、体育协会之间的互相协作，共同受益，是当前满足职工体育需求，减轻企事业单位负担，弥补社区体育资源不足，搞好社区体育工作的保证。

（三）自主性原则

社区体育的组织管理方式要以居民自主管理为主。社区内的各种体育协会，作为非行政性组织，具有自主性、松散性特点，对社区体育的管理就要充分调动居民体育骨干的积极性，培养他们自主意识、组织能力和自治能力，依靠他们的力量自主地开展社区体育活动。行政力量给予他们政策上和资源上的支持。

（四）因地制宜原则

目前，我国社区体育的场地设施条件较差，各社区间的差异也很大。因此，在社区体育管理中坚持因地制宜原则就显得十分重要。通常在社区体育场地设施的利用方面，因地制宜的做法主要有以下几种：1. 充分利用辖区单位（机关、学校、企事业单位、部队等）已有的场地设施；2. 充分利用辖区内的公园、广场；3. 充分利用辖区内的江、河、湖岸及水域；4. 将辖区内可利用的空地开辟成体育活动场地。

（五）兼顾性原则

社区体育活动的主体是全体社区居民，它包括不同年龄、不同性别、不同健康状况、不同体育需求、不同体育基础、不同职业、不同工作时间、不同经济状况的各类人员。为了尽可能满足全体居民的体育需求，在社区体育管理中要力求做到兼顾大多数的需要。例如：寒暑假重点组织青少年的体育活动，日常组织中老年人的体育活动，周末组织在职人员的体育活动，节日组织各类人群参加综合性体育活动等。

(六)激励性原则

社区体育是人们自觉、自愿参加的活动,居民的体育兴趣、体育积极性十分重要。因此,在社区体育管理中,通过宣传,营造氛围激发人们的体育动机;通过开展娱乐性、趣味性、竞争性较强的体育活动和体育竞赛,提高居民的体育兴趣;通过表彰、奖励体育先进集体和个人、体育活动积极分子,树立体育典型等方式,激励和调动人们更加积极地参加体育活动。

二、社区体育的组织管理

(一)社区体育的组织领导体系

从一个具体的社区体育管理部门来看,它对本社区的体育行使着管理的职能,它是管理的主体;但对整个国家和社会的体育管理职能部门来说,它又是被管理者,是管理的客体。社区体育的管理包含了政府和社会对社区体育的管理以及基层社区内部的体育管理两个层次。社区体育的组织领导体系包括领导体系、协调体系、操作体系三大组成部分,市、区、街道、居委会四个层次(表6-1)。各体系、各层次具有各自的职责,发挥着各自的作用。[①]其中街道社区体协是现阶段社区体育主要的组织管理机构,体育活动点和体育辅导站是主要的活动性组织。

表6-1 社区体育的组织管理体系

领导体系	协调体系	操作体系
1. 市体育局	1. 市体育总会	1. 市单项体育协会
2. 区体育局	2. 区体育总会	2. 区单项体育协会
3. 街道办事处	3. 街道社区体协	3. 街道单项体育协会
4. 居委会	4. 居民文体委员会	4. 体育活动点、体育辅导站等

(二)街道社区体协的组织结构

街道社区体协也称街道文体协会,这种组织形式是于20世纪80年代中期

①任海、王凯珍等:《对我国城市社区体育发展模式的研究》,载《体育与科学》,1998(4)。

出现的，是目前主要的社区体育组织形式。街道社区体协以街道辖区为区域范围，以基层政府派出机构——街道办事处为依托，由辖区各单位和下属各居（家）委会参与组成，采用理事会制度，机构附设在街道文教科、文化站或社区服务中心。它是一种街道辖区内的体育联合体。街道社区体协下设人群、项目体育协会、晨晚练活动站和居委会体育小组等(图 6－2)。

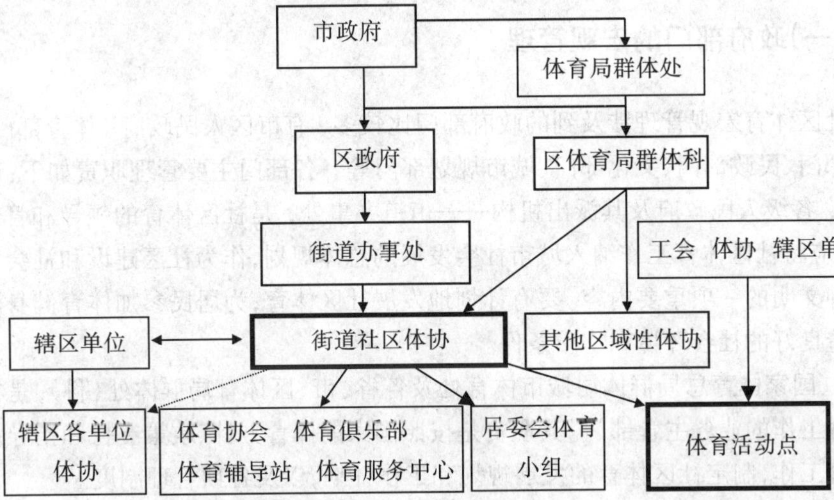

图 6－2　我国城市基层社区体育组织结构图

由图中可见，我国城市社区体育以街道社区体协为主，其他区域性体协为辅，组织结构基层化十分明显。街道社区体协以街道办事处为依托，以辖区单位和居委会为参加单位共同组成。街道社区体协属于上位管理型组织，体育协会、体育俱乐部、晨晚练体育活动站、体育辅导站、体育服务中心、辖区单位体协、居委会体育小组等是下位活动性组织。晨晚练体育活动点人部分由街道社区体协管理，市（区）工会、体协和辖区单位也各自管理一些体育活动点。辖区单位体协在接受本单位直接领导的同时，接受街道社区体协的间接领导，街道体协具有明显的“区域性单位体育联合体”的特点，这些都是现阶段社区体育与单位职工体育密不可分的具体表现。

社区体育在横向上突破了以往群众体育“以单位为主、以条为主”的管理体制，纵向上使群众体育深入到了城市的基层，有利于形成“条块结合”“以块为主”的新的群众体育管理体制。①

①王凯珍：《对北京市城市社区体育现状的研究》，载《体育科学》，1996(2)，17。

三、社区体育管理的基本环节和内容

社区体育的组织管理可以分为政府部门的宏观管理和基层社区内部的微观管理。

（一）政府部门的宏观管理

社区体育宏观管理涉及到的政府部门比较多，有市区人民政府、体育部门、教育部门、民政部门、文化部门、城市规划部门等。各部门主要管理职责如下：①

1. 各级人民政府及其派出机构——街道办事处，是社区体育的领导和管理部门。应将社区体育工作纳入城市社会发展的总体规划，作为社区建设和社会主义精神文明的一项重要内容。要有计划地发展社区体育，为居民参加体育健身活动创造良好的社会环境和物质条件。

2. 国家体育总局群体司城市体育处及各省、市、区体育局群体处（科），是社区体育工作的业务主管部门。其职责是按照国家的体育方针、政策支持和指导社区体育工作，制定社区体育的发展规划和工作计划，以及各项管理制度。

3. 民政部门要根据城市管理中街道办事处的管理、协调、指导、服务等职能作用，将开展社区体育作为街道办事处的一项工作职责，将社区体育作为社区建设的组成部分，统筹规划和评估，在政策上给予扶持。

4. 城市规划部门，要按照国家对城市公共体育设施用地定额指标的规定，将居民住宅区的公共体育设施建设纳入城市总体规划和详细规划中，合理布局，统一安排。

5. 文化部门在建设和发展社区文化的工作中，要重视社区体育的开展。大力宣传体育健身对增强体质、丰富文化生活、提高生活质量等方面的意义和作用。

6. 教育部门要鼓励和支持学校体育设施对社区居民开放，发挥学校体育教师、体育设施在开展社区体育活动中的积极作用。

（二）街道基层社区内部的微观管理

1. 街道办事处对辖区的社区体育具有领导、管理的职能，要设置社区体育

①引自国家体委、教委、民政部、文化部联合下发《关于加强城市社区体育工作的意见》，1997。

管理部门，配备体育干部；建立街道项目体协、人群体协等体育组织网络；选拔、培养体育指导员，提高体育指导水平；建立社区体育工作管理制度和工作档案；在体育部门的指导下，组织社区居民经常开展体育健身活动和竞赛活动，满足居民的体育兴趣和需求。

2. 居委会在街道办事处的领导下，做好居住区晨晚练活动点等体育组织的建设和管理工作；通过多种形式的宣传和教育活动，提高居民的体育意识和体育兴趣；组织居民开展日常性、经常性的体育健身活动。

3. 社区内的机关、学校、企事业单位要在分解单位社会服务功能的同时，增强社区意识，支持、协助街道和居委会开展社区体育工作，鼓励单位职工积极参加社区的各类体育活动，逐步实现体育利益取向的转变。

第四节　城市社区体育的现状、问题与对策

一、城市社区体育的发展现状

（一）组织形式基层化

城市社区体育的主要组织形式是街道社区体协、社区俱乐部、居民体育活动小组和晨晚练体育活动点等。这些组织形式根植在城市的基层，是群众体育实现生活化、普遍化的保证。据国家体委 1996 年对全国 20 个省市的调查，已成立了 2247 个街道社区体育组织，占街道办事处总数的 54.5%。[①]全国 20 个省市共建立晨晚练体育活动点 21754 个，平均每个街道的活动点 5.34 个。[②]

（二）参与主体老年化

社区体育是面向全体社区成员的，但由于中青年人迫于工作压力和家庭负担，参与体育活动的时间受到限制。因此，参与主体以老年人为主。据 1996 年抽样调查，全国 381 个体育活动点共有 51796 名参与者，平均每个活动点 136 人。

①②国家体委群体司城市体育处统计资料，1996。

其中60岁以上者占74.0%。[①]体育活动成为老年人保持健康、延缓衰老、扩大社会交往、消除孤独与寂寞、善度闲暇的理想途径。

(三)组织管理多样化

街道社区体协的组织管理以行政主导为主，晨晚练活动点有七种形成和管理方式，即锻炼者自发管理、体育行政部门管理、街道居委会管理、各级工会管理、各类体协管理、企事业单位管理和其他部门管理。1996年全国群众体育现状调查表明，在形成方式中锻炼者自发组成的为219个，占57.5%，居第一位，其他几种方式形成的活动点占42.5%。在管理方式中，自主管理占54.9%，其他几种方式管理的活动点占45.1%。[②]比较1996年和2001年调查结果可见，锻炼者自主形成与管理和各类体育协会形成与管理所占的比例上升，其他各项所占的比例都有所下降(表6-2)。[③]这说明城市居民的体育自助、自力、自理意识增强，体育协会在体育活动点的形成与管理方面起的作用增大。

表6-2　1996年与2001年群众体育活动点的形成与管理方式比较

项　目	形成方式(%)		管理方式(%)	
	1996(年)	2001(年)	1996(年)	2001(年)
锻炼者自主	57.50	60.30	54.90	63.80
体育行政部门	7.60	6.30	7.90	5.70
街道居委会	17.80	13.80	17.80	13.20
各级工会	3.40	2.60	5.20	2.30
各类体育协会	3.70	6.60	3.10	7.50
工作单位	6.30	4.60	5.20	5.20
民办公助		4.60		
其他	3.70	1.10	5.80	2.30

(四)活动时间两端化(晨晚为主)

据1996年和2001年调查，晨晚练活动点在早晨8时以前活动的和晚上活

①②课题组:《中国群众体育现状调查与研究》,214页,215页,北京体育大学出版社,1998。

③中国群众体育现状调查课题组:《1996年和2000年中国群众体育现状调查资料》。

动的占多数(表 6－3)，[①]上午和下午活动的相对较少。这既与活动点缺乏场所有关，也与我国人民特别是老年人“早起早睡”的作息习惯有关。[②]

表 6－3　1996 年与 2001 年体育活动点活动时间比较

活动时间	1996(年)		2001(年)	
	数量	百分比(%)	数量	百分比(%)
早晨 8 时以前	304.0	79.8	281	80.8
上午 8～12 时	83.0	21.8	24	6.3
下午 12～18 时	129.0	33.8	49	14.1
晚上 18 时以后	185.0	48.6	166	47.7

注：总数 1996 年为 381 个，2001 年为 348 个。

每天持续活动时间 1～2 个小时的活动点最多，并呈增加趋势；1 个小时以内的活动点最少且呈减少趋势；2～3 小时的活动点数量呈增加趋势，3 小时以上的活动点数量呈减少趋势；总体情况是 1～3 小时的活动点数量呈增加趋势（表 6－4）。[③]

表 6－4　1996 年与 2001 年体育活动点每天活动持续时间比较

活动持续时间	1996(年)		2001(年)	
	数量	百分比(%)	数量	百分比(%)
合计	381.0	100.0	348.0	100.0
1 小时	47.0	12.3	25.0	7.2
1～2 小时	150.0	39.4	176.0	50.6
2～3 小时	83.0	176.0	85.0	24.4
3 小时以上	101.0	50.6	62.0	17.8

(五)活动内容非竞技化

当前初级阶段的社区体育，由于受体育场地设施条件的限制，1996 年社区体育活动排前四位的依次为气功、健身健美操、交谊舞、武术。2001 年排前四位的依次为健身健美操、武术、秧歌、交谊舞。非竞技化、韵律性、传统性、文体一体

①③中国群众体育现状调查课题组：《1996 年和 2000 年中国群众体育现状调查资料》

②课题组：《中国群众体育现状调查与研究》，216，北京体育大学出版社，1998。

化特点十分明显。[①]

(六)活动场所非正规化

社区体育活动主要在八类活动场所中进行,在就近公园、街道居委会场地活动的点居前两位。在公园、体委系统公共场地活动的点数量有所增加,在学校的体育场地、江河湖畔活动的点数量减少(表6－5)。[②]我国社区体育场地严重匮乏，难以满足居民的需要，51.9%的居民对社区体育场地设施状况不满意，38.4%的居民认为社区体育场地设施状况一般。75.6%的居民和48.3%的活动点的参加者认为,场地拥挤得不到保证,希望加强场地设施建设。[③]

表6－5　1996年与2001年活动点活动场所分布情况比较

活动场所	1996(年)			2001(年)		
	个数	百分比(%)	序号	个数	百分比(%)	序号
合计	381.0	100.0	0	348.0	100.0	0
体育局系统公共场地	31.0	8.1	6	39.0	11.2	4
学校体育场地	38.0	10.0	5	17.0	4.9	7
企事业单位的场地	43.0	11.3	4	44.0	12.6	3
公园	87.0	22.8	1	109.0	31.3	1
街道居委会的场地	76.0	19.9	2	69.0	19.8	2
街头巷尾	64.0	16.8	3	31.0	8.9	5
江河湖畔	22.0	5.8	7	11.0	3.2	5
其他	20.0	5.2	8	28.0	8.0	6

二、现阶段中国城市社区体育的特点、问题与对策

(一)现阶段中国城市社区体育的特点

1. 行政主导与居民自主相结合

目前我国城市社区体育组织形式有两类：一类是以街道辖区单位和居委会

①②中国群众体育现状调查课题组:《1996年和2000年中国群众体育现状调查资料》。

③中国群众体育现状调查课题组:《2000年中国群众体育现状调查资料》。

为团体成员组成的行政主导型的上位协调性体育组织——街道社区体协；另一类是个体直接参与、自主性色彩浓厚的下位操作性体育组织，如社区项目体协、人群体协、社区体育中心、体育俱乐部、晨晚练体育活动点、居委会体育活动站等。其中社区体协和晨晚练体育活动点是当前社区体育最普遍的组织形式。街道社区体协以街道行政辖区为区域范围，以基层政府派出机构——街道办事处为依托，由辖区各单位和下属各居（家）委会参与共同组成，采用理事会制度，机构附设在街道文教科。它是一种街道辖区内的体育联合体。体育活动点由居民自发组织，组织结构较为松散，于早晚在公园、广场、江河湖畔和街头空地进行，参加者均为附近居民，组织、指导者主要由离退休人员中的体育爱好者担任。群众自治、自助、自管的色彩很浓。

2. 具有转轨期的过渡性特征

我国城市社区体育发展仅十多年，由于经济体制的转轨是一个渐进的过程，因此，现阶段的社区体育的过渡性特点明显，既有计划经济的烙印，又有市场经济的特征，这是这个特殊时期的特殊产物。

3. 与单位体育相互交织

当前社区体育管理人才、经费短缺，场地设施条件较差，对单位的依赖性较大，单位在短时间内也难以彻底改变“单位社会化”现象，这就决定了现阶段我国城市社区体育与单位体育相互交织的必然性。

（二）社区体育发展的制约因素与对策

1. 社区体育发展的制约因素

有关问卷调查和实地考察结果表明，目前制约社区体育发展的因素主要有6个：(1) 市民社区意识仍较薄弱，对社区体育的重要性认识不足，参与感不强；(2) 社区体育组织类型单一，数量不多，相互间缺乏交流和联系，尚未形成网络化；(3)社区体育场地设施匮乏、经费短缺，对辖区单位的依赖性较大；(4)社区体育参与人群单一，多以中老年为主；(5) 社区体育管理者、指导者队伍数量不足，业务素质不强；(6)社区体育宣传滞后。

2. 社区体育的发展对策

(1)重视社区体育理论知识宣传、体育技能培训的先导作用。通过宣传培训传播科学的体育知识,提高居民的体育意识,激发体育动机,培养体育兴趣。

(2)建立稳定的体育骨干队伍。要注意在体育宣传、技能培训、体育活动、体育竞赛中,发现、培养、锻炼体育积极分子和技术骨干,发挥他们上传下达、"穿针引线"的纽带作用。

(3)加强社区体育组织建设,发挥社区体育组织的主导作用。通过体育积极分子和体育骨干带动其他居民,形成体育小组,进而组成较为正式的体育组织。

(4)充分认识到建好身边的场地是发展社区体育的物资保证。要善于抓住旧城区改造及城市环境综合治理的机会,把社区体育场地设施建设"挤"进去;努力争取辖区单位、学校的体育场地设施最大程度的开放;运用法律手段确保新居住小区体育场地设施建设规划的落实,尽快改变仅仅"利用空地、广场,借用单位、学校场地,租用公共体育场地"的状况。此外,国家和地方要制定社区体育场地设施配置标准,采取国家、社区、个人多方投资兴建社区体育场地设施的措施,从根本上解决问题。

(5)根据居民体育需求,开展多种形式的体育活动吸引更多的居民经常参加体育活动。

(6)鼓励居民参与自治。居民是社区体育的主体,参加体育活动是每位居民的权利和义务,只有发动更多的居民参与到体育活动的自治、自助、自管中来,社区体育才具有它独特的魅力。

思考题

1. 简述社区的定义与构成要素。
2. 简述社区体育的定义与构成要素。
3. 为什么说社区体育是社会体育发展适应城市经济体制改革的必然产物?
4. 试述中国城市社区体育的发展现状。
5. 现阶段中国城市社区体育有哪些特点?
6. 简述我国城市社区体育组织管理体系的结构。
7. 试述社区体育宏观管理和微观管理的内容。

参考文献

1 王凯珍．北京市城市社区体育现状研究．体育科学,1996(2):17.

2 任海 王凯珍等．我国城市社区体育概念、构成要素及组织特征．体育与科学,1998(2)。

3 唐忠新．中国城市社区建设概论．天津人民出版社,2000.

4 任海 王凯珍等．对我国城市社区体育发展模式的研究．体育与科学,1998(4).

5 课题组．中国群众体育现状调查与研究．北京体育大学出版社,1998.

6 中国群众体育现状调查课题组．2000 年中国群众体育现状调查资料．

7 王思斌．社会工作概论．北京:高等教育出版社,2001.

8 俞继英．社区体育指导．北京:人民体育出版社,1996.

9 雷洁琼．转型中的城市基层社区组织．北京大学出版社,2001.

10 国家体委群众体育司．一九九六年全国城市社区体育工作会议文集．

第七章

家庭体育

本章重点

当代家庭的演进，使家庭结构、功能和生活观念发生了变化，家庭体育受到重视。家庭体育对家庭成员的身心健康、关系和睦、生活丰富有着重要的作用。随着人民生活水平的提高，家庭体育已成为现代家庭生活的一种时尚。

第一节　当代中国家庭

一、家庭概述

家庭是一种最普遍的社会生活组织。现代社会人们相互作用与相互联系持续不断的组合形式越来越多，但其中最基本的形式仍然是家庭。“家庭是社会的细胞”，是社会学家关心的研究领域。特别是处于经济体制转型时期的当代中国家庭，在其规模与结构、家庭关系、家庭功能等方面都发生了深刻的变化，使得社会学家对研究家庭问题的关心日益增强。鉴于家庭在社会生活中的重要地位和在社会运行中的重要作用，特别是在落实全民健身计划的过程中，人们不能不把研究的视野投向作为社会体育重要组成部分的家庭体育。而认识家庭在生活中的作用，又是研究家庭体育的基本前提。

从家庭关系看，家庭是一个最亲密的社会群体。家庭关系包括夫妻关系、亲子关系、兄弟姐妹关系。由于家庭成员之间存在着血缘上的联系，朝夕相处，感情交流，情同骨肉不可分离，从而形成一种最亲密的关系。

从家庭成员间的互动和履行家庭义务看，自觉性起着很重要的作用。家庭成员间的权利、义务及规范并不非常严格，而且也没有规章制度等正式社会控制手段。但群体成员却能很好地处理相互之间的关系，这主要是家庭成员间的互动和履行家庭义务带有强烈的感情色彩，风俗习惯、伦理道德等非正式社会控制手段发挥着重要的作用。社会组织中那种照章办事，某些事只是某人的职责，其他人袖手旁观的现象在家庭中是不存在的。个人对家庭的责任心和忠心要更加强烈和自觉。因此，家庭成员间的权利、义务持久稳定，不需要监督。

家庭作为社会的窗口，其规模结构、功能、角色、家庭关系与家庭生活等方面的变化以致家庭问题的产生，都是社会变迁的结果，是社会政治、经济、文化、法律、道德和风俗习惯的反映。

现代家庭的规模日益小型化、核心化，大家庭的比重日趋减少，小家庭的比重不断增多。家庭功能也逐渐发生变化。尽管家庭人口再生产和抚育下一代的功能作为家庭的本质功能仍在延续，但家庭作为一个生产单位的功能在城市中已基本消失。家庭的教育功能也基本上让位于学校教育。与此同时，家庭作为一个消费单位的功能却得以强化，特别是现代社会竞争与高节奏工作的压力，使家庭的休息娱乐功能日显重要，不可替代。

家庭关系是由夫妻权利结构、个性异同、性别地位与作用、家庭成员间的代际差异、交流与交换情况、相关的人与事等因素形成的。在我国目前社会经济体制转型期内，性别平等、代际平等、经济独立和民主意识等正日益渗入家庭，使之与传统的家庭伦理产生差异和冲突，形成当前家庭内人际关系互动的显著特征。此外，随着社会的变化，离婚问题、家庭暴力、代沟及养老等家庭问题也日渐突出。

二、演进中的当代中国家庭

家庭演进速度的快慢，基本上是与社会变迁的快慢相吻合的。当代中国的家庭经历了时急时缓的波浪式发展轨迹。1950 年《婚姻法》的颁布促使大多数包办婚姻解体，婚姻自主得到提倡。但在尔后的时间内，从整体上看，人们的家庭观念和婚姻行为并没有多大的改观。20 世纪 80 年代以后，急速变化的社会与经济环境，促使当代中国家庭无论是在结构方面还是在观念方面都处于巨大的变动之中。

（一）家庭结构由紧到松，由单一到多元

从量上来看，外显为家庭规模的逐渐缩小。首先，表现在户均人口数的下降。从 20 世纪初到 40 年代末，根据官方统计的家庭平均户规模大致保持在 5.17～5.38 人。解放后，1953 年户均人口数为 4.33 人，到 1998 年时则降为 3.63 人，现总体上基本维持在 2～4 人。其次，表现为家庭结构的核心化。几代同堂是传统的理想家庭模式，直系大家庭在中国历史上长期占据统治地位。在工业化、城市化和经济发展的动力作用下，伴随着家长制的削弱与瓦解，联合家庭已失去了存在的现实基础而逐渐消失。20% 的主干家庭保持着相对稳定，但有下降趋势。1990 年人口普查结果表明，全国城市家庭三代户占 15.4%，农村的比例相对高一些，而核心家庭则逐步得到巩固和扩大。20 世纪 50 年代核心家庭占各类家庭总数的比重为 50%，70 年代上升为 58%，1990 年则达到 77.12%，家庭结构的核心化、小型化已成趋势。再者，表现为家庭类型的多样化：

1. 跨文化家庭增多。跨国婚姻可以说是改革开放的产物。1978 年改革开放

后，中国正式有了跨国婚姻，但开始时数量很少，1979年涉外婚姻及我国内地与港澳台结婚数仅为8460对，1982年上升为14 193对，1997年则达到50 733对。通婚范围已扩大到53个国家和地区。

2. 丁克家庭有所上升。无子女的家庭不是中国家庭的主要形式，它一直保持着较低的比例。但随着市场经济的发展、竞争的加剧以及婚姻观念的更新，丁克家庭的比例逐年上升。1982年人口普查资料显示，当时夫妻家庭仅占全国总户数的4.78%，到1990年则上升为6.5%，目前丁克家庭还在持续增长。

3. 单身家庭有所上升。随着婚姻被重新定义，人们已不再需要在社会压力之下，在找到真正合适的人之前就去结婚，婚姻已成为一种可选择的生活方式。20世纪90年代以来，随着年轻一代自立程度和女性就业期望值的提高以及婚姻消费的膨胀，平均初婚年龄呈推迟趋势，“单身贵族”已在一批高学历、高收入、高职位的青年中蔓延，其中相当一部分是女性。

4. 空巢家庭增多。社会老龄化和家庭规模的缩小，以及独门独户的居住方式导致了“空巢家庭”（老年夫妇家庭）的大量增加。此外，非婚生育的单亲家庭、未婚同居家庭、一人独居家庭、再婚家庭等都有增多的趋势，家庭形式由核心化向多样化的趋势发展。

从质上看，内化为家庭关系由不平等向平等过渡。首先，是代际层面上的父子平等、母女平等，亲子关系日趋平等，家庭气氛也趋于民主。其次，是性别层面上的夫妻平等。社会的构成、体制和文化观念的变化导致了婚姻观念、婚姻状态的变化，改变了家庭内部的夫妻关系，家庭中的权力逐渐从男性集权向夫妻平权过渡。甚至有些家庭还出现了AA制、婚前财产公证等现象。

（二）家庭功能由家庭走向社会

传统中国家庭作为社会的中心，承担了大部分的社会功能，如生产经济功能、宗教和教育功能等。然而，近半个世纪以来，特别是改革开放以后，经济变革和社会发展带来了家庭功能的重大变化。

1. 生育功能逐步退化。中国传统的宗法观念和“多子多福”的信仰带来的是生育功能的强化。但现在国家凭其所拥有的经济、社会和政治资源来影响人们的生育行为，从而使生育不再是家庭的私事，而具有了社会性。人口生育率的下降，预示着家庭生育功能的退化。

2. 生产功能从家庭转移到社会。传统的“男耕女织”点明了传统家庭是一个经济生产单位，家庭的生产功能占有统治地位。但从 20 世纪 50 年代开始，公有化把生产功能从家庭转移到社会，中国家庭的传统生产功能基本上丧失。

3. 消费功能由平均到多元。家庭是一个基本的经济消费单位。改革开放后，经济的持续发展，收入的不断增加大大提高了居民的消费能力，享受与发展需求逐年增长，娱乐、教育、文化服务成为消费热点。消费层次迅速提升，并由生存型向质量型转变，消费结构日趋合理，消费热点层出不穷，消费行为更趋理性。

4. 赡养功能弱化。传统的中国，赡养老人既是一种传统，也是一种制度。但在现代化的推进和计划生育政策的推行过程中，家庭养老面临严峻的挑战，家庭结构的小型化，“传统共居”模式的改变，在一定程度上削弱了家庭的赡养功能。养老将越来越具有社会意义，养老功能在家庭和社会之间的转移、互补将是一个必然的趋势。

5. 教育功能分化。在自然经济条件下，家庭是子女社会化的重要场所。建国后，学校、幼儿园、托儿所的发展，削弱了家庭的教育功能，使之逐步走向社会化。20 世纪 80 年代以来，家庭规模小型化使独生子女逐渐普遍化，造成了家庭重心的下移，第三代日益成为现代家庭的关注焦点，从胎教开始到家教的出现，无不体现着家长对子女教育的关心和重视。虽然教育更多的是在社会中完成的，但家庭辅助教育作为学校教育和社会教育的补充，将要延续相当长的时间。

（三）家庭观念由浓转淡

随着社会的发展，家庭成员的价值观念开始更多地向个人倾斜，家庭观念从“家本位”向“人本位”转移，由“家庭至上”逐步向“社会至上”过渡。这些观念上的变迁主要表现在：

1. 择偶观的变迁。择偶观在某种程度上是社会政治、经济和文化的晴雨表。1949 年以前，“门当户对”“亲上加亲”是主要的择偶标准。20 世纪 50 ~ 60 年代，人们往往重视职业者的社会政治地位，政治面貌、家庭出身及社会关系成了择偶首要考虑的标准，“工农兵”一度走俏。到了 70 年代中后期，人们开始注意物质条件，海外关系、房子等成为择偶的重要考虑因素。80 年代初，在尊重知识、尊重人才的社会氛围下，个人学识曾经成为人们择偶的主要标准。但是随着经济选择占据越来越重要的位置，择偶标准出现了向传统回潮的现象，女性关注于男性的职业和地位，而男性则偏向于女性的漂亮、温柔等特征。90 年代以后，随着人们的物质生活不断改善，婚姻开始由追求功利向追求婚姻质量转变，使择偶标准呈现出多元化的倾向。

2. 生育观的更新。在自然经济时代，子女是一种财富，也是一种保障。在“传宗接代”“养儿防老”等的观念支配下，人们普遍多生，而且由于遵循男性继嗣的原则，往往重男轻女。随着经济的发展、生活水平的提高和价值观念的多元化，孩子不再是经济财富，多子多福的观念逐渐淡化，“少生、优生、优育”及“生男生女都一样”的观念为大多数家庭所接受。

3. 孝道的重新诠释。现代意义上的家庭伦理是对传统伦理价值的扬弃。孝道在经历了众多波折之后被赋予了新的涵义，处在不断地完善与完备之中。首先，孝顺父母、尊敬长辈被继承了下来；其次，在日常生活中主动替父母分忧；三是，尊重老人权利，对老人丧偶后再婚持开明态度；四是，顺从父母，但不盲从，崇老文化的转变，为建立现代意义上的养老方式开辟了道路。

第二节　家庭体育概述

一、家庭体育的概念

目前因国内专门研究“家庭体育”的著述不多，有的研究甚至是在没有对“家庭体育”作出较为严格界定的情况下展开的。为此，界定“家庭体育”的概念在本章中占有重要的地位。所谓家庭体育，“是指以家庭成员作为活动主体，为满足家庭成员自身的体育需求，以两人或两人以上的家庭成员为单位而进行的体育活动”。此定义是以家庭的血缘关系、婚姻关系或收养关系为前提的，并不介意其体育活动的地点是否在家庭内。

二、家庭体育的基本特征

我们已在前面对“家庭体育”的概念作了尝试性的定义。那么，作为特定的社会群体——家庭，它的体育活动都有哪些基本特征呢？

1. 人际关系的紧密性

家庭体育既然是以家庭成员为单位进行的体育活动，它的最基本的特征便是成员关系的紧密性。因为任何一个单独的家庭成员在和无血缘关系、婚姻关系或收养关系的家庭外成员一起进行的体育活动，均不能构成家庭体育。

2. 娱乐性

自娱自乐，满足自己和家人的精神需要，是当代人自我价值观念更新的一个标志，也是家庭体育的一个特征。家庭体育与竞技体育和学校体育不同，竞技体育和学校体育是参加者置身于一定的范畴，为特定的社会目的（或为争荣誉、或为完成某项任务）而从事的体育活动。而家庭体育则是家人在劳动、工作、学习之余，为了与家人团聚、松弛精神、消除疲劳、增进健康、融洽关系、消遣娱乐、治疗疾病、增进感情等而进行的体育活动，自娱自乐性很强。

3. 生活性

家庭体育，一般是家庭成员在完成了职业劳动——工作、学习之后进行的家庭生活活动。家庭体育的这种生活性，反映了家庭体育是家庭物质生活与精神生活的一种补充。

4. 差异性

由于各个家庭的文化背景、经济收入水平、成员的兴趣爱好等存在着差异，所以在家庭体育活动的频率、内容和空间选择上；在活动的组织形式和动机上；甚至在消费水平上也是千差万别的。

三、家庭体育的功能

家庭体育作为特定社会群体的一种文化活动，不但直接影响到家庭成员的身心健康，对下一代认识体育、参与体育具有社会化的作用，而且有助于促进家庭的稳定和社会的稳定。具体地说，它具有凝聚功能、社会化功能、健身功能、休闲娱乐功能、学习知识的功能和美化生活的功能等。

1. 凝聚功能

通过家庭成员经常共同参加体育活动，可以促进成员间的相互交流，有利于消除代际隔阂，融洽关系，增进感情；有利于在互相尊重的基础上，促进家庭的和谐、平等与民主；从而通过家庭凝聚力的提高促进家庭的稳定和社会的稳定。

2. 社会化功能

人们对体育的态度和行为并不是与生俱来的，而是社会化的结果。有学者在经过实证研究后指出：凯尼恩关于“进入某种特殊活动（体育）的社会化，是角色志愿者通过社会体系内重要他者的影响而成为（体育）角色学习者的过程”这一理论观点，在中国的国情条件下同样适用。因此，家庭作为社会化的机构，它所展开的体育活动对下一代认识体育、参与体育具有重要的社会化作用。

3. 健身功能

家庭体育通过一定负荷的身体活动有助于强身健体，增进健康。

4. 休闲娱乐功能

家庭体育作为消遣娱乐的一种手段可以实现轻松的气氛、与亲人团聚的欢乐、感情的交流、体力的恢复和情绪的调解，进而满足人们这种心理上和精神上的需要，因此它具有休闲娱乐的功能。

5. 美化生活的功能

美的需要是一种精神需要。人们在基本满足了必不可少的生理需要之后，就产生了审美的需要。现代科技的高速发展，一方面是大幅提高了劳动生产率，使人们从简单劳动走向了复杂劳动；另一方面又使人们的身心活动从多层次、多形式，向单一、呆板的范畴发展，使人们活动的空间变小，各种“文明病”随之而生。因此，现代人需要回归大自然，需要追求自然美，包括精神上、形体上和各种感观上的美。家庭成员在共同进行体育活动，特别是在山川郊野进行体育活动时，可通过体育的美学效应陶冶情操，享受着由此而带来的意境，从而激发人们对生活的热爱和对美的追求。

第三节　我国家庭体育的现状与发展趋势

一、我国家庭体育的现状

随着我国经济与社会的发展以及人民生活水平的迅速提高，体育成为人们日常生活的重要组成部分，体育生活方式已为越来越多的人所认同。家庭体育方兴未艾，正在成为现代家庭生活的一种时尚。

（一）家庭体育的内容

社会改革开放的深入发展，不仅影响着人们思想观念和行为方式，也影响着人们的体育活动，使之在运动项目的选择上呈现出传统与现代并举，健身与娱乐同行，商贸、旅游与体育联姻的新格局。张召棋等在对我国22个省、自治区、直辖市9291户家庭体育的抽样调查报告中，列举了如下的活动内容。

表7－1基本上涵括了我国家庭体育的活动内容，还可以补充的有：旱冰、垂钓、攀岩、划艇、射击、龙舟等。此外，球类项目中除传统的篮、排、足、乒乓球、羽毛球外，网球、壁球、曲棍球、保龄球，甚至高尔夫球也正成为家庭体育的活动内容。

表7－1　我国家庭体育内容的构成与选择（%，N＝9291户）

类别	项目	第一选择	综合选择
田径类	耐力跑、越野跑、变速走跑等	24.02	60.57
球类	羽毛球、乒乓球、篮球等	22.59	62.99
健身类	太极拳、气功、各种医疗体操等	12.38	58.27
体操类	广播操、健美操、器械体操等	9.98	52.16
娱乐类	扭秧歌、舞蹈、迪斯科等	3.88	47.62
水冰类	游泳、滑冰、滑雪等	8.83	35.13
民族类	武术、摔跤、赛马等	6.58	28.78
素质类	俯卧撑、举石锁、掰手腕等	4.21	35.41
职能类	民兵三项、狩猎等	1.92	20.46
其他类	旅游、登山、棋牌等	0.69	59.30

此外，从家庭体育活动内容选择上的地域差异中，不仅可以反映出地域间的地理和气候的差异，也可以反映出经济发展水平和人们生活水平的差异。长江以北，特别是东北的一些调查资料所显示的散步、慢跑、武术、扭秧歌等居选择前位的情况，与南方，特别是广东的羽毛球、游泳、网球、保龄球等居前位选择的情况形成了鲜明的反差。

(二)家庭体育的空间场所

体育活动的空间有自然空间和人造空间之分，山川和江河湖海属于自然活动空间，而家庭内和体育场馆设施以及公园、广场等则属于人造空间的范畴。自然空间虽然广阔，但一般远离城市，不利于经常性的家庭体育活动。所以人们更多的是在人造空间内进行家庭体育活动。许多调查资料显示，无论是南方还是北方，在房前屋后和公园广场进行家庭体育活动的占被调查者大多数，与国外在公共体育场馆设施、商业设施、单位体育设施、学校体育设施和自然空间内进行体育活动占压倒优势的情况形成了鲜明的反差。刘江南等通过《穗、深、港家庭体育的比较研究》所获取的家庭体育活动空间的数据，或许能给我们一些启示（表7－2）。

表7－2　“穗、深、港家庭体育活动空间的比较(N＝3953人)

活动空间	（人数　地区）		
	穗	深	港
家庭内	242(13.9%)	116(10.16%)	87(8.1%)
房前屋后	264(15.2%)	237(20.7%)	75(6.9%)
公园广场	358(20.6%)	181(15.8%)	84(7.8%)
单位设施	59(3.4%)	76(6.6%)	94(8.7%)
公共设施	168(9.7%)	102(8.9%)	241(22.4%)
体育经营设施	425(36.2%)	304(26.6%)	394(36.5%)
山川湖海	217(12.5%)	126(11.0%)	103(9.55%)

(三)家庭体育的消费

在市场经济条件下，我国消费的商品化、市场化、多样化及国际化的发展趋势，使人们的生活消费由低层次消费向高层次消费转变，由抑制型消费向个性化消费转变，由此也大大促进了体育消费。体育消费作为生活消费的一个重要组成部分，是社会发展到一定阶段和商品经济发展到一定程度的产物，是人们在基本物质生活条件得以满足的前提下所引发的较高层次的需求，是反映人民生活水平的一项重要指标，是体育走向市场和市场接纳体育的结果。

所谓家庭体育消费，是指家庭成员在体育活动方面的货币支出量。国家体育总局公布的《中国社会（群众）体育现状调查结果》指出："1996 年，我国城乡居民以家庭为单位全年体育消费在 100 元以下的，占总数的 58.3%，100～200 元的，占总数的 27.8%，201 元以上的仅占总数的 13.9%，说明我国城乡居民的体育消费水平还很低。"而且，由于我国各地区经济发展水平的差异，家庭体育消费还存在着明显的地域差别。经济发达地区的家庭体育消费水平相对比较高。调查资料表明：1996 年前后，广州市家庭月人均体育消费水平约为 35.78 元，深圳市则约为 69.55 元。如果以一般的核心家庭（三口之家）为单位来计算其全年体育消费的话，广州市应为 1288.08 元，深圳市应为 2503.80 元。再如，2000 年吕树庭等对番禺市（现改为广州市番禺区）的体育消费情况调查（入户调查）结果显示，番禺市 2000 年以家庭为单位的月平均体育消费已达 135 元，全年应为 1620 元。

由于我国家庭体育消费在总体上还处在较低的水平上，我国家庭所拥有的体育器材、书刊等数量上也十分有限。

（四）发展家庭体育的目的

综合目前所掌握的有关家庭体育的资料，对家庭成员参与体育的目的可依选择数的多少做如下排序：

1. 增进健康（或强健体魄、增强体质）
2. 消遣娱乐
3. 松弛精神（或缓解紧张、自我保健）
4. 融洽关系（或社会交往）
5. 治疗疾病

选择增进健康的，多是以中老年为主体的家庭；选择消遣娱乐的，多是青年人为主体的家庭；选择松弛精神和融洽关系（或社会交往）的，多是城市白领阶层和专业技术人员。但是，刘江南等通过《穗、深、港家庭体育的比较研究》所获取的家庭体育活动动机的数据，却反映出这样一种情况："在穗、深、港三地家庭体育活动的目的中，穗、深两地选择首位的都是‘与家人团聚’（香港对这一动机的选择居第三位）这一动机。”这与以往一些调查个体参与体育活动的目的首选结果明显不同。反映出穗、深两地家庭体育的一个重要特征——注重亲人的团聚。我们可从中发现经济发达地区竞争的激烈和繁重工作任务的压力，减少了人们与家人在一起的交流时间，因此，选择与家人在一起进行体育活动，不失为与家人团聚的好办法。而香港对融洽关系和松弛精神的选择，分别居一、二位。表明多数香港人需要通过家庭体育来融洽家庭关系和缓解疲惫的身心，这从某种程度上可反映出香港与内地的区别。

（五）家庭体育的（组织）形式

综合目前所掌握的有关家庭体育的资料，家庭体育的（组织）形式一般有：家庭内成员间结伴活动、全家一起活动（大多为核心家庭）、配偶一起活动、父与子（女）或母与子（女）、兄弟姐妹一起活动等。还有家庭间结伴活动，如与同事、朋友的家庭一起活动或与亲属家庭一起活动等。

二、我国家庭体育的发展趋势与对策

（一）我国家庭体育的发展趋势

在我国，家庭体育是在改革开放以后逐渐兴起的。我国家庭体育的发展趋势主要表现在如下几个方面：

1. 家庭体育将会进一步兴起，活动频率将逐渐提高。家庭体育活动成为健康生活方式的新潮流，越来越多的家庭会将家庭体育作为自己文化生活的一项重要内容，通过体育活动来强化家庭成员之间的亲情关系。

2. 家庭结构的进一步变化，将使核心家庭占绝大多数，届时，以核心家庭成员为主体的家庭体育活动将进一步占据主导地位。

3. 各种家庭体育竞赛活动和家庭体育娱乐活动将更加受到人们的青睐。

4. 家庭体育活动的目的和对活动内容的选择，将会继续朝着多元化的方向发展。

5. 随着体育场馆建设的发展和体育健身娱乐市场的兴起，家庭体育活动的空间将逐渐由房前屋后、公园广场向室内体育娱乐设施转移。同时，野外体育也将成为家庭体育活动的一个发展趋势。

6. 随着家庭经济收入的增加，家庭体育消费在文化娱乐消费中所占的比重将逐年提高。

7. 随着家庭体育活动的蓬勃开展，家庭成员不但会对适合家庭体育的活动形式、活动内容提出更高的要求，还会从个体的角度对体育保健咨询、科学锻炼和技术指导等提出要求，并从家庭的角度对适合家庭居室锻炼的体育器材提出更高要求。

8. 在家庭体育发展过程中，家庭体育与社区体育的结合将更加紧密，使家庭体育成为社区体育的重要组成部分。

9. 家庭体育存在的地域性差异和城乡差异将会逐渐缩小。

10. 中国城市家庭网的出现与发展将会使家庭体育呈现出网络化活动的趋势。

今后，家庭体育作为一个特定社会群体的体育活动，它的兴起与发展既要受到以经济发展水平为主的社会大环境的影响，也要受到以群众体育发展水平为主的体育环境和社区发展环境的影响，同时还要受到以家庭经济收入为主的家庭内环境的影响。因此，家庭体育的兴起与发展不可能是突发式的，而是一个渐进的过程。

（二）我国家庭体育的发展对策

家庭体育是社会体育的基础，其发展程度如何，对我国体育发展有着重大影响。以下从国家、社区、家庭等层面提出发展家庭体育的对策建议：

1. 国家层面

（1）国家应加强家庭政策的研究，从家庭对社会发展的意义出发，确定家庭政策在国家总体政策中的位置，制定出更多适合国情的家庭政策。

（2）政府应该根据有关法规文件，兴建必要的体育场馆设施，改善市民的体育活动条件，特别是应该依法保障居民小区的体育设施建设。国家应鼓励个人、社会团体、企业法人投资建设体育场馆及体育设施，并在此方面给予一定的优惠和倾斜政策，以保护投资者的利益，激发投资者的热情。

（3）政府应充分发挥媒体的宣传作用，倡导家庭体育。引导家庭体育朝正确的方向发展。

(4)要把发展家庭体育作为落实全民健身计划,发展群众体育的一项重要内容纳入体育发展规划,有计划地开展形式多样、内容丰富的家庭体育竞赛活动和家庭体育娱乐活动,促进家庭体育的普及与发展。

(5)借鉴发达国家的经验在我国设“家庭体育月”或“家庭体育节”,进一步推动家庭体育的开展。

(6)要进一步发展体育产业,大力开发体育健身娱乐市场,为家庭体育活动创造更多更好的活动场所。

(7)加强对家庭体育的科学研究和指导,为家庭体育活动提供更多帮助。

2. 社区层面

(1)将家庭体育与文明家庭、文明社区建设有机结合起来,促进家庭体育的开展。

(2)改革传统的社区服务模式,由依靠政府办转向依靠社会来办,不断开拓新的社区体育服务领域,建立和完善社区福利和服务措施,为社区家庭提供多层次、多功能、多形式的体育服务。

3. 家庭层面

(1)确立科学、文明、健康的生活方式和家庭体育文化。

(2)将家庭体育作为家庭成员间互动的载体,以及提高生活质量的手段。

(3)将家庭体育作为对下一代的体育教育,注意培养他们的体育兴趣和习惯,形成良好的体育生活方式。

思考题

1. 当代中国家庭的演进主要表现在哪些方面?
2. 什么是家庭体育?
3. 家庭体育的基本特征和功能有哪些?
4. 家庭体育的内容、形式和场所有哪些?
5. 我国家庭体育的发展趋势有哪些?

参考文献

1 高健生　刘宁．家庭学概论．郑州:河南人民出版社,1986. 97～100.

2 徐安琪．城市家庭社会网络的现状和变迁．上海社会科学院学术季刊,1995(2):77～85.

3 邓伟志　徐新．当代中国家庭的变动轨迹．社会学,2001(2):66～69.

4 宋金文．当代日本家庭论与老年人扶养．社会学研究, 2001(5): 95～104.

5 刘江南　周在平　刘永东等．穗、深、港家庭体育的比较研究．体育科学,1999(3):8～11.

6 吕树庭　饶纪乐　王旭光．社会体育概念管窥．天津体育学院学报,1996(3):8～11.

7 张召棋　曹士云　易建华等．我国家庭体育的现状与发展趋势．体育科学,1993(5):11～13.

8 吕树庭　王源　刘一隆等．家庭对中学生参与体育的影响．上海体育学院学报,1995(3): 9～14.

9 罗庆逵　罗跃新　罗冬梅．我国城市家庭体育现状调查及分析．哈尔滨体育学院学报,1990(4): 10～16.

10 李海燕．略论现代小康生活中家庭体育的作用和形式．南京体育学院学报,2000(1):34～36.

第八章

保健体育

本章重点

保健体育，是运用体育手段达到增进健康和提高社会适应性目的的重要社会体育活动，主要有体育健身、体育养生和体育医疗康复等。保健体育指导要注意内容的适宜性和负荷控制，同时配合营养调节和合理的生活方式。随着社会的发展，保健体育将更加受到重视，内容和方法更加丰富、科学，参加者也更加普遍，保健体育服务将更加完善。

第一节　保健体育概述

保健体育在我国有着广泛的群众基础。那么，什么是保健体育，它包括哪些内容，具有哪些特点，在社会体育工作中如何正确地运用它，这些都是必须加以研究的问题。

一、保健体育的概念

所谓保健体育是指人们自觉运用体育手段，配合自然力和卫生因素，以达到调节身心状态和社会适应性，增进健康、增强体质的社会实践活动。它与人们基本的生存、享受和发展需要密切相关。

众所周知，任何社会现象的产生和发展，必有其存在的理由，必然在本质上与人们的社会需要相一致。保健体育正是适应人们的社会需要，通过人们的社会实践而逐步产生和发展起来的。保健体育作为体育运动的一个分支，是人类实践活动的一个重要领域，其产生和发展同人类的历史一样久远。当然，在人类社会产生的初期，人们对体育的保健功能还缺乏应有的认识，保健体育活动也不可能作为一个单独的领域而存在。与古代人类的保健体育活动联系最为密切的是古代社会的医疗卫生活动，以及与人体自身活动相伴随的文化娱乐、教育活动。正是这些活动的开展，推动了保健体育的发展。

中华民族有着健身、养生的传统，我国人民的保健体育活动源远流长。

早在殷商时代，人们就懂得"生命在于运动"的道理。《吕氏春秋》中说："流水不腐，户枢不蠹，动也。"《荀子》中说："养备而动时，则天不能病，养略而动罕，则天不能使之全。"我国人民在长期的社会实践中，创造了许多强身健体的手段，如殷商时代的"消肿舞"，春秋战国时代的导引，三国时代的五禽戏，宋代的八段锦，明代的太极拳等。

特别值得一提的是，建立在中国哲学和医学基础上的中华养生术博大精深，为世界所瞩目，成为东方体育"西渐"的重要内容。直到今天，中国传统养生术仍然是我国保健体育的基本内容之一。

另一方面，我国几千年的封建社会，儒家思想占统治地位，崇尚"劳心者治人"，禁民习武、重文轻武，造成中华民族长时期的文弱之风，尚武观念不振，竞争意识不强，加上近百年来累受外侮欺凌，自然灾害困扰，致使我国国民体质十分虚弱，被外国列强称为东亚病夫。直到解放前，中国人的平均寿命仅为35岁。

新中国的成立，为广大群众参加体育活动创造了良好的条件。党和政府十分重视社会保健体育的发展。毛泽东早在1952年就发出“发展体育运动，增强人民体质”的指示。1954年1月，中共中央发出了《关于加强人民体育运动工作的指示》。“文化大革命”前，我国的群众体育，如劳卫制达标，各种群众体育组织，群众体育比赛等是十分活跃的。国家对群众体育工作的重视，奠定了保健体育的基础。

总的来说，由于受我国经济、政治、文化、教育等多方面因素的影响和制约，体育运动的基础条件较差，加之体育系统内部的关系也尚未理顺，我国的群众性保健体育也是一波三折，发展比较缓慢。1995年6月，国务院颁布《全民健身计划纲要》以后，我国群众性保健体育蓬勃发展，呈现出欣欣向荣的局面。

二、保健体育的任务与分类

（一）保健体育的任务

保健体育作为人类的一项重要的实践活动，其主体和客体都是人本身。由于人们对体育的保健功能的认识不尽相同，对体育保健作用的认识也有差异，因此，人们对保健体育的需求也呈现十分纷繁复杂的情况。但总的来说，保健体育的目的是通过有针对性的体育活动，改善人体的生物性状，提高机能能力，达到增进健康，增强体质，延年益寿，并在此基础上改善和提高人的社会适应能力。保健体育要解决的任务主要有：

1. 促进有机体的正常生长发育和提高机体活动能力，全面改善人的体质状况。

2. 提高人体对外环境的适应能力，预防和治疗疾病，提高健康水平。

3. 推迟人体的生理性老化过程，缓解病理性老化，延年益寿。

4. 提高人的审美意识，改善人对美的感受、理解、鉴赏、评价和创造能力，美化人的生活。

5. 全面调节人的心理和社会适应能力，改善和丰富人的精神生活和社会生活，使人朝气蓬勃，充满活力。

上述任务也可分为两类：生物性任务与社会性任务。保健体育从本质上说，应该把改善与优化人体的生物性状放在第一位。另一方面，人的社会属性也决定保健体育毫无例外地必须完成特定的社会性任务。把保健体育孤立地限制在生物学的范围内，是与现代社会体育的要求相违背的。

(二)保健体育的分类

保健体育作为社会体育活动的一种重要内容，与其他体育活动有着很大的不同，其分类方式也是多种多样的。如按活动主体的年龄性别分类，可分为儿童少年保健体育、青壮年保健体育、中老年保健体育、妇女保健体育等；按保健体育的历史源流分类，可分成传统保健体育、现代保健体育及民间性保健体育等。也可根据保健体育的性质和功能，将其分成体育健身、体育养生、体育医疗与康复三大类(本教材采用此种分类方法)。

1. 体育健身。体育健身主要指一般健康者为满足强身健体需要而进行的身体锻炼活动。通过有目的的体育健身锻炼，增强身体各器官、系统的机能，发展身体素质，提高基本运动能力。体育健身运动的特点是，锻炼者可以根据个人的兴趣爱好和自身特点，选用适合个人需要的锻炼手段和方法，既可采用现代竞技运动项目和体育课中学习内容作为锻炼手段，按照严格的动作规范要求进行演练，也可随意创编适合自身需要的活动内容和形式。国家体育总局组织力量对体育健身方法的收集整理，为广大群众的体育健身活动提供了丰富的内容手段。另一方面，某些日常生活中的一些动作也具有锻炼价值，如走、跑、跳、骑自行车等，经常用作体育健身的重要手段。

2. 体育养生。它是在挖掘整理我国传统养生学和养生方法的基础上发展起来的一种东方保健体育类型。从整个东方体育的产生和发展状况来说，东方体育在本质上是把人体保健功能放在首要地位。中国传统养生学着眼于人与自然环境的协调统一，重视用哲学和医学的观点研究人的整体优化，它涉及到多方面的内容，如人的饮食、起居、劳逸、导引、情绪等，从而涵盖人们的物质生活、精神生活等基本内容。体育养生既是中国传统养生学的重要内容之一，又是其中最具主动性的因素。直到今天，传统体育养生体系中的许多理论和方法仍然为现代人们所推崇，并在增进人的健康，促进人体的可持续发展中发挥着重要的作用。

3. 体育医疗康复。它是借助于体育手段，预防和治疗某些疾病的体育保健实践活动。运用体育手段并与疾病的治疗相结合，是体育医疗与康复的基本特征。现代科学已经十分清楚地证明，体育在增进健康，增强体质的同时，对许多疾病的治疗也有着极其重要的辅助作用。利用体育手段，可以有效地加速病愈后的恢复过程。在现代社会里，伴随着现代劳动方式和生活方式改变而带来的社会“文明病”“富贵病”有增长趋势，随着人类生存环境的恶化和社会竞争的激烈而把人们推向“亚健康”状态，人们对体育医疗和康复的需求更加迫切。体育在人们的医疗康复活动中所起的作用也会愈来愈大。

三、保健体育的趋势

现代社会科学技术迅猛发展，知识信息日新月异，社会生产力和人们的物质生活水平得到迅速提高，人的价值和能力（体力和智力）得到充分挖掘和运用。随着我国改革开放的巨大成功，我国的经济水平和综合国力迅速增长，人民群众的物质生活和精神生活有了很大的改善和提高，人们的需求层次也由基本的生存需要逐步地向享受和发展需要转变。社会稳定，市场繁荣，为人们参与各种文化体育活动创造了良好的条件。可以预言，随着我国社会主义现代化建设的进一步发展和人民生活水平进一步提高，我国人民群众的保健体育活动一定有大的发展，其趋势表现在：

（一）保健体育参与普遍化

1997 年和 2001 年我国两次群众体育现状调查结果表明，参加保健体育的人数尽管高于发展中国家的平均水平，但距发达国家和中等发达国家尚有显著的差距。这充分说明，我国发展保健体育的潜力巨大。为此，《全民健身计划纲要》（以下简称《纲要》）提出 2010 年的奋斗目标是，“努力实现体育与国民经济和社会事业的协调发展，全面提高中华民族的体质与健康水平，基本建成具有中国特色的全民健身体系”。这预示着我国的保健体育今后将会有一个较快的发展。《纲要》实施以来的实践已充分证实了这一点。随着老年人口的持续增长和老龄化社会的出现，老年保健体育人口在现有的基础上将持续增加；随着学校教育中“素质主导”和“健康第一”的思想成为新的教育理念，广大青少年学生参加保健体育的热情将更加高涨，并使保健体育活动的场所由学校扩大到社会；目前被认为是体育活动难点之一的中年群体，由于体育价值观念和健身意识的逐步升华，也会进一步进入保健体育活动的行列；妇女在积极投身社会活动的同时，参加保健体育的热情更加高昂；保健体育将较迅速地普及到广大城乡的千家万户。

（二）保健体育活动科学化

保健体育的科学性是人们长期坚持的必要条件之一。今天，保健体育的科学化已经有了较充分的条件。伴随学校体育改革所带来的保健体育知识的普及，社会体育指导员队伍的形成和这支队伍的职业化趋向，以及国民体质监测制度等制度措施的实施，都将有效地提高保健体育的科学性，保证保健体育在科学的轨道上健康地发展。

（三）保健体育形式个性化

近年来，我国保健体育活动已形成了较大的声势。随着保健体育科学化进程的加快，未来的保健体育会逐步向深层次、个性化、适应性的方向发展。人们会根据自身不同的保健目的和需求，选择不同的活动内容和方式，因人因地因时制宜地锻炼。特别是随着运动处方锻炼法和体质测定法的广泛普及，人们在活动内容、手段的选择上和负荷量的安排上均会有所不同。这种个性化趋向，是使保健体育走向科学化所必不可少的，也是与保健体育的特点和人们的多元需求相适应的。

（四）保健体育将由福利主导型转向消费主导型

随着我国社会主义市场经济的不断深化和人们的商品观念的不断加强，人们的消费价值取向也在发生着深刻的变化，原先那种福利型保健体育正在逐步被消费型趋向所取代。社会竞争的加剧、社会保障和医疗制度等的改革，正在使体育保健消费成为人们现阶段消费结构的一部分，作为劳动力的再投入手段计入劳动力的价值中，用于改善人的健康状况，优化生活方式，提高生活质量。人们已愈来愈深刻地理解到保健体育与医疗卫生消费之间的依存和互补关系，逐步树立起“花钱买健康”和“人力资源投资”的观念。在此基础上，保健体育的消费额会有较大幅度的增加，人们的消费结构和内容也更趋向理性化。

（五）保健体育将由单一化走向综合化

随着我国改革开放的进程，我国人民的价值观念正在发生着深刻的变化，即从单一化的价值取向转变为多元化的价值取向。在保健体育领域也是如此。在过去相当长的历史时期内，单一的生物学的体育价值观在人们的思想中占据着主导地位，体育即育体的观念根深蒂固，影响着保健体育的普及。今天，人们已经能够用系统综合的眼光来看待体育这一社会现象，即从生物、心理、社会等多层面来看待体育问题，逐步认识到，在现代社会里，包括保健体育在内的各种体育运动，或是通俗质朴，或是高雅豪华，都不仅是为了获得强身健体之效，而且也是为了一种文化参与，是人在社会化过程中不可缺少的一项内容，都是为满足人们的生物、心理和社会需求所必须从事的活动内容。这一认识的升华，必然导致保健体育的目的、内容、方法、手段的综合化，导致人们的保健体育活动与文化娱乐活动、社会交往活动、医疗卫生活动等的融合和互补。

第二节　体育健身

一、体育健身的涵义与特点

体育健身是一种以身体练习为手段，以强身健体为目的，促进个体发展的社会活动。

体育健身活动要求运用多种身体练习项目，采用特定的行为方式，结合自然力和卫生因素，用以发展身体、增强体质、增进健康、延年益寿。日常生活中的体育健身活动指以健身为目的的体育活动。

体育健身活动除了具有人类一切活动所必须具备的共性，即意识性、社会性、客观性以外，还具有以下若干特点：

（一）从活动目的来看，体育健身过程是一种集健身、健心、健美等多种功能于一体的综合影响过程。从现代体育观来看，体育健身活动本身具有生理、社会等多种功能。从个体的体育需要来说，人们要用以满足多种需要（身体、消遣、参与等）。“三健”本身是一个有机的整体，即生理健康、心理健康、体形健美。从这一角度来说,健身活动作为现代人的一种生活方式,负有对人的机体和人格进行全面塑造和改善的任务。从体育学的角度分析,体育健身最为本质的目的,则是对人体进行生物学的改造。

(二)从表现形式来看,体育健身过程是人的体力、智力、外环境助力共同参与的运动行为过程。人的身心统一决定了体力与智力的不可分,人与环境的统一决定了人必须充分利用外环境的助力。这就决定体育健身活动表现形式的多样性。譬如,有的运动以体力投入为主,但也需要心理的"修炼",还要求大脑神经中枢对运动反馈信息加以及时调控,如跑步;有的以智力投入为主,但其实施也需相应的体力活动,如门球、台球等;有的则要接受自然的恩惠和经受大自然的洗礼,如旅行、夏练和冬练。

(三)从机体适应过程看,既要注意机体所承担的负荷与机体承受能力相适应,即强调锻炼效果,同时又要注意锻炼以后的休息与恢复,即注意保养效果。也就是说,体育健身过程不仅首先要注意练身过程本身,同时还要注意其后效应。因此,应十分注意对运动中和运动后身体状况的监测,其中疲劳反应信息是十分重要的指标。

(四)从组织方法来看,体育健身过程是形式多样、组织灵活、因人而异的社会活动。从组织形式上说,既可以集体合练,也可小组分练、个人独练,以及家人朋友共练。在组织方法要求上,有的要求十分严格,如集体表演或比赛;有的则极为灵活,无一定之规。

(五)从它与客体的关系来看,体育健身过程是一种主动体育。它是人们有意识地改变自身生物或社会性状而实施的活动。由于体育健身具有主动体育的特点,因此非要动其主观不可。

(六)从能量代谢规律看,体育健身过程与人类其他身体活动(如劳动、生活)的关系极为紧密。从健身的角度看,只要达到一定的身体刺激量,体力工作、家务劳动均可作为健身的辅助手段。但是,这种关系不能成为以工作、劳动代替体育健身活动的理由。它们二者在活动目的、作用与方式上有本质的不同。

二、体育健身的内容

体育健身内容是伴随人类社会生活逐渐产生和发展起来的。人类的走、跑、跳、投、攀登、爬越、游泳等身体基本活动技能,构成了现代人体育健身活动内容的基础。建立在基本活动技能基础上的传统体育项目和现代体育运动项目,成为体育健身活动内容的主干。

对体育健身的内容按其目的和特征加以分类，有助于有针对性地运用这些手段。我们可以把它们分成如下五类：即身体基本运动、球类运动、体操舞蹈运动、自然力锻炼以及民间体育运动。

(一)身体基本运动

平常所讲的走、跑、跳、投、攀登、爬越、游泳等运动，属于人体基本活动的范畴。它们是人们生活和生产劳动所必需的技能和能力，同时也是重要的健身运动手段。身体基本运动手段是最易标定负荷量的运动项目，也是最为简便、易见实效的健身运动项目。在体育健身活动中运用十分广泛。

走与跑步是通过双腿交替支撑和跨步推动身体向前移动。跑步与走的差别在于跑的两腿在交替落地过程中有一个腾空阶段。近二三十年来，走与跑步已成为深受人们喜爱的大众性健身运动项目。

我国民间流传很广的《十叟长寿歌》，就有“饭后百步走，安步当车久”之说。美国医学专家肯泽尔曼认为：“作为一种户外运动，走路在锻炼身体方面的作用可以和剧烈的运动相媲美。”①走路是一种无须专门学习便能进行锻炼的健身运动手段，它安全简便，老少咸宜，对中老年人更为合适。走是全身性运动，但以离心脏较远的下肢为主要活动部位，这就决定了它的良好的锻炼功能。由于下肢肌肉的收缩与放松，上肢的交替摆动，使体内的新陈代谢大大加强，因而能增强心血管及呼吸系统的功能。走路的医疗和心理调节作用也是不容忽视的。

跑步是一种全身性的运动，它以下肢做周期性的交替腾空动作，推动人体向前移动，对人体产生多方面的影响。跑步是一项实用技能，对于日常生活和劳动都具有重要的作用。从事跑步锻炼，能够有效地增强人的心肺功能，预防中老年人心血管疾病的发生；促进新陈代谢，有助于控制体重；跑步动作简单，反复进行，能增强神经系统的功能(锻炼意志)。最新研究表明，跑步还可防止中老年人易患的便秘、肌肉萎缩和多尿症，改善其精神状态。从20世纪80年代开始，跑步热风靡全球，美国学者库珀所创立的12分钟跑(即有氧锻炼法)在世界上十分流行。

跳跃是以两腿同时或交替蹬地，以取得较长时间腾空为目的的非周期性运

①唐宏贵等编：《体育健身原理与方法》，第1版，148页，湖北人民出版社，1999年。

动。跳跃运动是通过全身肌肉的协调用力，特别是腿、足的用力蹬伸克服自身重量来完成的。因此，跳跃对提高腿、足的肌肉力量和用力速度，改善人体的灵活性、协调性有着重要的意义。经常进行跳跃练习，能有效地促进下肢的血液循环，增加骨骼的营养，减轻骨质脱钙，防止老年性运动器官损伤。跳跃还能使身体内脏器官产生强烈而有节律的震动和按摩，加强胃肠的蠕动和物质的消化。

游泳是借助于水的浮力，凭借自我支撑力和推进力在水中运动的过程。游泳也是一项历史十分悠久的劳动技能和体育运动项目。相传人们在与洪水搏斗中，发明了许多泅水方法。在《管子》《孙子》等军事古籍中，常把游泳列为军事训练的重要科目。长期进行游泳锻炼，不仅能有效地增强人的耐寒能力，培养勇敢、顽强的意志品质，而且能有效增强人的心肺功能，促进机体的新陈代谢，并能有效地发展人的力量、速度、耐力、协调性等多方面的能力素质。

（二）球类运动

球类运动的历史渊源是游戏。在远古时代，人们在劳动之余，出于休闲娱乐和侍奉祭祀的心理需要，常常会利用某些充气或实心的圆形物体，进行比赛或表演活动，逐渐形成最初的“球类运动”。人类在历史发展中创造了许许多多的球类运动形式，譬如与足球起源密切联系的蹴鞠，就产生于二千多年前的中国。今天，以“球”为媒体的活动更是项目繁多，各种球类运动项目，也逐步成为广大群众十分爱好的健身活动项目，满足着各类人群的不同需求。球类活动的最大特点是，具有浓厚的游戏性和娱乐性，能极大地提高人们的活动热情和欣赏兴趣。同时，球类活动常以竞争和群体的方式进行，不仅能有效地培养人的勇敢、顽强、果断、机警等意志品质，而且能极大地增强人们的参与意识，陶冶人的情操，培养人的竞争意识、群体意识和审美意识。此外，各种球类活动由于其项目特征不同，负荷特征也迥然有异，可以满足不同类型人们的特定需求，如青少年可以参加运动强度较大的足球、篮球运动，中老年人则可参加强度稍小的网球、门球运动。

（三）体操舞蹈运动

从体育发展的渊源来看，体育可以分成两大类：自然体育与非自然体育。体操和舞蹈运动是按照体育健身运动的需要，由人工创编的肢体运动，属于非自然体育的范畴。从现代运动项目的发展趋向来看，非自然体育也和自然体育一样得到迅速的发展,两者的界限也越来越模糊。

现代体操不仅是竞技运动的重要领域,也是大众健身活动的重要内容。现代大众健身运动中的体操,主要包括:徒手操、器械体操、健美操、医疗体操等。舞蹈具有身体活动的一般特征,属于文化娱乐活动的范畴,其历史悠久,随着社会文化活动的发展、繁荣而不断兴盛。在现代社会里,舞蹈中的一支——体育舞蹈,由于具有强烈的身体文化的性质和明显的健身功效,正日益受到人们的重视。

(四)自然力锻炼

人体与自然的关系,有一个内外环境的统一和平衡的问题。人体不仅要保持和增强机体的各种功能,在各种自然环境条件下求得生存,而且应该充分利用各种自然因素进行身体锻炼,以提高自身对环境的适应能力,增进健康和增强体质,由此衍生出某些自然力锻炼手段,如日光浴、空气浴和水浴等,俗称“三浴”。现代社会愈是向前发展,人类就愈是远离自然,人就需要回归自然,利用自然力作为自身生存和发展的基本手段。当然,人类在其生命长河中,时刻都在与日光、空气和水打交道,但这与以强身健体为目的的“三浴”锻炼相比较,则有着很大的不同。

太阳光中的红外线和紫外线是肉眼看不见的光线,它们对人体有重要的作用。红外线的主要作用是产热,促进新陈代谢。红外线经过皮肤和皮下组织的吸收,使这些组织的分子或原子发生旋转、振动,使皮下组织温度升高,促使局部血管扩张,进而提高细胞的机能代谢水平。紫外线对人体健康的关系更为密切。紫外线具有很强的杀菌作用,可提高机体的免疫力。紫外线可使皮肤里的黑色素增多,使皮肤变得黝黑、表皮增厚、屏障作用加强。紫外线照射还能促进骨骼正常生长。但要适度,现代研究证明,人们接受日光浴的时间和强度应适当控制。

水是锻炼身体效果十分显著的一种物质。水浴是水锻炼的一种。水浴是利用水的温度、机械作用和化学作用来锻炼身体的手段。经常进行水浴锻炼,对增强体质和预防疾病大有裨益。其中,冷水浴和冬泳是社会体育中许多人十分喜好的健身活动。

(五)民间体育运动

随着社会的发展,在广袤的中国大地上,也流传着许多深受人们喜爱的民间体育健身手段，如踢毽子、跳绳、拔河、放风筝、赛龙舟等。这些手段，有的有着深厚的历史文化底蕴，有的则是为休闲娱乐而设置。有的已逐步形成较为严格的活动规则，有的则无一定之规。我国的许多少数民族，也都有丰富多彩的民间体育手段。近年来，在推进全民健身计划时，国家体育主管部门也组织整理、创编和推广了大量的民间体育运动手段，从而极大地丰富了中华体育健身手段的宝库。

此外，由于世界范围内大众健身运动的普及，使得以前作为竞技运动手段的许多体育器材，也逐渐转向大众体育领域。这样，一种新型的健身运动——健身器运动悄然兴起。这些健身器材愈来愈新颖别致，功能愈来愈丰富多样，价格也愈来愈贴近普通居民的承受能力。使用健身器锻炼，尽管少了许多在自然环境下锻炼的乐趣，但也免除了人们往返运动场地之苦，节省了时间，方便了锻炼。更重要的是，许多设计精密的健身器，还能较为精确地显示身体活动部位和负荷量，从而极好地保证了体育锻炼的科学性。

三、体育健身的指导要点

（一）科学确定健身活动目的

个体进行体育锻炼往往有着较明确的健身目的，这是科学安排系统锻炼的重要依据。对健身活动进行指导，首先要把握健身活动的目的。就总体而言，人们参加健身活动，既有高远的目的，也有直接而贴近的目的。从前者而言，它以满足长期的生物、心理、社会需要为前提。而直接的目的，则既是具体健身活动的动因，又是决定着体育锻炼的安排方式。譬如，作为一般性增强体质和提高健康水平的健身锻炼，内容的安排就比较灵活，时间亦可长可短。如果是为了提高力量而发展肌肉，就应以力量和体形锻炼的内容手段为主，并注意与其他身体机能锻炼配合进行。以减肥为主要目标的体育健身锻炼，应以有氧运动为主，运动的时间相对较长，以利消耗体内多余的脂肪。

（二）安排好健身锻炼内容

在进行体育健身运动时，要根据个人兴趣和爱好，选择好活动内容，这是保证活动经常进行的必备条件。确定活动内容时要考虑以下两个方面，一是要适应自身条件，如年龄、性别、身体能力和健康状况。青少年活泼好动，可以选择强度较大，带有游戏和竞赛性质的活动项目，如打篮球、踢足球、爬山、游泳、健美操等；中老年人身体机能较差，应选择活动量相对较小，不容易出现运动损伤的活动项目，如散步、慢跑、气功、太极拳等；为预防和治疗某些疾病而进行的康复性体育活动，则应根据锻炼者的身体状况和病情选择活动项目。其二是要考虑锻炼的环境条件。如充分利用庭院、公园、山水、体育场地等选择适合自己的活动项目。总之，运动项目可多样化，有主有辅，以期对身体产生全面的影响。

（三）确定好健身运动负荷

健身运动负荷是指人们在健身锻炼过程中机体所承受的生理与心理负担。它是引起人体生理和心理变化的刺激因素和原动力。其构成因素包括：负荷的量和强度、负荷的表面数据和内部数据、生理负荷和心理负荷。从某种意义上说，体育健身活动的效果，在很大程度上取决于以上三对运动负荷相关的因素。

为增强体质而进行的体育锻炼主要是为了提高人的健康水平和体质状况，所以运动的强度不宜过大，特别是中老年人和体育康复者更应如此。应提倡有氧锻炼，即使锻炼处于有氧负荷价值阈的范围内，也以不超过无氧阈为限度，它大约相当于运动时心率在100次/分~150次/分的强度，并随着年龄的逐渐增加而呈现出逐步递减的趋向（表8-1）。为加强锻炼效果，可采用延长练习时间和交替练习内容的办法增加运动总负荷。要在对自身状况分析研究的基础上，确定出运动适宜的心率值，以此作为健身运动强度的标定值，运动时要尽可能多地稳定在这一水平上。

表8-1　运动最佳心率范围表

性别/年龄（岁）		运动心率（次/分）
男31~40	女26~35	140~150
男41~50	女36~45	130~140
男51~60	女46~55	120~130
男60以上	女55以上	100~120

（引自刘纪清等，《实用运动处方》）

但也应当看到，并不是运动一开始就能达到预定的运动强度的。根据人体生理活动能力变化的规律，在运动开始后的一段时间内，运动强度要逐步提高。这是由于内脏器官的生理惰性大，内脏器官与运动器官的活动不协调所致。接着，内脏器官的生理惰性逐渐被克服，机能能力得到充分发挥，并与运动器官的活动相一致，这时运动强度就可保持在预先确定的水平上，并维持一段时间。体育锻炼中确定运动强度最简便的办法是规定体育锻炼时的脉搏数，可用“次/分”为单位来表示。在运动中也可安排几次“冲击式”运动强度，这时运动强度可比预定强度高出10%左右。尽管此时机体会感到疲劳，但它对打破“习惯性负荷”，超过个人原有的负荷界限有利。

同时应注意负荷表面数据与内部数据之间既相一致又不一致的情况，力求使运动时承担的运动负荷与生理承受能力相适应。

（四）安排好准备活动和整理活动

人体机能活动能力变化的规律告诉我们，在一个完整的体育健身活动程序中，开始时要有一个准备和调适阶段，在结束时也有一个整理和放松阶段。这就有必要做好准备和整理活动。

每次体育锻炼之前要进行充分的准备活动。准备活动的目的在于使机体逐步进入运动状态，进一步提高中枢神经系统的兴奋性，达到适宜水平，减少运动损伤，提高锻炼效果。一般性准备活动是在正式练习前进行的活动量较小的全身性体育锻炼，运动形式主要是慢跑、伸展和牵拉性练习，使身体各部分充分活动开。在此基础上，可结合做一些与主要活动动作相似的专门性准备活动。

人体进行一定强度的运动时，大部分血液集中到运动肢体特别是下肢，此时如果停止运动，下肢肌肉就有大量血液淤滞，而无足够的血液回心参加循环，从而导致大脑以及躯干的暂时性贫血，出现重力性休克等一系列症状。运动锻炼后的整理活动有助于加速代谢物质的清除，加快体力恢复，以及防止运动锻炼后晕厥。整理活动的内容主要有慢跑、按摩、游戏、深呼吸等。

第三节　体育养生

一、体育养生的涵义与特点

自古以来，我国人民就十分注意保养身体和延年益寿，在实践中积累了极为丰富的经验,创立了具有系统理论体系和独特方法的中国传统养生学。中国传统养生学是中国文化宝库中的一大瑰宝,它在本质上与祖国医学一脉相承。

“养生”又被称为“摄生”,“摄”即包含保养之意。老子的《道德经》中就有“善摄生者”之说。《吕氏春秋·节丧》中说:“知生之者,不以害生,养生之谓也。”由此可以看出,“养生”也就是使人的生命体在自然和社会的大环境中保持平衡和适应,以达到健康长寿的目的。

体育养生是中国传统养生学的重要部分,它是从祖国医学和传统养生学的基本立场出发,以体育运动为主要活动方式,达到保养身体,延年益寿为目的的社会性活动。据史料记载,在原始社会末期,就出现了“消肿舞”之说,它大体类似今天的医疗体操。在我国战国时期,就出现了以导引行气为主流的养生术,即“吹呴呼吸,吐故纳新,熊经鸟伸”(《庄子·刻意》),开创了体育养生之先河。我国古代社会出现的导引术,以及五禽戏、八段锦、易筋经、健身武术、太极拳、气功等,组成了我国体育养生内容的主体。

与西方体育和现代健身手段方法相比较,传统体育养生活动具有如下特点:

(一)不惟养形　尤重养神

中国传统养生体育把养神看得比养形更为重要。他们把形体看成是一切生命之宅,而把人体的神,即精神思维活动,看成是人体生命活动的主宰。养生体育以调节神经系统功能作为主要活动目标,带有朴素唯物主义的色彩,反映了中国古代哲学对养生学的渗透和指导作用。

现代运动心理学的研究认为,人的思维、想像和体验等意识活动对人体的行为确有一定的调节作用。它不仅能够清晰地表达动作的外部形象和动作过程,也能产生微弱的神经冲动,并伴有脉搏加快、血压升高、神经系统兴奋性提高等生理过程。语词与身体体验相结合所引起的植物性神经系统的冲动,可产生与语词本身相似的机体调节作用,从而使人体的心理过程与心理品质得到优化。传统养生体育把神经系统的功能调节作为养生要旨,并创编出许多相应的锻炼方法手段,这确实是难能可贵的。

然而,另一方面,也不能忽视养形对健身的积极作用。以增进运动器官机能为主要内容的各种运动锻炼,不仅能有效地增强内脏功能,也能有效地改善人的神经过程和心理品质。这就是所谓“身体健全,情感斯正”。同时,将养神强调到不适当的地步,特别是早期养生家所提倡的“清静寡欲”,“无知、无欲、无为”等主张，带有消极厌世的唯心主义色彩，与现代健身运动所要求的参与、进取的主旨是大相径庭的。

(二)不惟局部 尤重整体

祖国医学把人体看成是一个以脏腑为核心，经络互相联系的整体。因此，我国历代体育养生学者在治疗、预防疾病和养生保健方面，不单是注重机体的某一局部，头痛医头，脚疼医脚，而是把人体看成一个内环境有机统一的整体，追求整体功能的完善。

就现代人体科学而言，不仅人体本身是一个有机的整体，就是人体与外界环境之间也存在着极为密切的相互联系、相互适应的关系。除了许多生物学因素对人体的体质与健康产生极大的影响外，各种社会心理因素也会对其产生直接的影响。因此，不惟局部，尤重整体的思想，反映出我国古代养生体育丰富的哲学内涵，与现代生物科学中的整体观也有某些相似之处，是值得提倡的健身观念。

(三)不惟强体 尤重养护

中国传统养生体育的基本点，并不在于增加机体活动能力，也不主张参加竞技比赛，认为比赛竞争“忿争尽意，邀名射利，内伤骨髓，外伤筋肉”，对养生保寿不利。中国传统养生侧重于身体的养护，以增进健康，提高人体适应能力为主旨。武术中以打斗为主要特征的内容，基本上未列入古代养生体育的范畴。这一特点较好地把握了“体育即育体”的生物学属性，极具以养护为本的东方体育特色。它反映了中国传统文化凝重内含的特质，而与西方的“更快、更高、更强”的竞争和参与意识有所不同。同时也暴露出传统体育中强调内养，与世无争的不足。即使单从体育健身的角度来看，一味重视身体养护，而不注意提高身体活动能力的养生方法，也带有一定的保守性质，是与现代人的体育健身观念不相吻合的。

(四)不惟健身 尤重延寿

中国传统体育在指导思想上贵人重生，把延年益寿看得比健身更为重要。这种观念既反映了人们对生命寿限的自省，也表达了华夏民族对生命的珍惜和对未来生活的渴求，符合中国几千年一脉相承的伦理纲常。中国传统养生体育正是在这种思想背景下一代代繁衍发展起来的。因此,中国传统体育十分注意中老年人的养身保健,饮食起居运动休闲面面俱到。在这种思想背景下发展起来的养生体育方法,也较多地注意中老年人的养生保健,至今仍为广大中老年人所喜好习用。传统养生体育中对青少儿的体育健身缺少研究和实践运用,导致许多手段方法与青少儿的生理心理特点不十分吻合,使得传统养生体育在青少儿中较难普及和发展。因此,对传统体育养生进行研究和改造,使其适应广大青少年健身锻炼的需要,是体育工作者的重要任务。

二、体育养生的内容

最常用的中国传统体育养生内容手段有:气功保健、太极拳(剑)健身、导引按摩三类,此外还包括针灸益寿、饮食调养二类,后者分属于医学和营养学的范畴。

(一)气功保健

气功是我国传统的养生手段之一,是体育与医疗相结合的产物,在我国有着悠久的历史。我国的气功,来源于佛教、道教、儒教、医家和武术家各流派,也有来自民间的。通常分为硬气功和气功两大类,后者又包括静功和动功两类。气功锻炼的流派很多,方法各异,但都要求发挥人的主观能动性,调整机体的机能,控制机体的活动,达到肌肉放松、精神安定、意想入静,进行呼吸锻炼。由于在其发展过程受到各种教派的影响,也造成气功领域良莠不齐,如何以科学的态度来认识、整理和习练气功,去伪存真,是社会体育指导者面临的任务。

气功锻炼对人体神经系统、心血管系统、消化系统、呼吸系统和内分泌系统均有良好的作用。气功锻炼中,意念入静,大脑神经系统和植物性神经系统相互作用,整个神经系统处于内抑制状态,能消除大脑皮层的紧张状态,对机体有很好的保护作用。练功时以腹式呼吸为主,能有节律地“按摩”腹腔器官,改善消化和吸收功能。此外,气功锻炼能使皮质激素、生长激素分泌量减少,从而使蛋白质更新率变慢,酶的活性改变,并使免疫功能强化。

气功锻炼有三个基本环节:姿势、练意和练气,而练意和练气是关键。

1. 姿势:又称体式或调身,有行、立、坐、卧之分,总的要求是全身放松,呼吸协调,动作柔和与圆活,以自感舒适、愉快、轻松为宜。适宜的姿势,可使呼吸自然，意念集中，健身效果显著。

2. 练意：又称意守或调心，即把意念活动集中在自己身体的某一部位或空间的某一实物，或意想某一词义。其要领是排除杂念，达到入静，保持一种似睡非睡状态。这种入静状态，是大脑皮层的主动性内抑制过程，对大脑的功能活动是一种特殊的休息。因此，入静的好坏，直接影响到练功的效果。

3. 练气：又称调息，包括呼吸锻炼和内气锻炼两个方面。前者是在意念活动的主导下进行的，即以意领气，气沉丹田。其根本原理是在自然呼吸的前提下，进行鼻呼吸或鼻吸口呼，逐渐把呼吸锻炼得柔和、细缓、均匀、深长。内气锻炼指练功过程中在一定条件下体内产生的一种“气”样的感觉。这种内气是体内物质在特定状态下呈现的生理现象。

练气功时应遵循如下原则：松静自然，意气合一，动静结合，循序渐进。

（二）太极拳（剑）

太极拳是我国武术宝库中的一个拳种。它结合“拳术”（手法、眼法、身法、步法的协调动作）、“吐纳术”（吐故纳新的腹式深呼吸运动）、“导引术”（俯仰屈伸的肢体运动）三者成拳，是群众日常锻炼的健身法宝，已经成为我国医疗体育的一种重要形式，深受中外体育界和医学界的重视。

太极拳在我国源远流长，并在长期健身实践过程中不断地加以创新，产生了许多流派，如杨式、陈式、吴式、武式、孙式等。解放以来，原国家体委专门组织力量对太极拳进行整理，新编了简化二十四式太极拳、八十八式太极拳、四十八式太极拳等。

太极拳的拳名借用宋代关于“无极生太极，太极生两仪，阴阳相生而有天地”的哲理，把动与静、养神与练体的矛盾有机地统一起来，达到“气遍全身不少滞，静中求动动犹静”。因此，常练太极拳，能有效地调节大脑功能，对畅通经络、血管、淋巴、循环系统均有良好的作用。同时，太极拳也是一种肢体锻炼，太极拳练习中特有的圆弧动作，能使全身肌肉群都能活动，关节也能得到多方位的、幅度较大而柔和的运动，因而能提高肌肉和关节的质量。太极拳常采用腹式呼吸，并要求把呼吸逐渐调节到深、长、细、缓、匀，从而对该系统是一个良好的锻炼。实践和理论研究均已证明，太极拳锻炼对防治某些慢性病，如神经衰弱、高血压、心脏病、糖尿病等也有一定的作用。

学者们认为，掌握太极拳动作要领，对提高锻炼效果，保持锻炼热情是重要的。太极拳的主要动作要领包括：神为主帅，意随身动；动作放松，不用拙力；上下相随，周身协调；分清虚实，稳定重心；呼吸自然深长，气沉丹田。

太极剑与太极拳相类似，也是我国古代优秀的传统武术项目之一，具有与太极拳大体相同的健身医疗价值。其剑法特点是以静御动，后发先至，以柔克刚，避实击虚，整个动作套路演练起来轻柔和缓，舒展优美，攻防结合，很受群众欢迎。

（三）导引按摩

导引是我国古代形成的一种独具风格的健身方法，其主要特点是“导气令和，引体令柔”。通过导引锻炼，可使精气充盈，血脉流通，具有一定的健身作用。导引的运动形式多种多样，有的以调息引气为主，有的以运动肢体为主，有的则以按摩皮肤为主。

1. 以调息引气为主的导引术。它属于气功的范畴，其特点是以意领气，按照一定的路线运行。譬如源于宋代的意气功，就是用意领气，沿任督二脉沿小周天运动的一种健身锻炼方式。

2. 以运动肢体为土的导引术。这类导引术种类繁多，譬如华佗创编的“五禽戏”，以及在我国民间广为流传的“八段锦”“十二段锦”“易筋经”等，都是这类健身法。

3. 保健按摩。保健按摩在我国也有悠久的历史，是祖国医学创造的物理疗法之一。由于保健按摩既经济方便，又安全可靠，因此长期以来在我国民间广泛流传，运用领域也在不断扩大。

按摩是通过专门的手法直接触及人体的皮肤，达到特定的刺激效果。按摩可使皮肤毛细血管扩张，促进局部血液循环的改善与加强，从而能够使被按摩的局部获得更多的营养物质和新鲜氧气，并使代谢产物及时排出体外，因而对健身祛病有良好的功效。经常从事保健按摩的中老年人，常常皮肤红润而富有弹性，肌肉萎缩缓慢。按摩对机体内脏器官的血液循环也有一定的调节作用。临床资料显示，保健按摩能缓解高血压和精神紧张。

按摩需要采用特有的手法。在历代中医文献中，关于按摩手法的记载十分丰富。解放以后，许多按摩专家结合自己的实践，也创造了许多手法。目前，较为常用的按摩手法有：按法、摩法、推法、拿法、揉法、捻法、抹法、掐法、弹拨法、拳击法、扩胸牵引扳法、擦法、搓法 13 种，以适应不同的按摩需要。

三、体育养生的指导要点

(一)正确认识传统体育养生手段的价值和作用

传统的体育养生手段是我国劳动人民在长期的生活实践中发明创造和继承下来的,是人们为增进健康和延年益寿需要而采用的社会活动内容,对于增强整个中华民族的体质水平发挥着巨大的作用。直到今天,武术、太极拳、气功等传统体育养生手段仍是广大人民群众十分喜爱的运动,有着广泛的群众基础。1997年的社会体育情况调查表明,气功在我国群众健身运动中的普及率占第一位(46.7%),武术的普及率占第四位(29.1%)。应充分认识到这些体育手段在全民健身中的地位和作用,不断将其发扬光大。要明确传统体育养生手段的适应性强,对场地器材要求不高,对身体的影响全面而持久的特点,动员群众积极利用这类体育手段参加锻炼。同时,要用科学的态度和方法对某些传统体育养生手段进行整理和加工,摈弃与现代健身原理相背离的落后手段,使它带上鲜明的时代特色和科学的品格。做好传统体育养生手段的宣传和普及工作,创造适合传统体育养生可持续发展的社会生态环境,是社会体育工作者的重要职责。

(二)用系统的观点把握传统体育养生的内涵

中国传统养生学受中国古代哲学的影响,强调用系统的整体观点观察人与周围世界的关系,同时也把人本身视为一个具有多种复杂结构和功能的巨系统。为此,在指导人们的体育养生锻炼时,不仅应当注意这类方法的实际指导,而且要站在科学求实的立场上,将传统养生思想加以过滤并渗透于指导过程中,如正确理解和运用阴阳五行学说、天人相应学说、精气神学说的基本思想,正确说明形与神、劳与逸、身与心、练与养的辩证关系,从生活方式、作息制度、饮食起居等方面着手,对人的生命过程进行动态调控,才能真正把握传统体育养生的内涵。

(三)注意创造良好的体育养生环境条件

传统体育养生的一个特点是,活动要选择适宜的场地环境。一般来说,应选择在阳光充足、空气新鲜、地面平坦、环境幽静的空地上进行。每天黎明或傍晚练习，均可收到良好的锻炼效果。早晨空气清新，环境安静，锻炼时可使人体各器官的功能活跃起来，为一天的工作生活做好身心准备。傍晚练习则可消除疲劳，对睡眠有益。脑力劳动者可在工间休息时练习，无论是练习拳剑或体育气功，练习以前的身心准备和结束后的恢复都是十分必要的。此外，在气功锻炼中，还必须做到松静自然、意气合一、动静结合、循序渐进，才能取得锻炼的效果。

（四）将体育养生与体育健身有机地结合起来

在传统体育养生手段中，除了太极拳、导引等一些手段具有一定的身体负荷外，相当多的传统体育养生手段则不强调承受运动负荷，这些手段尽管对于调整大脑神经中枢和植物性神经有一定的作用，但其超量恢复的效果却有明显的不足，特别是它对有效提高人体的身体运动能力的作用并不明显。另一方面，身体运动能力和内脏器官的锻炼，却要求机体长时间承受持续性的负荷，舍此不能达到增强体质之效。因此，在重视传统体育养生手段的同时，也要适当运用现代体育健身的手段与方法，运用现代运动锻炼的规律和原理进行活动，并使二者有机地结合起来。

第四节　体育医疗康复

一、体育医疗康复的涵义与特点

（一）保健体育的防治疾病机制

人体的生命活动过程是机体与外界环境，以及机体各器官系统之间活动的对立统一。这就是“天人合一”“阴阳调和”。然而，在一定致病因素的作用下，人体与外环境的平衡遭到破坏，机体的抗损害（如防御屏障、应激反应及代偿适应能力等）与损害之间的对立统一就会失衡，从而导致“阴阳失调”“阴盛阳衰”或“阳盛阴衰”，机体就会发生结构、功能和代谢等方面的病理性变化，出现相应的症状和体征，造成健康水平下降和劳动能力的降低，这就是疾病。

疾病的发生、发展过程，是损害与抗损害这一对矛盾的斗争过程。患病过程中损害与抗损害的对比斗争,决定着疾病的发展方向。如果损害占优势,则病情继续恶化。反之,如果抗损害反应占优势,则疾病就向有利于机体恢复正常功能的方向变化,直至痊愈,身体恢复正常。

体育医疗康复是通过有目的的体育活动,增强机体对疾病的抵抗力和免疫力,加强对自然环境的适应力,改善和提高机体的代谢水平,促使身体疾病的恢复和病后的机体康复。体育医疗康复是现代人生命活动的重要内容之一,对于增进健康和延年益寿有着多方面的积极作用,主要表现在以下几个方面:

1. 可以提高人体的某些免疫能力,防止生物病源的侵害。运动时体温升高,机体内会产生一些特殊物质,它可以增强人体免疫功能,抵御传染病的侵袭。同时,体育运动时体内白血球数量增多,增强了抗御疾病的能力。

2. 可以提高人体对自然环境的适应能力,减少物理和化学因素的毒害。健身锻炼通常是在露天环境中进行,人体对各种自然和气候条件逐渐增强了适应能力。体育锻炼改变着细胞组织的体积和重量,使身体各部分的比例,使人体的坚实性、灵活性和工作能力发生变化,而且也深刻地改变着身体内的物理、化学过程,使人体逐步适应外界类似条件的变化。

3. 可以提高人体的新陈代谢水平,减少、推迟或避免各种代谢疾病和老年疾病的发生。譬如健身锻炼可以使人体中高密度脂蛋白胆固醇增高,甘油三酯降低,这些变化对防止肥胖症、高血压、冠心病有显著效果。健身锻炼对推迟老年人心血管和运动器官老化也有着十分明显的作用。

4. 可以改善遗传素质,防止和减少遗传疾病的发生。

5. 可以加速病愈后的恢复。比如各类患者均可以通过医疗体育的多种手段来恢复肢体功能,增强抵抗力,以补充医疗手段之不足。

由此可见,体育锻炼对预防、治疗疾病和病后康复有着重要的作用。正因为如此,在现代社会里体育医疗康复得到了迅速的发展。

(二)体育医疗康复的特点

体育医疗康复是随着康复医学的兴起而逐步兴起的。从体育增进健康、增强体质的角度来说,体育对所有疾病的医疗康复都有着非特异性的积极作用。然而,与康复医学最有关系的,则是提高患者肢体功能的运动器官的医疗康复、提高全身机能水平的医疗康复,以及心血管系统疾病的医疗康复。今天,我国医疗和体育工作者已经整理和创编了不少体育医疗康复手段,并注意引进国外康复体育的先进理论与方法，极大地丰富了体育医疗康复的理论与实践。

体育医疗康复有如下特点：

1. 体育医疗康复是主动体育。它是患者在医师指导下为达到恢复目标而主动参与治疗过程，通过主动运动达到自我康复。因此，个人对体育医疗康复的认识和在其中的努力程度，直接影响到疾病治疗和康复的效果。

2. 体育医疗康复是全身体育。它是通过身体运动而作用于全身，并通过神经和体液的调节机制来改善血液循环和营养吸收功能，达到提高身体抵抗力的目的。因此，体育医疗康复既可对疾病有较好的辅助治疗作用，又能促进一般健康水平的提高。

3. 体育医疗康复是自然体育。它一般不受地点、时间、设备等条件的限制，又更多的是在大自然中运动。这就使疾病的治疗和康复过程在较为轻松的环境中进行，克服了在疾病治疗过程中经常出现的压抑感。正确组织的体育医疗与康复，也不会产生副作用。

4. 体育医疗康复是监护体育。一般而言，体育医疗康复要在医务工作人员的严格监护下进行锻炼，并与治疗密切结合。康复体育活动中的不适，既可能是身体负荷所引起，也可能是身体疾病的症兆，必须加以严格监控，特别是在疾病较重的情况下更是如此。

现代医学证实，许多疾病都可以运用体育医疗康复手段，如：心血管系统疾病（高血压病、冠心病、心肌梗塞后恢复期、心脏手术后恢复期）；呼吸系统疾病（慢性支气管炎、肺气肿、支气管哮喘、肺结核、胸腔炎、矽肺与肺手术后恢复期）；消化系统疾病（慢性胃炎、消化性溃疡、胃下垂、胃功能紊乱、慢性胆囊炎、慢性肝炎、便秘）；神经系统疾病（偏瘫、脑震荡后遗症、面瘫）；运动系统疾病及创伤（骨折、四肢肌肉及韧带劳损与撕裂、腰部肌肉或关节劳损、腰椎间盘突出、脊柱畸形、颈椎病、肩周炎）；代谢性疾病（糖尿病、高脂血症）等。

但是，保健体育锻炼对疾病的抵抗作用是有条件的。有些疾病是不可能通过体育的手段治愈的，如遗传病。有些疾病在发作期间也是不宜从事健身锻炼的，如炎症、高烧等。还有一些患者，如患以下疾病则不宜进行体育医疗与康复锻炼：各种传染病；疾病的急性期；高热、全身症状严重；脏器功能失调代偿期；各种创伤、局部有出血倾向；创伤后血管及神经附近有金属等异物；心血管系统疾病急性发作、心功能不全或严重心律失常等。因此，应该正确认识和科学使用健身体育锻炼的手段来与疾病作斗争。

二、体育医疗康复的内容

(一)心血管疾病的体育医疗康复

在现代,心血管系统疾病是造成死亡的主要原因,约占全世界死亡人口总数的1/4,发达国家中接近1/2。随着我国人民生活水平的逐步提高,饮食结构、生活方式也发生了很大的变化,心血管系统疾病的死亡率逐步处于较高水平。

近200年来,对心血管系统疾病患者是采用静养好还是采用动养好,一直存在着争论。现代科学已经证实,体育医疗康复对于心血管疾病患者也是同样适用的。它有助于提高心脏工作的耐力,改善血管的外周阻力,对心血管疾病的医疗与康复有利。

冠心病是中老年人最常见的多发病,也是引起老年人死亡的首要病症。患者在恢复期的医疗康复锻炼,要在康复专业人员的监护下,按照运动处方的要求进行。锻炼的主要内容包括:步行、慢跑、太极拳(剑)、气功等。总的来说,冠心病患者参加体育运动要持慎重态度,运动负荷的安排要谨慎,同时特别要注意医务监督。

运动对治疗高血压病也有明显的疗效,国内外已有许多报道。世界高血压联盟(WHL)新近指出,在高血压的处置中应注重和提倡体育锻炼,反之,缺少体育活动则被认为是影响心血管功能的危险因素。高血压患者体育医疗康复总的原则是运动负荷宜小不宜大,以放松性质的练习为主。走、跑练习和气功、太极拳等传统医疗手段,以及医疗体操对降压均有一定的作用。但整个活动过程中,均要注意医护观察指导和自我监督。

(二)呼吸系统疾病的体育医疗康复

运动实践和科学研究证明,参加跑步、游泳、划船和球类等运动,最有利于促进呼吸功能的发展。跑步、球类等项运动能刺激呼吸器官加强活动,引起呼吸功能发生较大的变化,游泳、划船等项运动还有助于增强胸肌,促进胸廓的发展,有利于增强呼吸功能。有针对性的呼吸体操锻炼,对改善呼吸功能也有一定的作用。

慢性支气管炎是一种常见病,科学的体育健身锻炼,有利于患者的康复。患者可根据体力情况选择快走、上楼梯、慢跑、爬山、打太极拳、练气功、做广播操等锻炼方式。要多在新鲜空气中活动。此外，可安排呼吸体操、医疗体操等。如有可能，每天早晨用冷水洗鼻、洗脸。在病情稳定时期，要以体疗为主，辅以适当的药物治疗。当病情发作时，则应以药物治疗为主，配合适当的体育锻炼。

肺结核是一种呼吸道传染病，它是由于结核杆菌感染而引起的。目前对肺结核治疗采用综合疗法，即精神疗法、药物疗法、食物疗法和体育疗法相结合。体育疗法要区分不同的情况进行广播体操、呼吸体操、步行，以及气功、太极拳等。还可进行空气浴、水浴和日光浴。要密切注意症状变化，如出现持续性体温升高、疲劳感增强、体重减轻等不良反应，应降低运动负荷或停止运动，并查明原因，及时就诊。

（三）消化系统疾病的体育医疗康复

1. 慢性胃肠炎是中老年人常见的疾病之一。对胃肠炎除了注意药物治疗外，特别要注意饮食卫生，戒除烟酒，保持良好的情绪，再配合体育疗法，可收到较为显著的疗效。研究认为，慢性胃肠炎患者最适宜的体育活动为气功、按摩、太极拳（剑），某些医疗体操对治疗该病也有一定的作用。

2. 慢性肝炎也是普通人最容易感染的常见病、多发病。慢性肝炎的体育医疗康复主要为气功、太极拳，也可选择适当散步、打乒乓球、做广播体操等。在医生的指导下进行肝区和腹部的按摩，对缓解症状也有一定的作用。但肝炎患者不宜做强烈的腹部运动，也不宜做双杠、举重等需要闭气用力的项目。要采取小负荷的锻炼方法，每次运动的时间可掌握在半小时以内，在疲劳到来之前结束运动。

（四）神经系统疾病的体育医疗康复

1. 神经衰弱的医疗康复

神经衰弱是由大脑持久的情绪紧张和焦虑，或脑力活动持续过度紧张而引起的神经系统功能紊乱，特别是大脑皮质的内抑制过程减弱，会出现过度兴奋和迅速疲惫，植物性神经功能紊乱等所导致的一系列症状。神经衰弱者固然需要安静休息，但适当参加体育活动则更为有利。因为运动时来自肌肉和关节的神经感受器的冲动传到中枢神经系统，有助于调整神经系统的活动状态。常用的体育医疗康复方法有太极拳、散步、慢跑，以及某些传统体育手段等。

2. 失眠症的医疗康复

失眠症主要是由于大脑皮质的抑制功能减弱和兴奋过程增强所造成的。失眠是神经衰弱的常见症状，但失眠症状者不一定就是患神经衰弱。如果确实患了失眠症，要找出失眠的原因。除了药物治疗外，还可采用体育疗法。研究认为，睡觉前进行适宜的体育活动，如散步或打太极拳 10 ~ 15 分钟，然后用温水洗脸，情绪安定后可安然入睡。还可采取防治失眠“十二字诀”方法，即肢体运动、穴位按摩、呼吸入睡。

（五）运动系统疾病的体育康复锻炼

1. 关节炎的医疗康复

关节炎的发病原因，西医尚无定论。中医认为此病是风、寒、湿三种外邪合并侵袭身体所致。一般来说，关节炎患者症状轻或症状没有发作之前，可做太极拳锻炼，有助于增强体质，改善关节活动功能。有些患者练太极拳初期虽有疼痛反应，但经过锻炼逐步适应后，疼痛减轻，病情逐步好转，可继续进行。如果打太极拳后症状明显加剧，就应暂停。其他如散步、关节体操、温水浴等，对治疗关节炎有一定作用。

2. 颈椎病的医疗康复

颈椎病是颈部脊椎发生了退行性关节炎和椎间盘病变，由于经常落枕、外伤劳损或长期从事低头伏案工作缺少运动所致。采用体育医疗康复方法，能收到良好的效果。常用的方法有颈椎牵引、医疗体操和保健按摩等。经过锻炼，在症状基本消失后，仍应坚持锻炼，以巩固疗效。同时要避免长时间低头伏案工作等。

(六)代谢性疾病的体育医疗康复

1. 糖尿病的医疗康复

糖尿病的体育医疗康复历史久远。我国隋朝就有人对“消渴病”(即糖尿病)主张“先行一百二十步,多者千步,然后食之”。20世纪之初,曾有“三架马车”之说,即治疗糖尿病主要在于三个方面:饮食疗法、运动疗法和胰岛素(药物)疗法。适当的运动,可以使肌肉组织内的葡萄糖得到充分利用,使血液中葡萄糖迅速到达肌肉和其他组织中,从而使血糖降低,尿糖减少。控制运动的强度,是运动疗法能否奏效的关键。从能量代谢的角度分析,糖尿病患者的运动强度不宜过大也不宜过小。主要医疗康复方法有:散步、慢跑、太极拳、气功等,还可适当选用医疗体操。不要在空腹时锻炼,以免引起低血糖。体育锻炼要与饮食治疗、药物治疗相结合,并在医生的指导下进行。

2. 肿瘤的医疗康复

肿瘤是指机体细胞在某种因素影响下发生的病变,引起异常繁殖进而形成肿块,造成组织形态、功能、代谢变异。可分良性肿瘤和恶性肿瘤两种,对人的危害程度最大的是恶性肿瘤。随着现代医学的发展,对恶性肿瘤的预防和诊治措施也在不断地提高,手术、放疗、化疗、免疫治疗等手段都在不断地改进。我国在用中西医结合治疗癌症方面也取得了明显的进步。

体育健身锻炼是预防和治疗癌症的有效手段之一。德国艾恩斯特·范·阿肯博士长期从事运动与癌症关系的研究,他在1969年曾对近千名中老年男性进行了为期8年的追踪观察,结果发现,经常慢跑组只有0.66%的人患癌症,1人因脑瘤死亡,而不跑步组有6.4%患癌症,其中17人因癌症死亡。值得注意的是,中国气功在治疗癌症方面已经显现出独特的优势。

癌症的体育医疗康复主要方法是气功和按摩等。此外,太极拳、健身跑、跳舞、做广播操等日常锻炼活动,对于防治癌症也有很好的作用。

三、体育医疗与康复的指导要点

(一)要确切了解医疗康复锻炼者的病情和身体状况

在实施康复锻炼之前，要确切了解患者的病情和身体状况，这是实施康复体育指导的先决条件。要通过医学检查、病历分析和实际观察，了解患者的病情、症状和程度，确定其是否适合进行康复体育锻炼，除了前文所讲的康复禁忌症外，一般病情较重者，或病情反复发作者，均不太适合进行康复体育锻炼。

(二)要为医疗康复锻炼者制定出科学合理的运动处方

运动处方是医师或康复体育指导者在对患者身体检查的基础上，根据患者的需求，运用科学健身与康复原理，以处方形式向其提供的量化的健身运动方案。运动处方可适用于健康者和患者，对康复患者尤其必要。运动处方的实施程序包括：了解锻炼者的基础情况、健康与病情诊断、运动负荷试验、体力测定、制定运动处方和实施锻炼方案六大基本环节。运动处方中为患者确定的锻炼方案，包括五个基本要素，即运动项目、运动强度、运动时间、运动频度和运动注意事项。应根据制定运动处方的基本原则和方法，为每个康复锻炼者制定出科学合理的运动处方方案。按照处方方案进行一段时间(通常为 2 ~ 3 个月)后，还要再进行身体健康检查、医学检查和运动负荷试验，以确定出新的运动处方量，藉此循环往复进行。

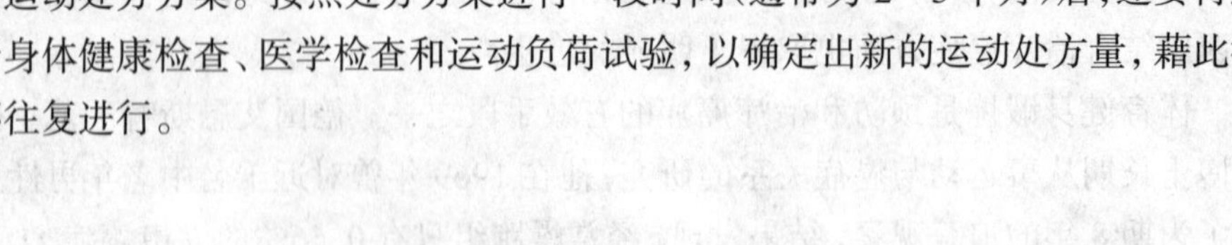

图 8－1　运动处方制定与实施流程图

（三）加强康复体育过程的医务监督

医务监督是运用运动保健方法和手段，对体育康复锻炼者进行帮助和监控。由于病患者体质偏弱，加上某些疾病的影响，对体育活动的承受能力减弱，因此，除了对康复体育锻炼者的运动负荷量的安排要较为慎重外，运动过程中的医务监督也是必不可少的。医务监督主要包括运动锻炼的保障措施、生理和医学原则的运用，以及运动卫生和自我监督等。

对于康复锻炼者来说，首先要加强运动过程中的医务监督。一般说来，运动总伴随着某些不适症状，如呼吸困难、腹痛、下肢疼痛，以及胸闷与胸疼。有些不适症状随着运动的进行和机体适应能力的提高而逐渐消失，有的则可能是对运动负荷不适应，需要停止练习进行临床检查，然后根据结果进行必要的处置。此外，日常生活中自我监督也是必要的，如运动后的主观感觉、病情诊断结果、身体客观评定和标准项目测定等，都是自我监督的有效手段。

（四）要把康复与治疗有机地结合起来

康复体育锻炼对于病患者来说，只是治疗疾病的辅助手段，不能用以取代患者必要的医疗就诊。只有把疾病的治疗和积极康复锻炼结合起来，才能收到良好的治疗康复效果。

思考题

1. 保健体育可以分成哪几种类型？各有什么特点？
2. 现代保健体育的发展趋势如何？
3. 体育健身运动的内容有哪些？如何加强对体育健身运动的科学指导？
4. 体育养生的特点和作用有哪些？
5. 体育医疗康复锻炼者应注意哪些事项？

参考文献

1　朱琼、高铭鼎主编．国家体委群众体育司组织编审．社会体育指导员培训教材(试用). 第1版. 天津人民出版社,1995.
2 唐宏贵等主编. 体育健身原理与方法. 第1版. 湖北人民出版社,1999.
3 刘纪清等编著. 实用运动处方. 第1版. 黑龙江科学技术出版社,1993.
4 体育学院通用教材 运动生理学. 第1版. 人民体育出版社,1994.
5 黄渭铭等. 东方养生法. 第1版. 中国国际广播出版社,1990.
6 全国体育院校教材委员会审定. 体育学院通用教材 群众体育学. 第1版. 人民体育出版社,1990.

第九章

健美体育

本章重点

健美体育通过各种体育手段，在增进健康的基础上完善人的体型和体态，满足人们的审美需求。健美体育主要有健美运动、形体锻炼、减肥运动三种形式，并通过施加负荷和营养调节来塑造健美体魄。随着现代审美意识的变化，健美体育将成为社会体育的重要组成部分，并得到迅猛的发展。

第一节　健美体育概述

一、健美体育的涵义

健美体育是利用各种体育手段，在增进健康、增强体质的基础上，对人的体型和身体姿态进行塑造，以达到现代人体美学要求的体育运动。

健美体育有两个基本前提，即人的爱美之心和体育对人体健美的塑造功能。从人类社会的历史发展来看，当人的社会性特征出现以后，就产生了审美要求。随着社会的进步，人类有了日益强烈的审美情趣和审美意识，不断发展的自身审美能力，终于形成了人类社会所特有的审美观。人类的审美对象是多种多样的，比如，自然山川、文学艺术、衣食生活、娱乐消遣等，是人类的审美客体。然而，人类对自身的审美，即欣赏人体自身的美，则是所有审美对象中最直观、最具体的一类。早在古希腊时代，人们就对人体的美有着较深刻的认识，并把人体的美与身体的正常健康有机地统一起来，留下了不朽的人体健美佳作。它对后世的健美体育运动有着深刻的影响。古希腊大力神赫库勒斯（Hercules）的雕塑，曾被认为是男性体型健美的楷模。

另一方面，体育对人体健美的塑造功能也是众所周知的。今天，任何一本教科书在论及体育的功能时，都会把体育的健美功能放在十分突出的位置上。首先，健康是塑造健美体型的基础条件。我们知道，健康是事物的常态，而只有常态的事物才是顺应自然、充满生机的，人们对此也会表现出本能的“亲和力”。所谓人的健康，应当包括人体有端正的五官、匀称的体型、良好发育的身体各系统、健壮的肌肉、光泽的皮肤和正常的毛发等，这些均与体育有着密不可分的联系。同时，体型尽管受到先天遗传因素的影响，且随年龄的差异、性别的不同而各异，但先天的人体构架通过后天有针对性的体育锻炼，却能够改变其成为符合现代人审美要求的体型，这也是不容争辩的事实。值得注意的是，不能只从生物学的角度来观察人体的健美，事实上，高雅的气质和翩翩的风度是人体健美的实质和核心。气质是人的个性特征，风度则是人的言谈、举止和态度的综合表现。今天，人们已经充分认识到，通过健美体育的锻炼，可以培养高雅的气质和良好的风度。人们进行的各种健美体育活动，早已渗透着对人的个性特征的塑造，从而使人成为具体而生动的审美对象。

人体美大致包含着人的体型美、姿态美、动作美和风度美四种。人体的美是自然美和社会美高度结合的表现，是所有审美对象中最动人、最直观和最深刻的美。尽管美学家对美的猎取对象有所不同，对美的评价标准也有差异，但对人体美的肯定和赞誉却是毫无歧义的。在此基础上，导致了体育运动的一个重要分支——健美体育的出现，它受到不同年龄性别的锻炼者，特别是广大青少年的普遍重视。无论在国内还是国外，健美体育都是十分流行的。

二、健美体育的分类

健美体育作为整个体育运动的一个分支，可对其进行分类。如按年龄的不同，可将其分为中老年健美体育、青少年健美体育和少儿健美体育等；按性别分成男子健美体育、女子健美体育；有人曾将体型美分成肌肉发达型、体能型、适应型和姿态型四种，由此产生与此相适应的四种健美体育类型（表 9－1）。

表 9－1　体型美的分类

类型	表现特点
肌肉发达型	追求肌肉协调、匀称，进行人体造型，适应健美比赛或表演的需要
体能型	把增加肌肉体积与发展力量结合起来，塑造运动员体型
适应型	根据自己的身体条件塑造理想的体型
姿态型	塑造体型美与形体美相结合的体型

（引自王则珊，身体锻炼原理与方法）

本书按照健美体育的性质和对人体的作用，将其分成健美运动、形体锻炼和减肥运动三大类。

（一）健美运动

健美运动在国际上也叫健身运动（Body Building），它是通过各种方式和方法，利用自身体重或外加抗阻的负重练习，以达到锻炼身体、发达肌肉、健美体格、增强力量为目的的运动项目。健美运动早已成为正式的比赛项目，国际健美协会经常组织各种健美比赛。社会体育中的健美体育主要是为了增强人的体质状况，塑造优美的体型以适应社会活动的需要而进行的，它与为参加健美比赛而进行的训练,在目的和方法上是有所不同的。

(二)形体锻炼

形体锻炼又称形体健美,是指运用各种体育手段,以培养强壮体魄,健美体型、良好姿态、气质和风度为目的的体育活动。对于人体形态美的理解,由于人所处的社会环境、社会价值观念不同而各异,其判断标准也不尽相同,从而形成了一些有代表性的学说。但是,追求身体匀称、矫健,却是人类共同的良好愿望。同时也必须注意到,随着世界一体化趋势的发展,人们对形态美的判断和评价标准,也出现彼此认可和逐步趋同的趋势。

(三)减肥锻炼

减肥锻炼是指体重超过正常标准者,为达到改善健康状况,预防和治疗肥胖症,重塑正常体型而进行的体育活动。近几十年来,由于社会生产方式和人们的生活方式的现代化,肥胖者在社会人群中的比例日益增多,肥胖的程度也有所加剧。因肥胖不利于人体健康,从而导致现代减肥运动的兴起。从严格的意义上说,减肥锻炼不仅属于体育学和医学研究的范畴,而且也属于社会学和美学的研究范围。

三、健美体育的趋势

(一)健美体育渐成时尚

美作为一种观念形态的文化,属于社会的上层建筑,它归根结底是经济基础所决定的。同时,美也具有历史性和时代性特征,在不同的时代、不同的国家和民族、不同经济水平和生活条件下,人们的审美观念是不相同的。我国长期的封建社会里,国力虚弱,人民生活水平低下,当时的妇女就曾以裹足和病弱为美,而盛唐时期由于生产力的发展,统治阶级为显示富足,妇女则以体胖为美。今天,为适应快捷的社会节奏和频繁的社会活动,这就要求人们体魄健壮、身姿优美、精力充沛,从而激发起极大的以健求美的需求。另一方面由于现代科学的发展,使得人们对体育的健美功能有了更为深刻的认识。在这种情况下,健美体育正在成为人们热衷于参与的社会时尚,成为人们优化生活方式的重要内容。中国二十多年来改革开放所带来的经济发展和人民生活水平的提高，孕育了中国健美体育的兴起和初期发展。可以预言,随着我国经济和综合国力水平的进一步提高,社会体育中,健美体育将会与健身体育并驾齐驱,成为中国体育事业的主流之一。人们对自身健美和健美体育的关注,会成为适应社会和大众生活的基本内容。

(二)健美体育已由以青少年为主体扩大到各个群体

长期以来,对健美体育的追求大多局限于青少年群体。近年来,随着社会生产和生活方式的改变,这种局面正在发生很大的变化,参与群体有了扩大化的趋势。广大中老年人正在投身于健美体育中去,不同阶层的妇女在逐步从家庭走向社会以后,也在逐步加入健美体育的行列,成为坚定的健美体育群体。无论是体力劳动者还是脑力劳动者,都逐步以健美身材和参与健美体育为荣。这种趋势带有不可逆转的性质。与此同时，参加健美体育的人数也呈现一个不断增加的趋势。

(三)健美体育产业的发展将成为拉动内需的重要力量

近十多年来,随着社会主义市场经济体制逐步确立,健美体育也率先进入市场。各种健美俱乐部、健美班和培训中心如雨后春笋在中国大地竞相开设。目前,各种街舞和舍宾俱乐部也开始在我国城乡流行，倡导和实践着符合时代需要的人体健美理念。这类带有健美体育和休闲性质的形式正在起到重要的宣传和导向作用,启动了人们“花钱买健美”的需求,促进了健美体育产业的发展。在国外,经济发达国家的居民用于文化娱乐体育等方面的消费，一般要占到家庭总支出的 30% ~40% ,而健美体育开支也占有相当的比重。相比较而言,我国的健美体育产业的总体水平仍不高,仍有巨大的发展潜力和空间。随着我国经济的进一步发展，加上健美市场环境的进一步改善，我国的健美体育产业将产生新的飞跃，成为拉动我国经济发展的一支重要力量。

(四)运动减肥逐渐成为社会关注的热点

基于我国广大城乡居民生产方式和生活方式的变化,以及营养状况的改善,我国已具备了人体肥胖的生成和扩展条件，肥胖症成为日益威胁广大城乡居民健康的现代疾病。过去,人们对肥胖缺乏科学的认识,忽视了减肥锻炼的必要性和重要性。在社会科学文化高度发展的今天,人们正在学会用医学和美学的角度来审视肥胖问题,从而使减肥成为社会关注的热点之一。尽管现代科学已经研究出多种多样的减肥药物、减肥食品和减肥医疗手段,但体育运动对于减肥的作用却是任何药物所不能代替的,这一观念也正在得到广大居民的认同。由此可见，社会群体参加运动减肥的人数也会愈来愈多，各种运动减肥中心和相应的运动减肥产业也会有一定的发展。

第二节 健美运动

一、健美运动的作用

(一)健美运动概述

人类的审美观念是随着人的自我意识的发展而不断发展和完善起来的。古代许多国家都是尚武的。为了战胜敌人,则需要强壮和富于耐久性的战士,因而身材结实、身手矫健的人物就成了古代人们崇拜和审美的对象。古希腊人曾说:“健美的人体,……是呼吸宽畅的胸部、灵活而健壮的脖子、虎背熊腰式的躯干和块块隆起的肌肉。”[①]

现代健美运动的兴起可追溯到19世纪后期，随着举重比赛的出现，单一的举重运动开始一分为二,逐步形成竞技举重和健美运动。当时在健美表演方面最有影响的是德国的大力士先道。20世纪爱好健美运动的人越来越多。1946年国际健美协会成立，并于1969年加入世界体操联合会，目前该协会仍是国际上规模最大的单项体育协会。

中华民族是爱好健美的民族，我国民族形式的健身健美运动已有几千年的历史。现代健美运动于20世纪30年代传入我国。到了80年代,随着人们物质生活水平和文化生活的丰富多彩，我国的健美运动开始在北京、上海、广州等大城

①曹锡璜等主编:高等学校普通体育课教材《健美运动》第1版,6页,高等教育出版社,1991。

市迅速发展起来。许多体育场馆开设了健美训练班，群众性的健美运动蓬勃兴起，各行各业的男女老少积极参加健美锻炼，成为社会体育活动的重要方面军。在此基础上，我国的各类健美比赛也十分活跃。

(二)健美运动的主要作用

健美运动在创立之初，体育界的大多数人曾认为这一运动会引起心脏病、肌肉僵硬，有碍速度、弹跳力和灵敏度的提高，对增进健康和增强体质不利。国际健美协会创始人本·韦特兄弟经苦心研究几十年，终于以大量的科研数据和实践，说明了健美运动对于人体的重要作用，推动了健美运动在世界各地的蓬勃开展。

研究认为，健美运动在个体和社会体育中的作用主要表现为：

1. 能有效地发达人体肌肉

人体各器官系统也是按照生物界“用进废退”的自然规律变化的。健美运动中的许多动作，特别是那些用哑铃、杠铃等器械进行的练习，都是直接针对肌肉进行的锻炼。长期科学的健美锻炼，能使运动器官，特别是肌肉产生适应性变化，肌肉明显发达，显著增大。同时可以促进骨骼的新陈代谢，促使骨骼的机械性能提高，对关节韧带的生长发育也有良好的促进作用。

2. 能改善和提高内脏器官的机能水平

健美运动可增大心脏的容积，增强血管的弹性，增强心脏的收缩力和血管的舒张能力，从而使心脏的每搏输出量增加。这样，在安静时会产生“心搏徐缓”现象，而承担大强度负荷的能力却大大提高。

健美运动锻炼需要供给更多的氧，排出更多的二氧化碳，这就要求呼吸肌更加有力地收缩。经常进行健美运动，可提高呼吸系统的机能水平。健美运动对提高消化系统的机能也有良好的作用。

3. 能提高中枢神经系统的机能

健美运动与其他活动一样，都是在中枢神经系统的支配调节下进行的，这就能有效地改善和提高神经系统的功能，提高大脑神经过程的强度、均衡性和灵活性，以及身体对内外环境的适应能力。

4. 能改善体型与体态

健美运动的各个动作均有很强的针对性，能对身体相应部位的生长发育产生特异性影响。科学的健美锻炼，能有目的地改变体型、体态的现状，使男子的体格魁梧、肌肉发达、英姿勃勃、风度翩翩，使女子体态丰满，线条优美、亭亭玉立。

5. 能调节人的心理状态，陶冶美的情操

现代社会节奏的加快，往往使人产生压抑感及其他不良情绪。紧张的脑力或体力劳动之后，机体也会产生疲劳累积。经常进行健美锻炼，有助于消除不良心理，提高人的自信心、自豪感和成功的乐趣。特别是在优美轻快的音乐伴奏下进行协调运动，更有着积极的心理影响，陶冶人们的道德情操，使人产生积极向上、追求美好未来的健康情绪。

6. 能有效地发展体育产业，丰富社会的文化生活

随着社会体育的发展和人们体育价值观念的更新，各种类型的健身健美俱乐部和培训中心正在我国广大城乡普遍兴起，健美运动产业作为我国体育产业的一部分也呈上升趋势。同时，参加健美运动训练和比赛表演，能够有效地丰富人民的文化生活，为广大人民群众提供健身向上的体育精神产品。

二、健美运动的内容

（一）健美运动的手段

要使人体肌肉发达粗壮，直接目标是增大肌肉体积，使其轮廓分明，线条清晰。健美锻炼反复刺激肌肉组织，使其得到充分的血液供应，从而获得更多的氧气和营养物质。由于新陈代谢和超量恢复的结果，从而导致肌纤维增粗、肌肉体积增大，富于弹性。这种肌肉的结构特点，也会导致肌肉力量的增强。

增大肌肉体积与发展力量素质在锻炼方向上基本一致。这是因为力量素质的发展是以相应的肌肉体积增长为基础的。然而，体型健美不仅仅要求发展力量素质，还要依据匀称、协调和美学要求使各部位肌肉达到特定的比例，从而塑造出美的体型。

可从以下几方面选择肌肉锻炼的方法：

1. 运用单杠、双杠、吊环等器械,发展躯干和上肢肌肉

如双杠中的支撑双臂屈伸、双臂支撑摆动屈伸,单杠的引体向上、摆动屈伸上等。

2. 运用哑铃、拉力器、杠铃、综合练习器等器材,促使身体各部位肌肉协调发展

根据发展部位的需要,可创编各种动作进行习练,并注意负荷重量及练习次数的配合。

3. 运用克服自身体重的徒手练习

如跳跃、蹲起、俯卧撑、仰卧起坐等,这种练习不受器材及场地限制,简便易行,但肌肉发达的效果一般不如器械练习明显而迅速。

身体的大肌肉群,主要包括肩部肌群、臂部肌群、胸部肌群、背部肌群、腹部肌群和腿部肌群的体积和线条,构成人的整体外观,这是体型锻炼中必须重点发展的部位。健美运动的目的,就是充分运用上述运动手段和方法,对这些身体部位的肌肉群施加抗阻,促进其血液循环和物质代谢,产生生物适应性效应,从而获得健美的体型。许多健美运动专著都对发展这些部位的典型动作进行了详细的介绍。

(二)健美运动的负荷特征

增加肌肉体积采用最多的是动力性力量练习。因运动时肌肉的血液循环和物质代谢得到改善,容易取得发达肌肉的效果。也可以采用静力紧张练习,它是在肌肉收缩时其长度不发生变化,并维持某一特定姿势的肌肉力量练习。可用不同重量或自身负荷维持一种姿势,使肌肉紧张用力 6 ~ 8 秒钟,然后放松再做,如此反复进行。

用动力性力量练习发达肌肉时,采用的负荷不同,增加肌肉体积与肌力的效果也不同。一般来说,增加肌肉体积必须增加负重练习的总量,它是由每次负重量与负重次数(组数)的乘积而得出的。每次负重量大小与负重次数之间呈反比关系。当每次负重量增大时,则重复次数不可能多,多次完成的动作,其负重量必小。以增加肌肉体积为主要目标并在此基础上增加肌力的负重量安排,要同时考

虑这两个因素。一般来说,采用本人最大力量的90%以上的负重量,有助于发展肌肉力量,但由于重复次数和组数较少,对增加肌肉体积作用不明显。采用小负荷(最大负荷的40%以下),尽管能改善肌肉的血液循环,增加骨骼肌中毛细血管的数量,对增加肌肉体积有所帮助,但需要重复很多的次数才能达到此种效果。从增加肌肉力量的角度来看,它有助于保持已经获得的肌肉力量,提高肌肉耐力,但对发展绝对力量作用不大。因此,用于增加肌肉体积的最为有效的负重量,应该是中等和中等偏大的负重量(60%~85%),并力争重复更多的次数,从而使负重总量提得较高。这种负荷一方面能改善肌肉组织的物质供给和新陈代谢,使肌肉体积增大;另一方面,又能够改善神经系统对肌肉收缩的协调作用,改善肌肉间协调和肌肉内协调,使肌肉力量得以增加。这种负荷特别适合于健美爱好者和力量型运动员。

(三)健美运动比赛

健美运动比赛是展示运动员形体健美和气质风度的舞台。比赛中,男女健美运动员在悠扬动听的轻音乐伴奏下,以各种优美的姿势、动作和造型,表现出身体的协调美,肌肉的健和力,以及简单而优雅的舞姿,给人以神奇而新鲜的感觉。观看健美运动比赛,是一种欣赏自然美和艺术美结合的享受,对活跃社会生活具有积极的意义。

国际健美比赛规则规定,运动员必须通过下列三类姿势和动作来表现体格的健美水平:1. 从“自然站立向右转体4次”或“前后转体2次”来表现出其天生骨架比例完美程度,以及在没有把肌肉绷起的自然站立时的全身健美状态。2. 要从几个规定动作中来表现其身体各部分肌肉的发达水平和从全身来看的发展匀称程度。3. 从一套配合自选乐曲的自选动作来表现其在规定动作中未能充分显示出的各自体格特色和优势,及其所选体姿造型动作的表现力、艺术性和流畅性。这三类姿势和动作各有其表现和观察的重点。

男子健美运动员在比赛中完成的规定动作有七个,即前展双二头肌、前展背阔肌、侧展胸部、后展双二头肌、后展背阔肌、侧展三头肌和前展腹腿部。女子个人比赛的规定动作与男女混双比赛的五个规定动作相同,即前展双二头肌、侧展胸部、后展双二头肌、侧展三头肌和前展腹腿部。规则对自选动作的形态、数量、次序无任何限制,这就要求在规定的时间里(男子一分钟、女子一分半钟、混双两分钟),尽可能展示出高度发达的健美体格、硕大的肌肉块、清晰的肌肉线条、发达匀称的肌肉群、端正而比例协调的人体外观。健美混双比赛中配对的男女两人，不仅各自要有完善的体格和良好的体姿造型能力，两人的体型和肌肉发达水平还应和谐相配，所表演的动作在姿势、节奏、幅度、方位、气势、神韵等均应和谐相配。同时要以此起彼伏、你进我退、左右对称、前后相应、刚柔相济等变化来达到动态的和谐。

三、健美运动的指导要点

（一）根据不同目的和身体条件制定健美运动方案

一个完整的健美运动方案由练习内容、练习负重量、练习次数、练习组数、休息时间和休息方式六个基本要素组成。不同的健身健美目的对此要求是有所不同的。出于健美比赛的需要，练习者的运动负荷量和强度都是很大的，少数练习者甚至可达到极限的水平。然而对于普通的健美锻炼者来说，则只需采用适宜的或中等的运动负荷就可达到预期的效果。应在健美指导员的指导下制定出适合锻炼者需要的运动方案，还可按照健美运动处方进行，更能体现出因人而异的特点。同时，也应考虑锻炼者自身的条件，不要一味追求肌肉的发达而盲目地进行大运动负荷锻炼。

（二）内外兼顾，提高锻炼者的健康水平

发展肌肉体积与提高内脏器官机能之间既有一致的一面，也有矛盾的一面。一些青少年健美爱好者一味强调肌肉发达，而对内脏器官机能的锻炼和一般耐力的发展却较为轻视，这就有失偏颇。应当注意，对一般锻炼者而言，评价身体是否达到健美，其标准不能只考虑身体的外部形态，也要把身体内脏器官状况和一般耐力的发展水平放在重要的位置。所以许多专家制定的健美评判标准毫无例外地包括了脉搏、血压、肺活量等基础指标的测评，从而保证了一般健康水平的提高。

（三）健美运动应保证体型和姿态协调全面发展

健美运动锻炼时应当注意：第一，要使身体各部位肌肉协调发展，如上肢与

下肢肌的协调、左侧肌与右侧肌的协调、四肢与躯干肌的协调等。第二,要把发展力量素质与发展柔韧素质和放松练习结合起来,避免肌肉过于僵硬。第三,要把发展大肌肉群与小肌肉群结合起来,使肌肉既有力又灵活。第四,肌肉体积和力量增长得快,但消退也快,只有经常反复练习,才能长久地保持健美的效果,并逐渐形成相应的形态学特征。

(四)合理饮食保证营养

顽强的毅力、科学的训练、合理的饮食,是健美运动员成才的三大条件。健美练习需要合理补充营养,每日食谱配给,应当是适度的蛋白质,加上较低含量的脂肪食品,以及高含量的碳水化合物。美国学者建议,常人均衡食谱中三种主要成分的比例为:蛋白质12%、碳水化合物58%、脂肪30%,而健美运动员的比例配给为蛋白质20%、碳水化合物55%、脂肪25%。维生素与矿物质也是健美锻炼者不可缺少的物质。某些激素前导物,如麦芽油、大海藻片、酵母片、脱水肝片也有一定的作用。同时,游离氨基酸、蛋白粉、盐酸和消化酶,也是健美运动者极好的辅助营养剂。此外,要根据个人需要和训练,制定出适应个人特点的进食制度,养成良好的饮食习惯。

第三节　形体锻炼

一、形体锻炼的作用

(一)形体锻炼概述

所谓形体锻炼,是人们为达到形体健美的目的,运用徒手或器械等专门手段和锻炼方法,塑造优美身体形态,培养风度的一种锻炼形式。从性质上说,形体锻炼既不同于一般的舞蹈,又不同于体操,也不同于单纯的健美运动,而是兼有体操、舞蹈、健美特质的综合性运动锻炼。

人类对自身形体美的追求源于人的社会意识中的审美观念。考古学早已证实,人类早期就已经初步懂得什么是美和如何塑造美。随着社会的进步和人们欣赏水平的提高,人们逐渐把审美的眼光转向自身。古希腊的人体雕塑艺术是人类对人体美的展现。我国古代敦煌绘画中,就描绘了当时女子的理想形态。社会的进步使人们之间的交往频率进一步扩大，人们对于形体健美的要求也更为迫切。在一个政治稳定、经济繁荣的社会里,人在与自然的相互协调中获得了积极的审美享受,也就乐于把相互之间的人体形态作为审美的对象。目前,以大众健美操和健身健美运动为代表的形体锻炼活动在中国大地蓬勃兴起，它既是个体健康进取的表现,也是社会兴旺发达,国家经济发展,人民生活提高的标志。人民大众对形体健美的追求,反映整个社会精神文明建设和文明程度的提升。

(二)形体锻炼的主要作用

1. 增进健康,增强体质

形体锻炼作为体育运动的一个分支,具有体育运动的最普遍的作用,即提高有机体的新陈代谢水平,改善身体各器官系统的机能,提高机体对外界环境的适应力,以及对疾病的抵抗力和免疫力。尤其重要的是,由于形体锻炼特别强调肢体的伸展与运动,可以使肌肉力量增强,肌肉体积增大,弹性提高,并使骨骼、关节、韧带得到良好的刺激,使软骨组织、肌腱组织、韧带组织更富有弹性,有助于人的生长发育,骨骼更加致密结实。

2. 塑造体型,培养体态

人的体型是肌肉、关节、骨骼为基架所构成的人体外观形态。研究认为,形体锻炼能使肌肉体积增大、脂肪减少、肌肉内结缔组织增多,从而使肌肉线条更加明显。由于骨组织的新陈代谢加强,可使骨密质增厚,骨径变粗,使骨在形态上更加趋于理想化。因此,长期进行形体锻炼,能塑造人的健美体型和体态。

3. 培养气质,改善风度

尽管人的气质受遗传因素的影响较大，但后天环境和锻炼因素对其影响也是十分明显的。人们在进行形体锻炼的过程中,常伴有优雅美妙的音乐和明快的节律,从而使形体锻炼的动作富于韵律和美感。因而,长期进行形体锻炼的人,也具有优雅的气质和风度。

4. 陶冶心灵，提高自信

社会体育中的形体锻炼，其对象是广大的居民群众，而且是在集体活动中进行的，能有效地培养人们的参与意识，激发出人的表现和竞争欲望，并在活动过程中逐渐体验人生的真谛，这对陶冶人的心灵具有一定的作用。同时，形体作为人的外部标志，对其心理状态也具有一定的影响。长期形体锻炼所塑造的优雅的体型体貌，也能够提高人的自信心、自尊心，激发起人的社会责任感，从而积极地投入社会生活。

二、形体锻炼的内容

根据常薏等人的研究和实践，形体锻炼的内容可分为四大类，即基本体操、基本功训练、基本形态控制练习和舞蹈。

(一)基本体操

形体锻炼的基本体操主要指徒手操，它是根据健身和形体锻炼的需要，考虑到锻炼者的个人特点而创编的。基本体操的内容丰富，动作简便易行，特别是手臂的基本位置，对形体的塑造具有重要的作用。徒手操的动作来源，既可采用通用的固定程式，或以广播操作为基础样式，也可根据需要，自选创编徒手操。在编选徒手操时，要有利于身体形态的培养和身体的全面锻炼，同时要注意锻炼者的年龄性别和身体状况，在动作顺序和运动负荷的安排上也要恰当。

在基本体操领域，大众健美操异军突起，成为人们日常形体健美的“主角”。大众健美操融体操、舞蹈为一体，在音乐的伴奏下，运用不同类型的体操化动作，全面塑造人的形体。健美操具有三大特点：

1. 将健身与健美融为一体

健身操又称为有氧体操，运动时心率一般维持在最高心率的60%~80%，故能有效地增强体质，改善内脏器官的功能。同时，健美操对于形成正确的身体姿势，纠正不良姿态等都能起到较好的作用。

2. 具有鲜明的节奏感和韵律感

与艺术体操相比，健美操更强调动作的力度，它的音乐节奏更加鲜明强劲，风格更加热烈奔放，在动作上力求体现出刚、柔、绵、脆等特点，从而提高人的协调性、节奏感、韵律感和表现力。

3. 动作具有多变性和针对性

健美操内容丰富，种类繁多，既有可借鉴的现成套路，又可结合具体情况创编。目前国内外流行的健美操，有的按不同年龄特点编制，有的以培养身体姿态和塑造体型为主，有的用于锻炼身体不同部位，有的则适合不同群体进行锻炼。

选用健美操时，要根据个人特点和实际活动的需要，在动作编排上要由易到难，在量的安排上也要力求合理，注意编配轻快活泼的音乐，才能收到预期的效果。

(二)基本功训练

形体锻炼中在教师的指导下，可通过有针对性的基本功训练，增加腿部支撑人体站立和立腰、立背的力量，以及身体各部分的柔韧性，提高对身体形态的控制能力。基本功练习内容选择范围广，较为典型的有脚部力量和柔韧性练习、髋部柔韧性练习、腰背部力量和柔韧性练习、腹部力量练习，以及手臂、肩、胸部力量和柔韧性练习等。

每次形体锻炼都应安排一定的基本功训练。练习时要由易到难、由简单到复杂、由单个动作到组合动作，不断提高基本功练习的效果。在做双人配合练习时，要用力适度，防止出现伤害事故。

(三)基本形态控制练习

身体基本形态控制练习是通过对身体各部位形态的基本训练，进一步改善身体形态的原始状态，提高形体动作的灵活性，增强站姿、坐姿、走姿动作的规范性和美感。

基本形态控制练习主要包括六大类。第一类，站立姿态的基本训练；第二类，呼吸方法与站立形态练习；第三类，基本脚位、手位和头部位置练习；第四类，行走基本姿态训练；第五类，扶把基本形态训练；第六类，徒手姿态训练。

（四）舞蹈

舞蹈是通过身体的动作来表现一定的内容情节。形体锻炼中的舞蹈是以基础动作和基本舞步为主要内容，融合国内外某些舞蹈的基本要素，以改善自身柔韧性、灵活性、稳定性和力量等形体素质，提高节奏感和音乐、形体的表现力，陶冶情操，促进优美形态的形成。舞蹈练习的内容主要包括基本舞蹈练习、舞蹈专门练习和舞蹈组合练习等。

目前，各种健身舞蹈，如迪斯科、秧歌舞和街舞，是我国城乡广大群众所喜爱的活动。这类舞蹈，除具有较好的形体锻炼价值外，也具有很强的健身价值和文化娱乐价值。经常参加健美舞蹈的锻炼，能够塑造人体健美体态，陶冶情操，培养质朴健康、热情活跃、积极向上的感情。

三、形体锻炼的指导要点

（一）确立形体锻炼以健康为本的观念

一些形体健美锻炼者十分重视身体外部形态的塑造，而对与人体健康有直接关系的内脏器官的机能锻炼却重视不够。形体锻炼应以健康身体为本，只有健康的机体才能谈得上美的存在。同时，形体的美也要以内在气质和精神为依托，一个无精打采的人是不能称为形体美的，这就要求树立整体的观点，强调内外统一，身心俱练才有效果。此外，着装穿戴对于塑造形体的美感有着一定的作用，但应以不妨碍肢体行动，不影响身体健康为原则，饰缀化装更应以身体和卫生健康为前提。

（二）正确理解形体健美的基本含义

人的形体美的观念是经过几千年的演进逐渐形成的。有人将其基本特点归结为：第一，均衡，即身体各部分要达到恰当的比例关系，而这种比例关系应符合同族同类同龄人的基本特征。第二，对称，即左右对称，从正面看和后面看达到左右两侧的平衡发展。第三，对比，即达到性别对比效果，肢体各部位围径的对比效果，以及身体各部分色泽的对比效果。第四，曲线，即做到轮廓流畅、鲜明、简洁，线条起伏恰到好处,并具有性别特征,以取得曲线美的感觉效果。同时,还应强调姿态美、动作美、风度美、行为美。只有这样的美,才是自然美和艺术美的结合,才是最富社会价值的美。

(三)考虑不同年龄、性别形体锻炼者的需求,采用有效的手段和方法

少年儿童时期的身体各器官系统较为柔嫩,均未发育成熟,是进行形体锻炼的最好时机。抓好青少年学生的形体教学与锻炼,对于改善中华民族成员的体型体态具有根本性的意义。同时,研究也表明,任何年龄阶段进行形体锻炼都能产生积极的效果。青少年时期的形体锻炼目标较为集中,其方法手段针对性强。而到了中老年时期,由于身体的老化和身体各部分的个别差异,就有必要把形体锻炼与体育健身、治疗疾病以及减肥等多元目标结合起来,形体锻炼的手段和方法也更加综合化。总之,只有考虑不同年龄、性别形体锻炼者的需求,遵循形体锻炼的规律,采用有效的手段和方法,安排形体锻炼的负荷量,才能收到明显的效果。

(四)在科学指导下,有计划有系统地进行形体锻炼

形体锻炼的许多动作特别是舞蹈动作,均带有专业性。只有在专业教师的指导下才能逐步掌握。因此,要采取有效措施,为居民的形体锻炼创造良好的条件,特别是要充分利用电视、网络、录像等各种传播媒体,向广大居民传授形体锻炼的科学知识和运动技能。可通过义务、有偿或低偿以及相关的经营活动,把广大群众吸引到形体锻炼中去。学校体育教学中,应根据教材选用原则,引入和创编有针对性的形体锻炼内容,注意塑造学生的健美形体。要在教师的指导下,制定出切实可行的形体锻炼计划,坚持不懈地进行。同时要加强医务监督,预防和及时治疗锻炼引起的各种伤害事故,保证活动的系统性。

第四节　运动减肥

一、运动减肥的意义

(一)运动减肥概念

现代生产和科学技术的发展,使人们的生活水平得到很大改善,食物营养供应充足,从而导致“营养过多”。另一方面,体力劳动逐渐被脑力劳动所取代,从而导致了“运动不足”。这两个方面的共同作用,就构成了“肥胖症”。肥胖症是现代社会“文明病”“富贵病”的典型表现之一。

自从20世纪60年代以来,肥胖症席卷欧美,已引起了人们的普遍重视。各国大力推行体育锻炼活动,使这种趋向得到很大程度的遏制。近年来,我国城乡居民的饮食结构逐渐转为营养型,肥胖者日益增多,并有向青少年儿童蔓延的趋势。因此,减肥锻炼是广大中老年人乃至各个人群改善身体形态、提高健康水平的需要。

所谓运动减肥,是指肥胖者运用身体练习手段,并与适当饮食方法相配合,使体内能量消耗大于能量的供给,以达到减肥,改善体型的过程。

(二)肥胖及其分类

何为肥胖？日本学者1985年提出,当人体摄入的热量超过了机体所消耗的热量,过多的热量就会在体内转变为脂肪大量蓄积起来,使机体脂肪组织异常地增加。肥胖是指体重超过正常值的20%以上,有损于健康的一种超体重状态。身体肥胖是引起肥胖症的直接诱因,但肥胖不等于肥胖症。肥胖症是因肥胖原因而引起的各种身体疾患及其表征。

要了解个体身体肥胖程度及其症状的轻重,首先有必要了解体重的正常值,即需了解标准体重和理想体重。

标准体重是指对于某一身高、性别的群体而言属于正常和理想的体重。标准体重带有美学和人类学特性。计算标准体重有多种公式,按布诺卡(Broca)公式,我国专家认为中国成人的标准体重可参考使用以下公式：

标准体重(公斤)=身高(厘米)-100(适用于165厘米以下者)

标准体重(公斤)=身高(厘米)-105(适用于166~175厘米者)

标准体重(公斤)=身高(厘米)-110(适用于176厘米以上者)

注:女性体重比男性相应组别少2.5公斤。

此外,也可采用体重指数(BMI)的计算和评价方法。

理想体重是指在体质调查材料中统计得出的死亡率最低的体重数值。它为脂肪占机体重量的10%~15%。理想体重带有医学性质。我国学者曾提出过理想体重的计算方法,公式如下。

中国北方人:理想体重(公斤)=〔身高(厘米)-150〕×0.6+50

中国南方人:理想体重(公斤)=〔身高(厘米)-150〕×0.6+48

对肥胖程度的评价是通过自身实际体重与个体身高的标准体重的比较得出的, 即肥胖度。尽管基于某一身高的体重值与人的肥胖程度并不完全呈线性关系,一个人在成年时期的体重水平也不完全呈定值,但对大多数个体来说,它仍不失为评价人体肥胖程度的重要参考指标。肥胖度的计算公式如下：

肥胖度(%)=(实际体重-标准体重)÷标准体重×100%

肥胖度在±10%以内,称之为正常适中。肥胖度超过标准体重10%,称为超重;肥胖度超过20%~30%,称为轻度肥胖;肥胖度超过30%~50%,称为中度肥胖;肥胖度超过标准体重50%以上,称为重度肥胖。

(三)肥胖症产生的原因

许多学者按有无明显的内分泌和代谢性疾患的病因,将肥胖症分成两类:一是单纯性肥胖,也叫“外源性肥胖”或“过食性肥胖”,这类肥胖者占绝大多数。二是继发性肥胖, 又称“内源性肥胖”或“病理性肥胖”, 这类肥胖者所占的比重较小。目前认为,引起肥胖的原因主要有三种：

1. 遗传性因素,即与先天的遗传有关,它取决于两个因素: 脂肪细胞数的多少和脂肪细胞所含脂肪体积的大小。

2. 病理性的原因,如下丘脑或脑垂体病变等。

3. 生活上的原因,主要是吃得多活动少,这是单纯性肥胖的基本原因。生活中的某些阶段,如青春期、婚后、妊娠期、产后、中年期和更年期,由于内外因素的影响,如果不加注意,十分容易发胖。

(四)运动减肥的意义

俗话说,“千金难买老年瘦”,此话不无道理。肥胖对人的危害,主要是由于其合并症多,死亡率高,使人的寿命缩短。与肥胖有关的疾病主要有:心血管疾病、高血压、肾脏病、糖尿病、脂肪肝、胆囊炎、胰腺炎,以及某些癌症。肥胖症是心血管疾病,特别是冠心病的发病原因。许多高血压患者同时又是肥胖症患者。此外,肥胖症患者运动迟缓,工作容易疲劳,常患腰、背、腿疼,不能耐受高温,也影响体型美。因此,肥胖症对人类健康的危害极大,以至于美国学者曾向人们警告:“我们人类面临的最大威胁并不是可怕的癌症, 而是对人的健康构成最大威胁的肥胖症。”①

目前,肥胖症在我国有日益增多并伴有低龄化的趋向。运动减肥不仅能有效地提高个体的生活和工作能力,以饱满的精力适应社会活动的需要,从全局的角度考虑, 运动减肥对整个华夏人种的生存繁衍, 提高整个中华民族的体质水平,使中华民族的体格和健康状况进入世界前列也具有极为重要的意义。因此,为维护我国人民的身体健康状况,促进社会的进步,运动减肥锻炼势在必行。

二、运动减肥的手段

(一)减肥的基本因素

引起肥胖的原因主要在生活上, 即吃得过多, 运动过少, 摄入的热量大于人体所消耗的热量,多余的热量就以脂肪的形式储存在体内。因此,在保证机体基本需要的前提下, 适当减少热量的摄取, 并通过增大体力活动和运动的方式, 加大体内热量的消耗,使体内摄入的热量小于人体消耗的热量,从而导致脂肪的氧化供能,就可达到减肥并保持正常体型的目标。因此减肥需要两个基本因素:适当节食和体育运动。

1. 适当节食: 许多研究认为, 一般成年人的合理膳食结构比例应为 4∶1∶1(糖∶蛋白质∶脂肪)。一般来说,最好采用高糖、高蛋白质、低脂肪的营养方式。肥胖者应适当节食, 即适当减少以上三大营养物质的摄入量, 从而保证“入小于

①刘纪清等著:《实用运动处方》,第 1 版,225 页,黑龙江科学技术出版社,1993。

出”,只有这样才能达到减肥的目的。

2. 体育运动：体育运动对减肥的作用是在于加大能量物质的消耗，特别是能够有效地加大脂肪的消耗。研究认为,在肌肉收缩初期(5~10分钟内),肌肉运动时所利用的主要能源是肌组织中的肝糖，其次则利用血液中的葡萄糖（30%~40%)。当持续运动足够长时,运动所需的总能量明显上升,其中游离脂肪酸的消耗逐渐占优势。

运动一方面使脂肪细胞释放出大量的游离脂肪酸,脂肪细胞缩小变瘦,另一方面使多余的血糖被消耗而不能转变为脂肪,结果使体内脂肪减少,体重下降。

采用运动减肥的方式具有若干优点。国内外研究认为,运动减肥可改善皮肤等组织，特别是可改善肌肉组织对胰岛素的感受性；可促进血液中脂质的利用,使血液中甘油三酯降低,并使高密度脂蛋白胆固醇升高。此外,体育运动可以增强心肺功能,保持良好的体力,消除生活中的紧张抑郁感,提高健康水平。

(二)运动减肥的手段

减肥锻炼的手段有：

1. 锻炼体力和耐力的有氧运动项目，如长距离步行、慢跑、游泳、自行车运动等。

2. 具有针对性的减肥体操、健身健美操等。

3. 较长时间的准备活动和整理活动。

减肥运动的关键在于强度。科学研究表明,中等强度的运动最适合于减肥。这是因为此时游离脂肪酸大量进入血液,并且不会增加食欲。如何掌握中等强度?最常用的有最大吸氧量的百分比、功率和心率。对于普通人来说,心率是较易控制的自我监测指标。专家推荐适合不同年龄减肥者锻炼的心率如表9－2所示:

表9－2　不同年龄中等强度的心率

年龄(岁)	20~29	30~39	40~49	50~59	60以上
心率(次/分)	125~135	120~135	115~130	110~125	110~120

（根据刘纪清等著《实用运动处方》改制）

一般而言,减肥运动时间以20~40分钟为宜,最好每天运动。为使机体能够坚持运动较长的时间，最好的方法是采用匀速负荷，力求避免运动负荷中的“跳跃”现象。此外，要把运动与饮食结合起来，既要平衡膳食，又要使减肥合理、科学。

三、运动减肥的指导要点

（一）加强对肥胖症的预防和保健

一般来说，成人肥胖症多始于儿童，预防措施应从儿童时期开始。婴儿出生后前 9 个月体内脂肪增加较缓，9～12 个月脂肪增加迅速，此后脂肪增加速度减慢。7 岁以后又开始明显增加。青春期又一次激增。因此，7 岁至青春期是预防肥胖症的良好时机，对有肥胖趋势的儿童，应进行医学检查，根据发胖的原因采取预防措施。而预防肥胖症的基本措施是调剂饮食，使身体获得的热量适当，并通过体育运动消耗适当的热量，以保持摄入与消耗的热能基本平衡。

（二）制定明确系统的减肥计划

减肥是一个缓慢而长期的过程，不能够毕其功于一役。美国运动生理学家莫尔豪斯认为，减肥必须采用理智和稳健的方法，并提醒减肥锻炼者 1 周内减体重不应超过 0.45 公斤，否则不可能真正长久地减肥。因此，有必要在医生的指导下制定出明确而系统的减肥计划，坚持不懈地进行实际锻炼。如有条件，可按运动处方的要求锻炼。

（三）把适量运动与适当节食营养平衡有机地结合起来

如前所述，适量运动与适当节食是运动减肥的两个必要条件，只有双管齐下才能奏效。在制定减肥运动计划时，也应有明确的节食计划，如实行每周减重 0.45 公斤的减肥计划，由于 0.45 公斤脂肪可以产生 3500 千卡（约 14649 千焦[耳]）的热量，因此，平均每天要比摄入量多消耗 500 千卡（约 2093 千焦[耳]）。消耗这些热量的最佳办法是每天减少 200 千卡（约 837 千焦[耳]）热量的食物，再通过运动多消耗 300 千卡（约 1256 千焦[耳]）的热量。同时，应注意合理膳食，特别应注意控制脂肪、糖类以及进食量，通过多吃豆制品、鱼、肉、奶、蛋等来摄取足够的蛋白质。要少吃多运动，并适当控制睡眠和饮水量。养成良好的进食习惯，克服偏食、挑食、吃过多零食的习惯。

(四)防止运动减肥中的反弹现象

当达到了理想的体重和体型后,如果停止运动减肥锻炼,体重也会逐渐有所增加,体型也会变得臃肿起来,这就是减肥中常见的反弹现象。许多减肥锻炼者由于时断时续,常常多次出现反弹现象。这就要求减肥锻炼者要认真坚持,不能一曝十寒。如有可能,需在住所安放体重计,定时对减肥效果和体重情况进行监控。久而久之,锻炼者不但能收到极好的减肥效果,体质还会大为增强。

思考题

1. 健美体育可分成哪几种类型?各有何特点?
2. 现代健美体育的发展趋势如何?
3. 对形体锻炼指导时应注意什么?
4. 减肥的基本手段有哪些?如何指导减肥锻炼?

参考文献

1　曹锡璜等主编.高等学校普通体育课教材　健美运动.第1版,高等教育出版社,1991.

2　常薏等编.形体训练教程.第1版,北京体育学院出版社,1993.

3　刘纪清等编著.实用运动处方.第1版,黑龙江科学技术出版社,1993.

4　体育学院通用教材　群众体育学.第1版,人民体育出版社,1990.

第十章

休闲体育

本章重点

休闲体育是随着人民生活水平的提高逐步发展起来的。它对提高人民生活质量具有重要的意义。休闲体育包括娱乐体育、社交体育、自然体育和极限体育。休闲体育对增进身心健康、丰富文化生活、改善人际关系具有重要作用,是进入小康社会后发展较快的社会体育领域。

第一节　休闲体育概述

近年来，休闲服、休闲鞋、休闲娱乐、休闲生活等词汇越来越多地出现在传媒广告中，“休闲”一词已成为时髦用语。越来越多的人开始热衷于度假、旅游等休闲活动。休闲已经成为时尚和有重要价值的活动了，休闲体育也成为人们文化生活的重要组成部分。随着对休闲体育研究的进一步深入，它必将对提高人民生活质量起到更大的作用。

一、休闲体育的概念

（一）休闲的概念

要认识休闲体育，首先要了解休闲的概念。关于休闲的解释很多，杰弗瑞·戈比指出：休闲包含时间、活动、生存状态及心态四个要素，即人们在可自由支配的余暇时间内，进行与工作、家务无关的符合自己意愿的活动，而这种活动无需考虑生存问题，具有非功利性，并且在活动中始终保持良好的随心所欲的心态。①

休闲一词中的“闲”，一般可理解为工作以外的余暇时间；而“休”字，一般作“歇息”理解。在余暇时间里歇息的解释，符合传统的理解，但与现代休闲涵义差距较大。因此，有必要赋予“休闲”新的含义。“休”的同音字“修”，在新华字典中被解释为：1. 使完美或恢复完美；2. 建造；3. 研究等。“修”的这些释义与现代休闲活动的性质比较接近。而“休闲”与相对应的英语单词“Leisure”“Recreation”解释中的“消遣”“休养”等含义相近，尤其是与“Recreation”的词源“Recreate”中的“再创造”“复原”意义相近。因此，应将休闲概念定义为“一种以恢复身心健康状态，丰富和创造生活、完善自我为目的的闲暇活动”。②

①［美］杰弗瑞·戈比：《你生命中的休闲》，云南，云南人民出版社，2000。

②俞继英编：《休闲与健身》，北京，人民体育出版社，1996。

(二)休闲体育的概念、功能与特点

1. 休闲体育的概念

休闲体育是休闲活动的重要组成部分,它是一种利用余暇时间,为恢复和增进健康、丰富和创造生活、完善自我而进行的体育活动。

2. 休闲体育的功能

现代休闲体育主要有以下一些功能。

(1) 恢复和增进健康功能: 现代社会生活节奏不断加快, 工作的紧张程度不断加深, 易引起人们的体力和精神的疲劳。而休闲体育活动以其轻松愉快的形式、生动活泼的内容、亲切宜人的氛围使人获得身心的解放, 恢复精力, 调节情绪,从而达到恢复和增进健康的目的。

(2)文化修养和生活再创造功能:休闲体育与其他体育活动的一个主要区别,就在于重视活动过程中的文化修养和享受作用。人们在休闲体育活动中因快乐而喜欢,因喜欢而爱好,因爱好而深入,逐步形成生活乐趣,并通过兴趣活动而加深个人的文化修养。此外,休闲体育讲究活动的情趣和适应环境以及在活动过程中的创造性,从而通过休闲体育活动享受生活、创造生活。

(3)改善人际关系和激发社会活性功能:休闲体育活动具有轻松愉快的气氛,强调合作精神,对人际关系的交往有强化作用。而且休闲体育的活动自由度大, 可充分享受运动的乐趣, 有较多人际交往的时间, 对建立社会感情有积极的作用。休闲体育参与的自由活泼和活动规则的相对随意性,为人们在活动中充分发挥自主性、创造力提供了良好的条件,对激发社会活性和促进社会发展具有重要意义。

(4)促进个体社会化和自我完善功能:休闲体育活动寓教于乐,使人们潜移默化地学习社会价值、规范和行为方式,对促进个体社会化有独到的作用。此外,休闲体育强调个人价值,对参与者实现个人追求持鼓励态度。这不仅可以使参与者获得较大程度的满足感,也会在活动过程中不断完善自我。

3. 休闲体育的特点

现代休闲体育主要有以下一些特点。

(1)自主性:休闲体育活动是一种自发性的主体活动,人们出于自身的需要,主动地参与活动。因此,在活动过程中自主性体现得比任何其他形式的体育活动更明显。由于休闲体育活动能直接满足人的文化、运动需求,其激励作用非常显著。通过满足需求,促使人们更加主动地参与休闲体育活动,从而获得更大、更深层次的需求满足。这种良性循环会形成稳定的积极的态度,以至逐步形成生活习惯。

(2)自由性:休闲体育活动是在自由时间里,自主选择进行的自由活动。比起其他体育活动来,休闲体育受到的拘束程度最小,完全是一种自觉自愿的体育活动,在整个活动过程中,非拘束性的特点十分突出。

(3)非功利性:休闲体育活动追求的是运动的乐趣,而非运动的价值;追求运动的过程,而非运动的结果。休闲体育一旦带有功利性,休闲的效果也就很难得到体现。比如,钓鱼是一种很好的休闲体育活动,作为休闲,讲究的是钓鱼的情趣和享受。但如果将钓鱼作为渔利手段,追求钓大鱼,钓多鱼,钓鱼就成为捕鱼,休闲也就成了工作。

(4)文化性:休闲体育之所以受到社会的推崇,与它讲究文化享受有很大的关系。休闲不是简单地消磨时光,而是一种丰富生活、创造生活的手段。我国在总体进入小康社会后,人们的文化需求逐步上升,成为生活的主要需求。文化活动的质量成为衡量人们生活质量的主要指标。休闲体育活动讲究文化享受,追求生活乐趣,对精神文明建设和提高国民素质有积极的作用。

二、休闲体育的分类

休闲体育有多种分类方法,有按活动目的分类的,有按活动方式分类的,也有按场所等分类的。本文采用按目的分类的方法,将休闲体育分为娱乐体育、社交体育、自然体育和极限体育。

(一)娱乐体育

娱乐体育指为追求生活乐趣而进行的轻松愉快、能够体验文化享受的体育活动。

在娱乐体育活动中,有两个关键词:一是游戏(play),二是爽快(flow)。游戏的本质属性就是“玩”,通过玩,体验运动中的各种刺激(如新奇、变化、晕眩、表现等)，并从刺激中获得快感(如冲浪时，人穿梭于浪花间所获得的快感)。而爽快是一种良好的感觉体验，一般指在注意力高度集中于某项活动时产生的陶醉感。如人们专注于观看或进行比赛时所产生的淋漓尽致的感觉。无论是“玩”的快感还是“爽”的陶醉感，都会给人的生活增添乐趣，从而提高生活质量。

(二)社交体育

社交体育指为改善人际关系、增进社会交往而进行的体育交流活动。

在交际体育活动中，有两个关键词：一是互动，二是合作。所谓互动就是指双向交流。社交体育的特点之一就是活动中有较多的人际交往机会，人们利用这些机会进行交流，达到融洽感情、增进友谊等效果。如交谊舞，就是典型的社交体育活动。

在马斯洛的需求层次学说中，人的归属感、尊重与被尊重、爱与被爱等社会需求必须在社会活动中获得，社交体育为人际交往提供了良好的条件。

所谓合作是指互相帮助，协同完成某项任务。人们在合作过程中易与对方产生良好的感觉，逐渐形成稳定的伙伴关系。如在门球活动中，人们必须通过配合才能完成战术行动，这对建立互相信任、共同情感等具有积极的意义。

(三)自然体育

自然体育指人们为了亲近、回归自然而进行的与自然亲密接触的体育活动。

在自然体育活动中，有两个关键词：一是生态，二是环保。所谓生态是指人与自然的平等、和谐，即人类是生物物种之一，生态链的一个环节。在自然体育活动中，人们不是要去征服自然，而是回归自然。因此，自然体育是在充分尊重自然的条件下进行的。比如，定向运动就是一种通过体育运动了解自然环境的方法。而环境保护指的是在体育活动过程中尽可能减少对大自然的损害，同时尽最大可能地保护环境。有些项目如滑雪，虽然是一种野外体育，但因其设施建设对自然环境有一定的破坏作用，一般不将其列入自然体育范畴。

(四)极限体育

极限体育是指人们为了自我实现而进行的挑战人体极限能力的体育活动。

在极限体育活动中,有两个关键词:一是克服,二是克制。所谓克服是指极限体育活动是通过不断克服困难来挑战自我的。在克服一个困难后,提升目标水平或寻找新的困难,进行另一次克服,直至实现理想目标。比如北京体育大学教师张健,在横渡琼州海峡后,又挑战英吉利海峡并获得成功,这就是一个典型的克服例子。所谓克制,是指在挑战极限的过程中,挑战者要尽量克制自己去涉险,要通过充分准备和谨慎小心来保证挑战的成功或人身安全。极限体育并非冒险体育,反对鲁莽行事以逞匹夫之勇。

三、休闲体育的趋势

(一)休闲体育发展的社会背景

1. 社会经济发展需要休闲体育

我国人均 GDP 达到 1000 美元总体进入小康社会后，人民生活水平将有较大的提高。恩格尔系数明显下降,文化消费逐步增大,休闲活动开始成为国民生活方式的重要组成部分。休闲体育需求的日益高涨,比如保龄球、健美运动在我国的流行就反映了这种趋势。

我国经济总体上已进入供大于求的发展阶段,因此,扩大内需就成为我国的基本发展战略。发展休闲体育产业,通过体育文化消费,拉动内需是我国政府经济发展举措之一。近年来,我国体育产业的蓬勃发展也说明社会发展需要休闲体育。

2. 余暇时间增加为休闲体育创造了良好的开展条件

是否有“闲”,是开展休闲体育的重要条件。目前,我国实行双休日制和长假制度,为人们参与休闲活动创造了良好的条件。

近年来,旅游活动的盛行与我国休假制度改革有很大关系。此外,家用电器的普及,交通、通讯工具的发达,使人们的生活变得越来越方便,从而有更多的余暇时间来安排休闲活动。

3. 生活意识的改变成为休闲体育发展的根本动力

有了钱和时间，就有了进行休闲活动的基本条件，但这还远远不够，还必须有正确的生活意识观念,才会去享受高品位的休闲体育活动。近年来,随着生活方式的变化,人们的生活意识也有了较大的转变。重视文化生活,讲究休闲享受,追求健康快乐已成为现代生活意识的重要特征。旅游、交谊舞等活动的盛行,从一个侧面反映了人们生活意识的变化。

(二)休闲体育发展的趋势

1. 全面健康观念逐渐确立,休闲体育价值受到社会重视

世界卫生组织对健康的界定得到了社会认可, 人们对体育活动的健心作用和社会健康作用逐步明确,从而使休闲体育活动的价值受到了重视,人们更加乐意参加休闲体育活动。

2. 绿色体育得到推崇,度假体育、自然体育成为休闲体育新的增长点

在可持续发展战略的指导下,环保型体育受到重视和推广。因经济策略的影响,度假体育、体育旅游、自然体育的发展受到鼓励,成为新的增长点。

3. 参加型逐步超过观赏型成为休闲体育的主体

由于媒体的发达, 人们可以足不出户欣赏到世界各地的精彩体育比赛和体育表演,也可去赛场感受紧张的氛围和优美的动作技巧。但人们往往难以亲自到运动场活动,原因是多数人对自己的运动能力信心不足。随着休闲体育的逐渐普及,比赛式的活动方式被“卡拉 OK”式的活动方式所替代,休闲体育更多地体现自娱自乐的特点,人们大胆地、随心所欲地参加被大众化了的休闲体育,并从中体验到运动的乐趣。

4. 休闲体育逐步成为社会交往的手段,成为时尚运动

我国社会交往经历了“请客吃饭”到“请客流汗”的过程。由于休闲体育具有环境美、氛围佳、品质高等客观因素和送健康的现代理念,已经成为社会交往的重要手段和方法。一些休闲体育项目,如高尔夫球、网球、攀岩、蹦极等更是成为时尚运动,受到人们的追捧,人们为参加休闲体育活动而感到自豪。

第二节 娱乐体育

一、娱乐体育的作用

(一)愉悦身心的作用

“娱”字在字典上的解释为快乐或使人快乐;“乐”字的解释则为欢喜或使人快乐的事。因此,娱乐体育的目的就是使人快乐。娱乐体育使人快乐源于运动的乐趣,尤其是“趣”字。由于项目有趣,在活动中就会获得快乐,快乐又会使精神放松,身心感到愉快。

(二)调节生活的作用

现代社会人们的生活时间分为拘束时间和自由时间两个部分。在拘束时间里,人们因学习、工作压力会产生疲劳和烦恼。在自由时间里,人们通过各种方式消除疲劳和烦恼,恢复体力和心力。休闲体育作为一种积极性的休息方式,具有较强的生活调节作用,是人们保持健康的重要方法。

(三)文化修养的作用

丰富的文化生活是现代社会生活的重要方面。休闲文化是大众喜爱的文化活动形式,而休闲体育又是休闲文化的主要部分。休闲体育不仅能使人获得文化享受,而且更能使人提高文化素养,改变人的风度、气质。

二、娱乐体育的内容

娱乐体育按其性质可分为,观赏型体育活动和参与型体育活动。参与型活动又可分为游戏类、休闲类两种形式。

(一)观赏型体育活动

观赏型体育活动主要指通过观看体育比赛或表演获得快乐的间接性体育活动。由于观赏体育活动能享受运动的美感、紧张感以及由于专注所带来的陶醉感,是一种受到普遍欢迎的休闲方式。一般包括观赏高水平体育比赛、表演和观看亲友的体育活动两种形式。

1. 观赏高水平体育比赛和表演

由于高水平体育比赛和表演是由专业机构组织进行的,观赏价值高,但消费水平也较高。观赏体育比赛与观看戏剧、电影不同的是,观众的参与意识较强,对比赛结果有一定的期待(因为结果的不确定性)。因此,观赏过程情绪波动较大,体验深刻。

2. 观看亲友的体育活动

在国外,家长观看子女体育训练和比赛等十分常见,社区邻居、朋友参与的一些体育活动也往往会吸引一大帮人观看。由于亲(友)情原故,即使是低水平活动,也能使观看者兴趣盎然。我国此类活动不多,这与我国社会体育形式的封闭性特点有关。

(二)游戏类体育活动

游戏类体育活动主要指通过游戏获得快乐的参与型体育活动。游戏类是娱乐体育的主要内容,主要有球类游戏、棋牌游戏、电子游戏及戏水游戏。

1. 球类游戏

球类游戏包括乒乓球、羽毛球、网球、台球、保龄球、高尔夫球等。由于球类运动是现代体育中娱乐性比较突出的项目,一直受到大众的喜爱。又因其规则统一、与国际接轨,是国际通用的娱乐体育内容。

2. 棋牌游戏

棋牌游戏包括围棋、国际象棋、中国象棋、桥牌等。由于棋牌游戏为人们日常生活所熟悉，是余暇活动中的常用手段。

3. 电子游戏

电子游戏是国家体育总局近年开发的新项目。由于电子游戏采用网络虚拟技术，人们可以在游戏中实现现实生活中无法实现的愿望，从而受到大众，尤其是青少年的欢迎。

4. 戏水游戏

戏水游戏是在游泳的基础上发展起来的康乐体育活动。大到综合性水上乐园的沙滩、冲浪、滑梯等，小到社区会所的大“浴缸”。从海水浴到泡水吧，游泳运动变化为丰富多彩的戏水游戏，从而受到大众的喜爱。

（三）休闲类体育活动

休闲类体育活动指以放松身心、缓解紧张为目的的娱乐体育活动。如垂钓、远足、健身等。

1. 垂钓

垂钓是一种身静脑动，以静待动的休闲体育活动。通过悠闲自得和专注，使身心得到放松，健康得到恢复。

2. 远足

远足是一种旅游与体育相结合的休闲体育活动。通过徒步行走、驾车、骑马等方式观赏风景，放松心情，锻炼身体，是值得提倡的休闲体育项目。

3. 健身

余暇时间去健身中心、跑步、骑车、跳操等，出一身汗，换回一身轻松，是现代都市人的时尚运动。此项活动有广泛的市场需求，是娱乐体育设施的主打产品。

三、娱乐体育指导要点

(一)要让参加者充分享受运动乐趣

娱乐来源于运动乐趣,运动乐趣的获得有赖于有充分的时间去体验。此外,循序渐进、不断进步也是获得乐趣的重要因素。

(二)要让参加者之间有充分的交往机会

运动乐趣除项目本身的趣味外,还有来自伙伴的感染。要让参加者在活动过程中充分进行交流、合作,使其建立友谊和感情,并从中获得乐趣。

(三)要营造良好的活动环境和氛围

良好的环境和氛围本身就会给人带来快乐,人在轻松的氛围里容易产生快乐,也容易进行交流。清洁、舒适的环境会激起人们参与活动的欲望,也容易进入状态,获得乐趣。

第三节　社交体育

一、社交体育的作用

(一)社会交际的作用

社交体育是一种利用体育活动进行交往的社会活动方式。由于体育活动时人处于适宜的兴奋状态,比较容易沟通,加上运动环境比较轻松自然,有利于开展社会交际活动,因此,社交体育受到人们的普遍欢迎。

(二)融洽感情的作用

同事间、亲子间、朋友间由于角色关系,有时会产生矛盾,如不及时修复会影响工作、生活和学习。社交体育是一种联络感情的上佳手段。如一次郊游、野炊、野营会使人忘记现实烦恼,转换心情。此时进行沟通,会获得较好的效果。在郊游活动中,感情容易得到宣泄和融洽,从而改善人际关系。

(三)丰富生活的作用

许多社交活动的功利性不强,大家聚在一起,只是为了开心、享受生活。社交体育可为千篇一律的单调生活增添色彩,既丰富文化生活,又可以在活动中结交朋友,学到新知识。

二、社交体育的内容

社交体育可分为俱乐部体育、社区体育、家庭体育及节日体育。

(一)俱乐部体育

俱乐部体育是具有共同体育爱好的人自愿结社而形成的群体组织。由于俱乐部成员具有共同的意识和稳定的人际关系,成员间的关系比较密切,属紧密结合型组织。此外,俱乐部一般都有规章制度,人们在一定的规则、纪律下进行体育活动,成员在参与管理过程中,逐渐加深感情,并形成稳固的人际关系,是社交体育类型中较好的模式。

(二)社区体育

社区体育是邻里型社交体育模式。参加活动者都是社区居民,本身具有一定的社会(区)感情和共同(社区)意识。由于成员间除体育外还有共同的话题,比较容易沟通。社区体育不仅对改善邻里关系有帮助,而且对开展社区各项公益性活动也有重要的促进作用。

(三)家庭体育

家庭体育是家庭成员沟通的重要途径。由于亲子间的代沟、男女间的性差别,在许多文化活动方面,家庭成员无法走到一起。但体育活动往往是一个例外,因为体育活动的可选择性很大,总能找到共同喜欢的项目。家庭成员通过体育活动,改善亲子、夫妻关系,丰富家庭生活,提高生活质量。

(四)节日体育

节日是聚会的好时光,亲朋好友可以聚在一起,畅快地娱乐,而体育活动是大家容易认同的娱乐方式。国外流行度假体育,我国度假村的发展也十分迅速,从卡拉OK、跳舞到玩体育的转变,为时不远。

三、社交体育的指导要点

(一)活动项目的选择要有利于社交活动

要选择具有互动关系的、强调合作的体育项目进行活动,即要便于在体育活动过程中进行交际活动。

(二)要有充分的时间进行沟通

仅有社交机会,不一定产生好的效果。还必须给参加者充分的时间进行沟通。在充分沟通的情况下,加深彼此间的了解和理解,这是感情融洽的基础。

(三)要通过角色学习、角色转换等方式建立信任关系

在体育活动中,通过角色分工、角色扮演等方法进行角色学习,从而使参加者具备丰富的社会体验,使体育社交的成功率得到提高。此外,在角色学习过程中,经常改变角色,互换角色,可以使参加者体会各种角色的责任、困难,促使其以更加宽容的心态进行社交,提高社交的效果。

第四节　自然体育

一、自然体育的作用

(一)回归自然的作用

现代化过程是一个工业化的过程,同时也是一个城市化的过程。在这个过程中,工业逐渐取代农业,城市逐渐取代农村,人工环境逐渐取代自然环境。在逐渐远离自然的过程中,人的健康受到了越来越大的威胁,回归自然成为人类自我保护的重要措施。人们在自然环境中,尽情嬉戏,充分融入自然,使身心回归自然,恢复事物的本来面目,恢复健康。

(二)保护自然的作用

环境保护是当代社会发展的重要任务之一。而环保意识的确立有赖于人们对自然状况的了解。在自然体育活动中,人们通过与自然的亲密接触,产生感情,唤起保护自然环境的责任感,并通过实际行动制止破坏自然环境的行为。

(三)利用自然力增进健康的作用

利用空气、阳光、水等自然力增进健康,是绿色体育的主要特征。户外运动较室内运动的健身效果好,已被科学研究所证明。我国地域广阔,有众多的自然资源可供体育活动利用。在能源紧缺的社会中,自然体育是发展体育的良好对策。

二、自然体育的内容

自然体育按体育活动接触的自然种类,可分为亲空类、亲水类、亲绿类、亲土类及亲畜(鸟)类。

(一)亲空类体育

亲空类体育可满足人类飞翔天空的梦想。目前开展的亲空类体育活动主要有滑翔运动、热气球运动、跳伞运动等。

1. 滑翔运动

主要有滑翔机运动和滑翔伞运动两种形式。滑翔运动为人类增添了翅膀,人们借助滑翔机、滑翔伞,遨游天空,实现人类飞翔的愿望。

2. 热气球运动

热气球运动是利用热动力使气球上升,并操控飞行的亲空类运动。站在气球里俯瞰地面,美妙的景色尽收眼底,美不胜收的快感难以忘怀。

3. 跳伞运动

跳伞运动是利用降落伞从高空中跳下，人们可以在空中体验自由落体的下落感觉和在空中翻滚腾越的畅快,还可操纵降落伞,选择降落地点等。

(二)亲水类体育

比起亲空类体育,亲水类体育的成本要低一些,安全性也高一些。亲水类体育主要有海水浴、冲浪运动、舢板运动、帆船、潜水等。

1. 海水浴

海水浴是十分普及的自然体育项目。人们享受沙滩、阳光、海浪带给身体的惬意。在广阔的海岸线上进行水上和岸边体育运动,有心旷神怡的感觉。

2. 冲浪运动

参加者利用滑板在风口浪尖上穿梭滑行,巨浪掀起波涛,冲浪者在波涛汹涌中上下翻飞,感受激情。

3. 舢板、帆船运动

参加者利用风力在水上驾驶舢板、帆船，或靠个人平衡能力，或靠集体协作精神，随风飘荡，乘风破浪。

4. 潜水

参加者利用潜水设备，畅游水底世界，探索常人未知世界，观赏水底的美妙景色，与鱼儿嬉戏，实现人的另一个梦想。

(三)亲绿类体育

亲绿类体育是与树木、花草亲密接触的体育活动，主要有森林浴、森林探险及植物观察等活动。

1. 森林浴

参加者利用森林空气中负离子多的现象，在森林里散步，通过呼吸清洁的空气和植物芳香等增进健康。

2. 森林探险

森林探险指在森林旅行过程中，探索未知现象，增进知识和健康的体育活动。

3. 植物观察

参加者对特定的植物进行科学观察的体育活动。如对高原植物的形状、生长情况进行观察。

(四)亲土类体育

亲土类体育活动指参加者利用地形地貌与土地亲密接触而开展的体育活动。

1. 登山运动

参加者通过克服海拔高度和利用地形地貌攀登山峰的体育运动。在登山过程中，人们可欣赏沿途风光，学习在不同地理条件下，攀登爬越的技巧。登山运动是一项有益的健身运动，深受群众喜爱。

2. 定向运动

参加者根据指令和地图，选择捷径，快速到达指定地点的体育运动。定向运动要求参加者具备在不同地理环境中的穿越知识和能力，以及处理突发事件的能力。

3. 野营

参加者在野外进行生活的体育活动。在野营中，炊事、宿营等知识和能力的学习是此类运动的重点。野营对野外生活能力的培养有重要意义。

4. 地质探险

参加者对一些特殊地质地貌的地区进行科学考察，在探险旅游的同时，学习地质学知识。

（五）亲畜（鸟）类体育

亲畜（鸟）类体育指参加者为接触畜（鸟）、观察畜（鸟）而进行的体育活动，主要有骑马（骑骆驼等）、观鸟等。

1. 骑马（骑骆驼）

参加者通过骑马（骑骆驼）旅行的方式与动物亲密接触的体育活动。参加者在与动物的接触中学习与动物亲近的技巧，了解动物的习性和有关知识。

2. 观鸟

参加者通过在鸟类栖息地，以不干扰鸟类生活状态的形式，观察鸟类生活，学习有关鸟类的知识。

三、自然体育活动的指导要点

(一)准备工作要充分

自然体育都在野外进行,存在一定的安全问题。因此,有必要事先进行周密的计划和补充学习相关知识,备齐野外活动用品,尤其是急救用品,要作好应付突发事件的准备。

(二)避免单独行动

自然体育活动一般要求结伴而行,避免单独行动,防止发生事故。如必须单独行动时,一定要备好通讯工具,安排好联络人员和急救方案,以保证活动的顺利进行。

(三)防止自然力产生的灾害事故

在自然体育活动中,参加者要合理利用自然力,对自然力可能产生的灾害要有一定的了解,掌握应付自然灾害的预案,防止发生伤害事故。

第五节 极限体育

一、极限体育的作用

(一)自我实现的作用

在马斯洛的需求层次学说中,最高层次的需求是自我实现。自我实现带给参加者的满足度也最大。参加极限体育活动者,目的在于挑战自我,检验自我。通过体育活动的成功,参加者不仅实现了体育目标,建立了自信,而且也使个性得到升华。

(二)追求刺激的作用

极限体育玩的就是心跳，一般对人的生理、心理的刺激较大，所获得的晕眩感(满足感的一种形式)和成就感也较大。因此，极限体育给人的印象深刻，有时甚至是刻骨铭心的。

(三)挖掘人体运动潜力的作用

常态下，人的运动能力往往得不到充分的发挥，而在极限状态下，人的神经动员能力大大增强，潜在的能力得到开发。因而运动水平会大幅度地上升。因此，许多人将极限运动作为一种训练手段，通过极限活动提高自身训练水平。

二、极限体育的内容

极限体育有野外挑战、超级马拉松、漂流、蹦极等。

(一)野外挑战运动

野外挑战运动指在艰苦的条件下完成野外生存任务等。如野外生存锻炼、铁人三项运动等。野外生存是在恶劣的自然条件下学习生存方法，提高适应自然能力的体育锻炼。而铁人三项包括长跑、长距离游泳和自行车。由于三项都是耐力性运动项目，对体能消耗很大，最能考验参加者的意志力。

(二)超级马拉松

超级马拉松采用超长距离拉练的方法，锻炼人的野外挑战能力，因为是非正规比赛，没有确定的距离，较多采用一百公里跑的形式，是极具考验价值的极限体育项目。

（三）漂流运动

漂流运动是参加者乘坐皮筏在山川中顺流而下的惊险体育运动。由于山川地形复杂，水势多变，难以控制皮筏，因此，此项运动有一定的危险性。但漂流能带给参加者在日常生活中难以体验到的较强的紧张和刺激，受到年轻人的喜爱。

（四）蹦极运动

蹦极运动是参加者利用超强橡皮筋绑住自己的身体，从高处往下跳，利用橡皮筋的弹性，享受在空中腾越乐趣的一种体育活动。由于橡皮筋较长，参加者在跳下时的恐惧感和跳下后自由下落的失重感会给运动者带来强烈的刺激，对参加者的心理和意志是一种挑战。

三、极限体育的指导要点

（一）要切实做好安全保障工作

极限体育活动的危险性较大，要认真准备好装备、用具、救助等。做好安全保障工作，防止伤害事故的发生。在极限体育活动前，要做好各种意外伤害事故处理的预案，以确保活动的安全性。

（二）要加强体力和运动技能的训练

极限体育大都是对自身运动能力极限的挑战，因此，必须承受很大的体力和心理压力。平时要加强各种体能和技能的训练，尤其是一些专门能力的培训要切实抓好，为挑战成功打下扎实的基础。

（三）要掌握野外环境变化的规律

极限运动一般在条件艰苦的野外进行，有必要学习一些野外生存技能，了解不同季节时的环境特点、野外生物资源的可利用性，并进行各种适应性训练，以提高野外生存和运动能力。

思考题

1. 休闲的四个要素是什么？
2. 休闲体育的功能有哪些？
3. 休闲体育的特点有哪些？
4. 休闲体育包括哪些内容？
5. 娱乐体育指导要点有哪些？
6. 自然体育活动包括哪些内容？

参考文献

1 俞继英主编．休闲与健身．北京：人民体育出版社，1996.
2 [美]杰弗瑞·戈比．你生命中的休闲．云南：云南人民出版社，2000.
3 周兵等主编．休闲体育．广西壮族自治区：广西师范大学出版社，2002.
4 卢元镇主编．社会体育学．高等教育出版社，2002.
5 国家体育总局群体司编．社会体育指导员技术等级培训教材（二级）．北京：高等教育出版社，2003.
6 万兴岭等主编．康乐经营与管理．辽宁：辽宁科学技术出版社，1996.

第十一章

儿童青少年体育

本章重点

儿童青少年时期是生长发育的旺盛时期，其生理、心理、社会特征变化大、不成熟。体育运动对促进儿童生长发育，提高身体、心理素质，加速社会化过程有重要作用。开展儿童青少年体育要根据其身心特点，抓住素质敏感期，妥善安排，要利用一切社会力量促进儿童青少年体育发展。儿童青少年体育将出现社会化、组织化、商业化、多元化等趋势。

第一节　儿童青少年的生理、心理、社会特征

一、儿童青少年的界定

在我国，儿童青少年是指处于儿童期、少年期和青年期三个不同年龄阶段的人口群体。根据儿童青少年生长发育的规律、身体形态变化、生理和心理特点，三个时期的年龄阶段大致为：儿童期 6～11 岁（相当于小学时期）；少年期 12～15 岁（相当于初中时期）；青年期 16～35 岁。青年期又分为三个发展阶段，即青年初期 16～18 岁（相当于高中时期），青年中期 18～22 岁（相当于大学时期），以及青年后期 23～35 岁。但在研究儿童青少年的有关问题时，大多数情况下并不包括青年后期。因此，本章中不涉及青年后期的人群，而主要是针对处于儿童期至青年初、中期（6～22 岁）阶段的人群，也就是大中小学生来展开讨论的。

儿童青少年阶段是身心发展的关键时期，也是个体一生各种素质的奠基阶段。提高儿童青少年身心素质就能为提高全民族素质打好基础。儿童青少年的身心发展是每个个体在身体形态机能与素质（包括身高、体重、神经系统、生理机能）、个性心理品质、社会化人格等方面不断发展和完善的重要过程。

儿童青少年在我国总人口中是一个庞大的人口群体，约有 2.1 亿人。在体育运动和社会体育活动中是一个最大的群体。为了更好地开展和推动儿童青少年体育运动，促进他们的身体素质、心理素质和社会素质等健康发展，培养适应新世纪发展的人才，必须根据儿童青少年身心发展的特点和规律，组织开展儿童青少年的体育活动，以便获得全面的体育效果。

二、儿童青少年的生理特征

人的生长发育是一个长达 20 年左右的连续发展过程。在这一过程中，由于遗传、自然和社会环境、营养、体育锻炼等多种因素的影响，虽存在着较大的个体差异，但同时又有应遵循的基本规律。人的生长发育是不断由量的变化到质的变化的复杂过程，它不仅表现为身高、体重等变化，而且表现为各器官、系统功能和机能能力的不断改善与提高。

(一)儿童期的生理特征

总的来看,儿童期阶段的身体生长迅速,但不成熟,主要特点有以下几个方面:

1. 身体的发育

(1)身高和体重的变化。这一时期儿童的身高和体重有显著变化,儿童进入学校,身高为110~120厘米,体重为19~20公斤,以后身高平均每年增长4~5厘米,体重平均每年增加2~3公斤。到青春发育初期(女孩10~12岁,男孩11~13岁),生长速度显著加快,身高每年平均增长7~8厘米,体重每年平均增加5~6公斤。

(2)骨骼和肌肉系统的发育。儿童时期的骨骼比较柔软,骨化过程尚未完成,与成人相比,儿童骨骼组织含水分较多,胶原物质较多,钙、磷等成分少,因而骨的柔韧性大而硬度小,身体姿势对身体的形态影响较大。儿童肌肉发育尚不完全,含水分较多,蛋白质、脂肪、糖、无机物较少,肌纤维较细,富于弹性,但肌肉力量弱,耐力差,易于疲劳;儿童各肌肉群发育不平衡,比较大的肌肉群首先开始发育,而小的肌肉群如手部的小肌肉发育较晚。

(3)心血管系统的发育。儿童时期的心脏发育尚不完全,而新陈代谢旺盛,因而需要增加心脏搏动频率以适应机体的需要,所以年龄越小,儿童的心率、脉搏次数越多。由于支配心脏的神经到16岁左右才发育完成,所以儿童的心搏在16岁以后才比较稳定。儿童血管的发育超过了心脏的发育,血液循环量较大,而心肌不发达,收缩力较小,因而心脏输出血量较小。

(4)呼吸系统的发育。儿童时期由于胸廓狭小,呼吸肌不发达,肺容量相对较小,又由于代谢旺盛,对氧的需求量相应较高,因而呼吸频率较快,以后会随着年龄增大而减慢。儿童的肺部结构已与成人基本相同,但肺泡数量较少,随着年龄增长,肺容量逐渐增大,肺的呼吸功能也随之增强。

2. 大脑和神经系统的发育

(1)大脑的发育。儿童时期的大脑结构不断完善。脑重量从7岁时1280克,发展到9岁时的1350克,12岁时增长到1400克,基本接近成人水平。

(2)神经系统的发育。儿童时期的神经细胞体积加大,神经细胞的突起增多,出现了新的神经通路，神经纤维不断加长；大脑各区进一步成熟，特别是额叶增长显著，大脑机能进一步发展，大脑皮质的高级神经活动的基本过程——兴奋和抑制不平衡，相互转换快，兴奋占优势，条件反射更容易形成，在各种活动中仍依赖第一信号系统，对具体、直观和形象的感性材料容易掌握，第二信号系统在学习及其他活动影响下也日益发展起来，并随年龄增大逐渐初步占有主导地位。

3. 性发育

儿童期末，即女孩 10～12 岁，男孩 11～13 岁，开始步入青春发育初期，生殖系统开始发育，并带来一系列形态、功能以及心理上的剧烈变化，第二性征逐渐发育起来。进入青春发育期是儿童成长发育的一个转折点，对儿童的心理及行为的发展有很大的影响。

（二）少年期的生理特征

少年期是身体发育的关键时期，是生理发生急剧变化的时期，在生理上，少年已进入青春发育阶段。少年期是人一生中两次“生长高峰”中的第二次高峰。少年期是儿童期向青年期发展的过渡时期，是个体由不成熟走向成熟的人生转折期的开始。从生理变化特征看，归纳起来主要有身体外部形态、身体机能、神经系统和性发育四个方面的变化。

1. 身体外部形态的变化

（1）身高变化。青春期最明显的外型变化是人的身体迅速增高。身高每年以 6～8 厘米，甚至 10 厘米左右的速度增长，身体形态向成人转化。

（2）体重变化。随着身高的增长，体重的增长也十分显著，平均每年增加 5～6 公斤。少年体重的增长并不像成年人似的表现为脂肪的增加，而是表现为骨骼、肌肉和内脏发育的增长。青春发育期，骨骼的生长不仅体现在长度，它在形式、比例和构造方面都发生了变化，在儿童期，骨骼的组成主要是软骨和纤维组织，到青春期，软骨已由坚硬的骨骼所代替。肌肉发育随着骨骼的变化而变化，大肌肉群先增长，小肌肉群随之增长，肌肉力量增强，耐力提高。

2. 身体机能的健全

（1）心脏的发育。少年期是心脏容积扩展最快的时期之一，可达 140 毫升；心脏由于心机的不断加厚而迅速增长，心脏的收缩力也显著提高；心脏每分钟收缩的次数逐渐减少，9～15 岁是 75 次（成人为 72 次左右）。

（2）肺的发育。人体发育过程中，肺的发育过程不是匀速发展的，它有两个飞跃性的发展时期，一个是在出生后 3 个月，另一个是在 12 岁左右。肺泡的容积随着身体的发育而增加，肺泡容量增加，呼吸频率降低，肺活量增加。到青春期开始，每分钟呼吸次数已减到 20 次左右，到青春期末已达到成人的水平，每分钟呼吸为 16 次左右。

（3）肌肉的发育。肌肉在青春发育期发育特别快，肌肉发达了，力量也增大了。肌肉重量与体重的比例是随着年龄的增长而逐渐增大的。在身高增长较快时期，肌肉以长度增加为主，而体重增长较快时期，则以肌纤维增粗为主，女孩 11～13 岁，男孩 13～15 岁，身高增长迅速，肌肉长度明显增加；十六七岁以后身高增长减慢，肌肉纤维明显增粗，肌肉也变得坚实有力。随着肌肉组织的发育，作为身体重要机能的运动能力也随之迅速发展完善起来。

3. 神经系统的发育

（1）大脑形态的发育。12～14 岁时脑重已达 1400 克，即人脑的平均重量。12 岁时接近成人的脑容积。脑重量和脑容积的发展说明，在青春期脑的形态发育已基本完成，这就为人进入青春期后产生更高的心理活动奠定了物质基础。

（2）神经系统结构的成熟。大脑皮层神经细胞的髓鞘化，是神经系统结构完整和成熟的标志，它保证了神经通道的畅通，加快了兴奋的传导速度。儿童 6～7 岁时的大脑皮层神经细胞的髓鞘化已接近基本完成，但此后这种髓鞘化过程要一直延续到 14～15 岁才结束；另外，大脑皮层各区域也趋于成熟，尤其是额叶的发展。少年期大脑皮层各区域的成熟标志着大脑结构和机能的发展过程已基本结束。

（3）神经系统机能的完善。少年期大脑神经活动机能的主要特点是兴奋性高。相对来说，兴奋过程比抑制过程要强，兴奋与抑制之间的相互转化也比较快，这是由于刚进入青春期时，甲状腺机能旺盛的刺激导致了神经系统出现兴奋与抑制过程的不平衡现象。青春期末期，兴奋与抑制过程就逐渐趋于平衡。

4. 性发育趋向

性发育趋向成熟是少年期身体发育极其重要的特征，这一特征表明个体的生理发育已经成熟，个体向成人转化过程中发生质的飞跃。其主要体现为：“第二性征”的出现,女孩在 14 岁左右产生月经初潮,男孩在 16 岁左右出现遗精。

(三)青年初、中期的生理特征

1. 身体发育已基本完成,但未完全成熟

青年初期的身高和体重在经过第二生长高峰后已接近成人水平。在骨骼方面,人体的 206 块骨骼都已基本骨化,因而承受重量的能力大大提高。男孩的胸骨明显扩大,女孩的盆骨明显增大,因而在身体形态上,男女有了很大差异;男女孩胸廓都有扩大,相应地肺活量也有所增加,并已接近成人水平;肌肉组织发育很快,主要是横向发育,肌肉力量增大,耐力增强;心脏的容积增大,收缩力大大增强,但动脉血管的发育落后于心脏,所以会出现短期的高血压现象,有时血压比成年人还高,但经过一段时间后,血压趋于正常。

2. 性机能的发育已成熟

青年初期,人的生殖器官已接近成人,性腺机能已基本成熟,第二性征得到了进一步发展,两性意识明显,所以这个时期往往被称为“思春期”。

3. 神经系统已基本发育完全

青年初期学生的大脑皮层结构和机能已达到成人水平,兴奋和抑制过程逐步达到平衡,特别是内抑制机能逐步发育成熟,第二信号系统起着重要的调节作用。

三、儿童青少年的心理特征

(一)儿童期的心理特点

儿童入学后,开始系统地接受正规教育,这种生活环境的变化及主导活动的变化促使儿童心理产生了质的飞跃。

1. 儿童感知觉和观察的发展

在感觉方面,儿童的视觉感受性随着年龄的增长不断提高,颜色视觉在美术等课程的影响下也逐渐发展起来;儿童入学后,通过语文、音乐等教学的培养,儿

童听觉感受性进一步增强，呈增长趋势，并基本接近成人水平；运动觉，主要是手的运动觉因儿童手的骨骼肌肉有了一定的发育，因而有了一定程度的发展，动作的精确性、灵活性日益增加。但手的运动觉还未发展完善，尚难完成十分精细的动作；在知觉方面，就空间知觉来说，儿童常把对物体形状的知觉与具体事物联系起来。刚入学的儿童已能分辨前后、上下，但左右分辨能力较差，9～11岁儿童逐渐能比较准确地知觉方位。就时间知觉来说，时间观念的形成与他们的生活、学习有关；在观察方面，小学低年级儿童的目的性、持续性、细致性、概括性都较差，尔后随着教师在教学活动中不断提出有目的、有系统的观察要求，儿童的观察力不断发展起来，逐渐向主动自觉的、持续稳定的、比较精确的方向发展。

2. 记忆的发展

儿童入学后学习开始成为他们的主导活动，在学习过程中教师经常向儿童提出各种学习任务，从而使儿童的记忆在新的实践中发展起来，并产生了质的变化。9～10岁有意记忆、对意义的理解逐渐占据主导地位，意义识记不断增加，机械识记相对减少；虽然抽象记忆在迅速发展，但水平较低，因而记忆时常常要依赖具体事物、具体形象，所以在小学儿童阶段，直观教学十分必要。

3. 思维和想像的发展

入学后的儿童的第二信号系统日益发展起来，并初步占有主要地位，思维从具体形象思维逐步向抽象概念思维过渡，思维的品质逐渐有所提高，但其发展依然是初步的和低层次的。儿童的想像力随着学校教学的影响和生活经验的不断丰富而不断得到发展，其主要特点为：想像的有意性快速增长，现实性逐步增强，同时在想像中也含有一定创造性的成分。

4. 注意的发展

小学儿童因教师不断提出新要求，注意力由低级向高级发展。有意注意逐渐占主导地位，对抽象材料的注意逐步发展；注意不够稳定，常伴有情绪色彩；注意的品质不断改善，如注意的稳定性、注意的范围、分配和转移等都较以往有很大进步。

5. 情感的发展

入学后儿童的交际范围扩大，社会需求增加，儿童的情感内容不断丰富，在集体活动中发展了与他人、集体的关系和情感，如友谊感、责任感、义务感等；情感的内涵逐渐深刻，稳定性不断增强，对情绪的调控能力也日益提高。同时儿童的高级情感也开始形成和发展起来，如道德感、理智感和美感等。但从总体上看，儿童的情绪表情化，而且不稳定，情绪自控能力差。

6. 意志的发展

小学儿童行动的动机和目的水平不断提高，意志行动的计划性有了初步发展，克服困难执行意志决定的能力增强；意志的自觉性、果断性、自制力和坚持性等品质比学前有了很大的发展和改善，但整个小学阶段的儿童还缺乏按照自己的原则来调整自己行为的能力。

（二）少年期的心理特点

1. 观察力和记忆力的特点

随着学校教学的要求和少年学生自身学习积极性的提高，少年观察的目的性、持久性、精确性和概括性都获得了显著发展。少年期的学生开始主动地观察事物，并且自觉地制定观察计划，进行有意识的观察；对细节观察的感受性逐步提高，由于思维的参与使知觉的概括性明显地得到发展，观察逐渐变得深刻而全面。少年时期是一生中记忆力的最佳时期，有意记忆在各种学习活动中逐渐占据主导地位，意义记忆是主要的记忆形式，抽象记忆获得了更大的发展，对有情绪体验的事物的记忆水平提高，在学习、生活和社会活动中逐步形成自己的记忆特点和方法。

2. 思维力和想像力的特点

少年阶段的学生的思维能力有较大发展，具备一定的独立性、批判性，能够很好地掌握他们所理解的一些抽象概念，在对具体形象事物理解的基础上，开始对一些基本的概念能够掌握和理解，但对那些高度抽象而缺乏经验支持的概念尚不能正确理解；想像时空已从具体的、虚拟的事物向抽象的、现实的事物转化，想像的有意性不断增长，想像中的创造成分不断增加，想像的现实性不断发展。

3. 情感发展的特点

一是情感的两极性明显，情绪体验强而有力，难以自控。少年学生比起小学儿童情绪情感的内容更加丰富,情绪体验也更加深刻。他们充满热情,富有朝气,易动感情,也重感情;情绪反应强度大,易变化,紧张与轻松、爱与憎、激动与平静、狂喜与暴怒、异常高兴与极端悲观苦恼等情绪两极化明显,易从一个极端走向另一个极端。二是情感的内容不断丰富、深刻,主要是集体感、友谊感的发展和与人的社会性需要相联系的情感,如道德感、理智感和美感等有了很大发展。

4. 意志力发展的特点

少年学生意志的自觉性有了较大的发展,他们处处表现出独立、勇敢而不依赖于家长、教师,但他们意志行动的自觉性还不稳定,有时行动表现出盲目性;意志的果断性水平不高,轻率与冒失比优柔寡断突出;少年学生的自制力虽有一定发展,但因情感起伏较大,容易冲动,因此,他们自制力水平较差,对自己的行为不易自我控制;坚韧性或坚持性品质表现出较大的个体差异。总的来说,少年在学习、生活中常常有坚持下去的意愿,但遇到困难和挫折时往往表现得意志薄弱,易灰心丧气,有时还把任性、固执当做有毅力。

5. 自我意识出现了质的飞跃

自我意识指一个人对自己的认识和态度,它是人个性倾向的核心,对个性发展起着动力作用。进入少年阶段后,人的自我意识进入了蓬勃发展时期,包括成人感的产生、独立性的增强、性意识的觉醒和发展、评价和自我评价能力的发展等。

(三)青年初、中期的少年心理特点

1. 青年初、中期的少年智力发展特点

青年初、中期是个体智力发展的非常重要和最佳时期,这与他们生理上的青春发育期接近尾声有关,与他们的脑和神经系统的结构和机能接近成人有关,与他们心理发展日趋丰富和成熟有关;也与他们的知识经验越来越丰富和深刻有关,这些生理的、心理的和社会的因素综合在一起,促成了其智力的发展,使他们的观察能力、记忆能力、思维能力、言语能力、想像能力和解决问题的能力都发展到了较高的水平。

(1)观察能力和记忆能力。观察的目的较明确、也主动自觉,对事物的观察变

成自觉行动，不论从广度还是深度，深刻性和概括性达到了一定的水平。此时期的记忆力是人一生中的黄金时期，意义记忆、有意记忆和抽象识记是主要的记忆方式，在此基础上有所侧重，形成各自的特点。

(2)思维能力。抽象逻辑思维能力明显提高，能借助概念、判断和推理来理解复杂的事物，能理解作用于事物和现象的各种条件和关系，理论水平提高；思维的主要品质已达到了较高水平，想像力丰富生动、深刻复杂，思维的独立性、逻辑性、灵活性、创造性达到一定水平。

(3)言语能力。包括口头表达和书面语言有了较好的发展，口头表达比较完整、准确，书面语言逻辑性强。

2. 情感、意志及个性发展的特点

(1)情绪、情感体验强烈，情感的稳定性和不稳定性共存。高中阶段的少年形成了初步的理想和世界观，已经有了一定的或相当的集体感、自尊心和友谊感；由于自控能力和自我调节能力有所提高，他们表达情绪的方法越来越多，且具有文饰和内隐的特点；随着自我意识的增强，他们的自尊心和正义感、集体主义情感、责任感、义务感等高级的社会情感都有了很大发展。

(2)意志的特点。意志的自觉性、独立性、果断性发展显著，对新事物、新情况反应快，行动也快，能够比较自觉地调控自己的举止言行；毅力顽强，遇到困难时，一般能够努力解决问题，坚持完成任务。

(3)个性的发展。自我评价、自我控制和自我教育能力增强；他们的人生价值取向多元复合但偏重自我，注重务实但具有不稳定性和不确定性；在理想方面，具有现实性，也较为稳定；他们的世界观已初步形成，但还不成熟、不稳定。他们还存在有许多心理矛盾，诸如：独立意识和依赖心理的矛盾；情绪情感与理智的矛盾、升学与就业的矛盾；成才欲望与厌学心理的矛盾；个人意向与社会现实的矛盾等等。

四、儿童青少年的社会特征

儿童青少年的社会特征主要是指儿童青少年在与社会生活环境相互作用，掌握社会规范，形成社会技能，学习社会角色，获得社会性需要、态度、价值，发展社会行为，并以独特的个性与人相互交往，相互影响，适应周围社会环境(主要是家庭、学校和社区)，由自然人发展为社会人的社会化过程中所形成的群体特征。目前世界各国教育(包括家庭教育、学校教育和社会教育)改革都十分重视儿童青少年的个性、品德和社会性发展,儿童青少年的社会性发展已引起人们普遍的关注。

儿童青少年社会性发展的内容主要包括社会情感态度、社会行为技能、自我意识、道德品质、社会学习(社会认知)与社会角色和社会适应等方面。不同年龄阶段的儿童青少年其社会性发展具有不同的特征，反映了儿童青少年的社会化水平程度。

(一)儿童阶段的社会特征

1. 意识的发展

儿童入学后,正规的学习活动和集体生活对儿童提出了一系列新的要求,促使着儿童认识自己、检查自己、评定自己。因而自我意识出现了加速发展的现象。儿童自我意识的发展主要体现于自我评价和自我调节两大方面。(1)儿童独立自我评价能力日益增长。自我评价的批评性有一定程度发展,按原则自我评价的能力逐渐形成,如认为好学生应该"守纪律、诚实、有礼貌、勇敢"等。不过,儿童自我评价能力尤其是独立自我评价能力虽有所增长,但水平还比较低。(2)儿童自我调节能力逐步增强。低年级儿童的自我调节是被动的自我调节,高年级的儿童才能比较自觉地根据掌握的行为规范调节和控制自己的行为，调控能力越来越强,达到了主动的较高级水平。

2. 道德品质的发展

儿童对道德理解的水平较低,较肤浅、表面、具体,儿童道德概念的认识水平和接受水平直接影响着他们的道德判断、道德情感和道德行为,由于道德概念不清常常导致一些错误的行为。

3. 社会认知和人际关系的发展

总的来看,低年级儿童在生活上尚不能自理,吃住行还要依靠父母的陪伴和指导。随着年龄增长,自立能力提高,对家庭成员的依赖减弱。儿童阶段人际关系简单,除了家庭成员外,与其他的人际关系不稳定。随着年龄的增长逐步喜欢群体生活,大部分儿童生活在所谓的"同伴团体"之中。随着在学校中少先队、年级、班组、学习小组的概念的建立，共同目标、团结协作和争得荣誉是每个人努力的方向，集体意识迅速发展。游戏是儿童的主要活动之一，通过游戏儿童可与同伴沟通，形成非正式小群体。儿童社会关系的发展主要有：

(1)集体意识的发展。小学阶段正是集体意识形成和发展的关键时期。儿童在班级、少先队以及各种小组活动中，基本上明确了个人与集体的关系，并能自觉遵守集体规则，从相互认识、相互交往发展到相互帮助、相互关心。

(2)同伴关系的发展。小学儿童喜欢群体生活，常常几个人形成一个小群体，希望得到同伴的赞同和认可。

(3)与成人关系的发展。一是与教师的关系。低年级儿童对教师特别尊敬和信任，有时胜过对自己的父母；而到中、高年级的儿童对教师的态度逐渐发生了变化，他们不再绝对地信任和尊敬教师，而逐渐有所选择。二是与父母的关系。随着年龄的增长，教师与同伴的影响越来越大，因而父母对儿童的影响力有所下降，儿童对父母的依赖性逐渐减弱，特别是到了高年级，儿童不再事事听从父母而常常有自己的主见，力图摆脱对父母的依赖。这些初步表现了少年期的一些特点。三是与异性关系的发展。儿童对男、女性别行为已有了明确的认识，因而男、女儿童分别喜欢从事那些符合他们性别角色的活动，年级越高，同性一起活动的现象越明显。

(二)少年期和青年初中期阶段的社会特征

1. 少年期学生的社会性特征

少年学生在知识学习的过程中与教师、同学和集体发生着相互作用，在多样化的交往过程中，逐步学会了遵守规则，相互竞争，分工、合作、服从、争执、同情、互助、独立等个性品质；少年阶段是自我意识快速发展的时期，他们的道德品质和价值观日渐成熟，成人感、性意识和自我评价能力都有了较大发展；在这基础上少年学生开始对自己的需要、情感、能力、目标有了渐渐稳定的看法，这对他们以后的成长有着深远的意义。

2. 青年初中期学生的社会性特征

青年初中期是自我意识发展趋于成熟的时期，在学校生活、家庭和社会大众传媒的影响下及教师的指导下，随着身体的发育，知识经验的增长，学生能够自觉地认识和评价自己的个性品质、内心世界，因而能够独立地支配和调节自己的行为。这是自我意识发展的新阶段和新特点，主要表现为：

(1)更多地关注自己的个性品质。对人的内部世界、内在品质发生了兴趣，急于深入地认识和评价，包括自己的品德、才干、审美、学业等方面的水平。

(2)"自我"明显分化。更善于从旁观者的角度来观察自己，他们开始有自我炫耀的冲动，易表现出标新立异的举动甚至会挑战权威、传统和社会规范。

(3)对自己形象的关注。首先表现在关心自己的身体形象上，如身高、体型、服饰等；喜欢受到好评，对来自异性的好评比较敏感。

(4)自尊心强而敏感。自尊心是青年初期时自我体验的又一个重要方面，此时好胜好强的心理特别突出，羞耻感也发展起来了，这些促使他们在集体活动或群体中努力完成学业，认真参加各种有益的活动，以获得集体和他人的肯定和尊重，从心理上得到满足。

(5)角色意识的提高。主体的集团意识进一步增强，并特别注重自己在组织和群体的角色，为自己的角色目标努力。

当然，青少年学生在上述社会性特征发展的同时，也产生并伴随有所谓"问题行为"这一社会特征，尤其是处在少年期的学生。问题行为主要有：①心理性问题。多表现为情绪、性格方面的不良倾向，如缺乏合作意识、焦虑情绪、逆反心理、心理挫折等。②过错行为。指不遵守纪律、违反学生行为规则的问题行为，如攻击行为、早恋行为、抽烟喝酒等。③品德不良行为，通常的表现是偷盗、打架斗殴、流氓习性、说谎行为等。

第二节　儿童青少年体育概述

一、儿童青少年体育的作用

儿童青少年体育是社会体育的重要组成部分。是对儿童青少年进行的以健康、娱乐、休闲为目的的教育、身体锻炼和社会活动，旨在培养儿童青少年健康的体育生活方式，提高儿童青少年的文化素养。

体育对儿童青少年的成长及社会化有着积极的作用。

(一)体育运动能够促进人体的生长发育

体育运动和身体锻炼能促使儿童少年身体各器官、各系统正常生长和发育,从形态和机能上完善人体,是促进人体形态发育的重要手段。

这里的"生长"和"发育"是两个既有联系又有区别的概念。"生长"主要指人体各方面的量的变化,如身高、体重、胸围等方面的数量的变化。对此,不同的年龄有不同的评价标准,人们可把个体实际生长情况与相应年龄阶段的标准值相比,根据比较结果判断生长状态。"发育"主要是指人体的结构变化和功能状态的变化。人体的生长发育涉及到机能与形态两方面。儿童青少年正处于生长发育的重要时期。各子器官在结构和功能上都具有很大的可塑性和发展潜力,因此,抓住这一时机,充分利用各种积极因素,就能更好地促进其生长发育。影响儿童青少年生长发育的因素主要有遗传、营养、疾病、社会因素和体育活动等。当前,在我国社会经济发展良好,居民生活水平提高,营养条件改善,传染病等疾病被控制的条件下,体育锻炼活动就起着更为积极重要的作用。这种作用体现为:

1. 体育锻炼有促进骨骼生长的作用

19世纪法国科学家拉马克在他的《动物哲学》一书中提出了"用进废退"学说。其基本思想是:假若某种动物从幼小的时候就经常使用某种器官,则这一器官必将越来越发达,其功能的大小和强弱也因这一器官使用时间的长短而有差别。体育运动是以骨骼为杠杆,关节为支点,肌肉收缩为动力的生物——机械运动。经常从事体育运动锻炼了骨骼、关节和肌肉,使它们在结构、形态和机能上都发生变化,这是因为,体育锻炼能改善血液循环,增加骨细胞的营养供应。研究已证明,骺软骨细胞的分裂和增殖需要适当的外部机械刺激,运动时所受的挤压和振动均是良好的机械刺激。因此,儿童青少年在骨生长发育(骨化)停止以前,经常从事体育锻炼能促进骨的生长发育,使骨的长度增加,横径增粗,骨密度增厚,骨小梁的排列更加整齐,所以,经常从事体育锻炼可使骨承受更大的拉力和压力。

2. 体育锻炼有增强人体肌肉的作用

儿童少年的肌肉都不太发达,只占体重的25%~33%。儿童青少年时期如果能经常从事适当的体育锻炼,就能使肌肉体积变大,肌肉更加粗壮、发达,而且从事锻炼的时间越长，变化越明显，这种现象在运动生理学上将其称为“功能性肥大”。

3. 体育锻炼能促进内脏器官的发育，提高内脏器官的机能

运动时人体需要大量的氧气和营养物质，同时又要及时排除大量的二氧化碳，这就要求心血管系统和呼吸系统加倍地工作才能完成任务。经常从事体育锻炼可促使这两个系统得到更好的发展，特别在儿童少年时期，这种作用就更加明显。研究证明，经常从事体育锻炼的儿童少年，不论安静或运动时，心血管系统的机能都比一般儿童少年好。体育锻炼对呼吸系统的作用表现在呼吸肌发达，胸围和肺活量增加等方面。

4. 体育锻炼能改善神经系统的调节机能，提高神经系统的调节能力

人们通过视觉、听觉和本体感觉等接收的外来信息，与非条件反射相结合可以形成简单的条件反射，在非条件反射和简单条件反射的基础上又可形成复杂的条件反射。从生理学角度看，运动技能就是在非条件反射和简单条件反射基础上形成的复杂条件反射。高级神经活动学说认为，任何条件反射形成的本质都是大脑皮层中相应中枢暂时神经联系的建立和拓通。因此，学习和掌握运动技能的过程也就是大脑皮层相应中枢之间建立暂时神经联系的过程。大脑皮层中相应中枢之间暂时神经联系的建立，需要大脑皮层处于良好的兴奋状态。如果皮层兴奋性较高，那么，暂时神经联系容易拓通，运动技能也就容易形成，儿童少年，尤其 11～13 岁的儿童少年的神经系统的兴奋过程占优势，掌握运动技能较快。运动技能掌握得越多，大脑皮层中建立的暂时神经联系越广泛，神经系统对机体的调节机能越强。

（二）体育运动能够全面发展儿童青少年的身体素质

身体素质是指人体在大脑皮层支配下，肌肉活动的基本能力，包括速度素质、力量素质、耐力素质、柔韧素质和灵敏素质等；走、跑、跳、投、攀爬等基本活动能力。身体素质的好坏是衡量一个人体质健康水平的重要标志之一，良好的身体素质是掌握运动技能，提高学习效率的主要基础，它对提高人体活动能力与身体适应外界环境变化和抵御疾病有重要作用，也直接有益于人的健康。因此，世界各国都十分重视发展儿童青少年的身体素质。

(三)体育运动可以培养儿童青少年良好的个性和社会品格

个性和社会性品格是在活动中形成和发展起来的，在体育活动中青少年是活动的主体,他们可以在一个较为广阔的活动范围里尽情游戏、奔跑、竞赛,他们的个性既可充分地展示,又可在各种体育活动中得到充分的发展。同时在体育活动中,儿童青少年有较广泛的社会交往和人际关系,可以培养和发展他们在集体活动中的竞争与合作、沟通与交流等素质和能力,学会建立良好的同学关系和人际关系。在体育活动中获得成就感,增强自信心,形成自已独立的人格特征,加速儿童青少年的社会化。此外,体育运动可以培养青少年的审美意识和能力,以及表现美、创造美的能力。

(四)体育运动可以提高青少年的自我保健意识

体育运动能提高青少年自我保健和自觉锻炼的意识和能力，养成良好的生活习惯,有利于建立科学、文明、健康的生活方式。

体育活动能够把儿童青少年从书山题海或具体的事务中解脱出来，使身心获得积极的休息和放松,通过休闲体育活动建立良好的生活方式。校内课外体育活动使儿童青少年在与不同年级、不同年龄阶段的同学那里学会更多的体育活动内容和活动方式,校外课外体育活动使儿童青少年与成人一起开展体育活动,广泛地体验生活,在成人那里获得潜移默化的影响。

二、儿童青少年体育的任务

各年龄阶段的儿童青少年在生理、心理特点和社会性特征上存在着差异。因此,必须了解、掌握青少年各年龄阶段体育运动的特点,选择合适的内容、方法,培养青少年的体育意识和能力,养成体育锻炼的习惯,为其终身体育奠定基础。

(一)儿童青少年体育活动的任务

1. 儿童体育活动的主要任务

体育锻炼和身体养护相结合，促进身体的正常发育和正确的身体姿势的养成,发展基本活动能力,重视体态教育;使儿童初步掌握自身周围生活中的体育、卫生保健常识和运动的基础动作,使儿童感受运动的乐趣,培养儿童对体育运动的兴趣爱好和朝气蓬勃、团结友爱、遵守纪律、奋发向上等品德,打好运动能力和良好道德品质的基础。

2. 少年体育活动的主要任务

注重少年身体素质发展的敏感期，为全面发展身体素质打下良好的体力基础;使少年懂得体育的意义、运动卫生和各项运动的基本知识,掌握运动技能,培养独立锻炼身体的积极态度和能力;培养正确的体育观念,发展运动特长。

3. 青年初中期体育活动的主要任务

进一步发展和提高身体素质，重视发展耐力素质和力量素质，提高运动能力;树立科学的体育观,巩固提高已学过的运动技能,掌握身体锻炼和健身的方法;能掌握一两项有兴趣、有特长的运动项目;开展体育运动的社会价值教育,培养公正、拼搏、坚韧、进取、开拓、创新的精神和个性品质,培养和发展社会交往能力,建立良好的人际关系。

(二)儿童青少年体育活动的内容和方法

1. 儿童体育活动的内容和方法

儿童的骨骼、肌肉发育不成熟，内脏器官系统功能不完善，大脑皮层兴奋和抑制过程不均衡，兴奋过程占优势，因此，他们活泼好动，注意力不易长时间集中，喜欢内容丰富多彩的活动。体育活动的基本内容为游戏、基本运动、基本体操、韵律活动、小球类、武术和柔韧与灵敏素质练习等。教学方法和活动方法宜灵活、多样，教学方法主要以采用直观教学和变换手段相结合为主，辅以适当的语言;活动形式以集体和小组相结合,活动方法以游戏、竞赛为主。

2. 青少年体育活动的内容和方法

青少年处在生长发育的快速期,骨骼、肌肉迅速发展,内脏器官系统功能日趋完善,大脑皮层抑制调节能力不断加强,抽象思维能力不断提高。伴随着青春期的到来,少年男女在生理、心理方面呈现出明显的性别差异。体育活动的基本内容为田径、球类、体操、武术、韵律体操和舞蹈、各种身体素质练习(力量、速度、柔韧素质的练习等)。活动方法以比赛法、各种身体练习方法为主,包括自我锻炼方法,个人、小组或集体均可进行。

三、儿童青少年体育活动的组织与开展

体育活动可以加强人与人、人与社会之间的联系,拓宽人们交流、交往的渠道,促使人们建立和睦友好的关系,促进人的和谐和全面发展;增强群体的凝聚力,培养人们的团队意识与合作精神。儿童青少年个性的发展和社会化过程的实现都离不开人与人之间的相互作用,儿童青少年缺乏必要的人际交往,就会变得孤单、寂寞,长大以后也会在与人交际中发生障碍,不懂得如何与人相处。

儿童青少年的体育生活是受家庭体育、学校体育和社会大众体育三者的相互作用和影响的。在现代社会,儿童青少年的体育活动已成为社会教育的重要内容之一。通过组织开展各种各样的体育和娱乐活动,提高儿童青少年的健康水平、科学文化素质、道德品质,建立文明的生活方式,这是我国建设社会主义精神文明的重要内容和手段。

儿童青少年体育的组织和开展:

1. 按实施机构分类,主要有社会团体教育文化机构、家庭、学校、社区、政府职能部门等;

2. 按活动方式分类,主要有自我锻炼、家庭体育和社区体育;

3. 按体育活动区域分类,主要有家庭、学校、社区和社会等;

4. 按学校体育活动形式分类,主要有早操、课间操、体育课、课外体育活动,同伴群体活动。

四、儿童青少年体育的指导方法

(一)体育教师的教授

在学校,儿童青少年体育活动的主要指导者是体育教师。教师应根据儿童青少年身心发展特点选择适合的体育活动内容、方法,通过传授体育运动和健身的知识、原理、方法,培养和激发他们的体育兴趣、爱好和习惯;与学生共同制定科学合理可行的体育运动和身体锻炼计划,发展他们的身体素质和运动能力;在体育活动中培养个性品质,进行思想品德教育。

(二)家庭成员的引导

家长是儿童青少年体育最有影响的人物，应尽力给孩子提供必要的体育活动条件,并进行指导。年龄小的儿童可由家长带领做操、跑步、学武术,年龄大的少年则可在家长的督促下进行体育活动,节假日可一起远足或郊游等。

(三)学校体育俱乐部

学校体育俱乐部是学生课外体育活动的重要载体，学校的最大优势有体育教师、器材设施和组织条件,采取有效手段可以把学生从教室吸引出来,按不同的群体分组,成立体育俱乐部,以弥补体育课的不足。学校可以通过多种途径得到家长和社会的理解、支持和帮助,同时把体育俱乐部的工作作为体育教师的额外工作加以确认,使体育俱乐部的工作制度化、规范化。通过组织运动竞赛、体育游戏、“体育节”“体育日”等活动以达到儿童青少年体育锻炼的目的。

(四)社会体育俱乐部

社会体育活动是指儿童青少年在校外参加的由教育、体育、团队等有关机构所举办的体育活动,包括业余体校、文化宫、少年宫、体育场馆或俱乐部、有关政府部门和群众团体等组织举办的各种体育和娱乐活动,如业余训练、比赛、体育表演、夏令营、远足等。

（五）社区体育指导员

社区体育已经成为儿童青少年假日体育活动的主要形式，社区体育指导员不但承担成人体育活动指导，也是儿童青少年体育活动指导的主要力量。

（六）同伴群体的互动

儿童少年喜欢群体生活，重视与同伴小群体进行的各种活动。大部分儿童少年都有自己较为固定的同伴群体，他们相互为伴，共同游戏，共同交流，并以体育活动为主要内容，在体育活动过程中通过互相交流、传授，共同提高。

（七）大众媒体的介绍和传授

通过各类出版物、广播、影视、因特网等各种传媒方式，向儿童青少年提供和介绍体育活动和娱乐活动的内容、方法，指导他们进行有益的体育娱乐活动。

第三节　我国儿童青少年体育的现状与发展趋势

一、我国儿童青少年体育发展的现状、存在的问题和发展趋势

儿童青少年体育是儿童青少年生活和成长过程中不可缺少的一部分，是儿童青少年重要的生存环境之一。发展儿童青少年体育不但为社会培养了合格的劳动者，也为竞技体育的发展培养了后备队伍。当今世界许多国家为了增进儿童青少年的体质，培养儿童青少年参加体育活动的兴趣，培养终身体育的观念和习惯，制定了相应的政策法规。除了政府的管理和组织活动外，社会各界也对儿童青少年体育进行投入和帮助。同时，加强学校体育和社会体育的联系是发展儿童青少年体育的有效途径。学校体育和社会体育的协调发展为儿童青少年体育的发展构筑了一个很好的平台，使儿童青少年在与他人交往过程中学会扮演不同的社会角色，加速了儿童青少年的社会化进程。

(一)我国儿童青少年体育发展的现状

新中国成立以后,随着体育运动的全面发展,我国儿童青少年体育的发展受到重视,取得了长足的进步,经过几十年的不懈努力,已经积累了丰富的实践经验。我国儿童青少年体育的发展大致可划分为三个阶段:

初创阶段(1949～1965年):新中国刚刚成立,百废待兴,党和政府把儿童青少年体育放到重要地位。1950年和1951年毛泽东主席先后两次给教育部长写信提出了“健康第一、学习第二”的指示。1951年颁布了《关于改善各级学校学生健康状况的决定》,同年在中央人民广播电台和各地人民广播电台开播广播体操节目。1954年制定了《准备劳动与卫国体育制度》,1956年发布了《中小学体育教学大纲》,为儿童青少年体育活动普及化和经常化开展提供了制度保证。经过对解放前体育体制的改造和新体育体制探索发展,基本上建立了计划经济条件下儿童青少年体育发展的模式。

停滞阶段(1966～1976年):“文化大革命”期间,教育、体育事业受到严重摧残。由于学校办学方向和目标的偏离,儿童青少年体育活动也处于无序状态,儿童青少年健康状况普遍下降。

发展阶段(1977年～):十一届三中全会以后,经过拨乱反正,在改革开放的新形势下,各项事业得到恢复和发展,在改革教育的同时,学校体育步入正轨。20世纪80年代人的全面发展成为主题,儿童青少年体育活动受到重视。进入90年代,在素质教育、终身体育思想的影响下,儿童青少年体育活动的理念和手段、内容和方法都发生了巨大变化。儿童青少年体育活动呈多元化、多层次发展的格局。

(二)我国儿童青少年体育发展存在的问题

根据中华人民共和国教育部和国家体育总局对我国2000年国民体质状况调查的结果表明:目前8～18岁儿童青少年体质的一些指标,主要是肌力、耐力素质和柔韧素质三项指标,与1985年和1995年体质调查的结果相比呈普遍下降趋势;城市儿童肥胖率比例呈上升趋势;儿童青少年的心理健康存在许多问题,如自私、孤僻、任性、合作和集体意识淡薄、缺少宽容和友爱团结、意志薄弱等。

以上情况反映出在儿童青少年教育中，其中包括儿童青少年体育中存在一些不容忽视的,也是极为重要的问题。

1. 学校体育和体育课教学的教育观念急需更新,教学内容、方法必须改革,以适应素质教育的步伐。有些地方政府、学校功利主义思想严重,一方面追求升学率,一方面追求竞技运动比赛成绩,忽视大多数学生的体育活动。

2. 学校体育俱乐部发展缓慢，与市场经济改革的步调不相适应。各种体育运动俱乐部应该成为儿童青少年参加体育和娱乐活动的第二课堂，但学校体育俱乐部活动的开展较为薄弱。由于管理体制等原因,社会各界对儿童青少年俱乐部体育重视不够。

3. 家庭体育和健康教育的观念和方法有待于进一步提高。家庭体育在家庭教育中的地位和作用越来越受到家长的重视，但很多家长对孩子的期望和成长模式,依旧停滞在应试教育的层面。有些家长对子女参加体育活动进行控制和干扰。

4. 教学大纲的统一化不利于儿童青少年体育的发展。由于应试教育制度的影响,统一的教学大纲,制约了素质教育的贯彻和实施。学校难以在体育方面做较大跨度的改革,学校体育未能形成丰富多彩的局面。

5. 体育指导队伍薄弱，目前学校体育教师的配备主要是依据学生体育课的学时数确定的,有些学校认为体育课是副课,教师的配备还有空缺,不利于教师对学生的课外辅导、业余训练和组织校际间的运动竞赛开展。

6. 社区儿童青少年体育发展较慢，影响了儿童青少年体育活动的开展。儿童青少年的课余生活大都在社区,而社区较少组织儿童青少年开展体育活动,使多数儿童青少年的课余体育生活处于贫乏状态,不利其终身体育习惯的形成。

(三)我国儿童青少年体育发展的趋势

1. 社会化

随着我国市场经济的发展，教育、体育体制将发生根本性的变化，儿童青少年体育也将从学校走向社会，原来的儿童青少年体育以学校为主体将变为以社会为主体,儿童青少年对家庭紧密依附会变得松弛。儿童青少年体育休闲活动、健身、健美和娱乐性的竞技运动的发展会进一步走向社会,同时会带动体育产业的发展。随着经济全球化趋势的发展,教育、体育的国际化趋势更加明显。体育与国际接轨将成为儿童青少年体育的趋势之一。

2. 组织化

儿童青少年体育的多元化组织与管理，由原来依靠政府、学校办体育转化为政府、社会、企业、学校和社区办体育的多元格局。

3. 商业化和娱乐化

随着体育体制的改革，学校将成为体育经纪人、教练员或商业机构竞争的场所，他们把学校作为自己商业投资和吸引人才的热土，通过商业行为等参与学校的各种体育活动。另一方面，对于大多数儿童青少年来说，娱乐、健身、健美仍然是参与体育活动的主题，儿童青少年的生活空间、生活方式会随着社会娱乐文化的发展而变化，并形成自己的体育文化。

4. 多元化

随着素质教育的全面普及和提高，体育成为衡量全面发展的重要条件，学校体育方式方法更为灵活，儿童青少年体育成为个性自由发展的重要方式。随着考试制度的改革，体育地位更加突出，原来的教学模式、教学大纲将进一步改进，地域、地区模式将带来儿童青少年体育多元化发展的格局，民族和传统体育项目将受到重视，参加竞技体育的人群与参加娱乐、健身、健美等体育活动的人群都将有明显增加。

二、国外儿童青少年体育发展的现状、存在的问题和发展趋势

(一)国外儿童青少年体育发展的现状

目前，许多国家在儿童青少年体育的内容设置和组织管理方面极为相似，实行政府宏观指导，社会各界共同参与实施的机制。有的国家政府有专门的机构负责管理，有的国家有相关的国家级团体负责管理。地方各级政府、社会团体、私营企业和其他各界一般都要配合国家实施儿童青少年体育发展规划，在场地设施建设、管理和运营，竞技人才的培养，社会体育的宣传和普及等方面都发挥着重要作用。

进入20世纪80年代，许多国家制定了相关的儿童青少年体育政策、法规。

如日本文部省1992年起实施“儿童运动”和“支持青少年体育俱乐部”,促进社区俱乐部的建设,增加儿童青少年参加体育活动的机会。巴西政府实施“克鲁赛罗”计划，旨在改善学校体育活动的条件。1986年澳大利亚政府实施“澳式体育计划”，要求3~20岁的所有儿童青少年参加各种形式的体育活动，儿童青少年体育参与率明显提高,同时带动了整个社会体育的发展。美国“健康公民2000年”体育活动目标,以及“1998~2002年英国体育发展战略目标体系”中,都把儿童青少年体育作为重要内容,并提出了明确的阶段性目标。许多国家通过这些政策法规对儿童青少年体育进行引导和调控，以使儿童青少年体育朝着正确的方向发展。

大力发展学校体育，从目前来看仍是许多国家加强儿童青少年体育的主要手段,各国相互学习、相互借鉴,国际化趋势日益明显。举凡新的教育理论和方法,新的体育内容和方法都会被很快吸纳。最为突出的特征是全面协调发展,体育的地位显著提高。

当然，世界各国发展的差距导致了发展中国家儿童青少年体育参与率明显低于发达国家。其主要原因是:

1. 国家经济状况落后,政府对儿童青少年体育的投资较少,社区发展缓慢,缺少儿童青少年体育活动俱乐部或场地。体育观念陈旧,没有形成体育活动蓬勃开展的氛围。人民生活水平和生活方式落后,决定了儿童青少年体育处于较低的水平。

2. 教育落后，儿童青少年参与体育的主要形式是学校体育，加之场地器材欠缺,满足不了儿童青少年体育活动。教师队伍匮乏,没有足够的人力对儿童青少年体育进行指导。

3. 体育管理模式普遍落后,与教育、体育国际化发展不相适应。

(二)世界儿童青少年体育发展存在的问题

1. 女性参与体育活动积极性不高

主要原因是传统体育项目、现代体育项目与女性的传统角色不吻合。许多体育项目的竞争性、激烈性和英雄气概的表现与女性的温存、端庄的品格相悖,不适于女性的意识和体验,很多女性把体育活动看成是男孩子的事。

2. 缺乏对运动损伤的自我治疗和调节

竞技运动的突飞猛进导致体育的竞争性愈加明显，而这种竞争意识对儿童青少年有着深刻的影响，不论是在学校，还是在校外，他们参加体育活动都把输赢看得比较重要，因此在体育活动中常常有人受伤。同时儿童青少年参加体育活动缺乏专人的科学指导，在项目选择、活动方法和消除疲劳及恢复等方面缺乏管理，导致损伤增多。

3. 成人对儿童青少年参与体育活动的干扰和控制

家庭成员对孩子期望和要求往往是以自己的标准和体验，以及所处群体的经验和价值观念为出发点，与社会和孩子的要求有一定的距离。儿童青少年的体育活动主要体现的是获胜或竞争体验，而成人强调的是功利和实用，这就在儿童青少年参加体育活动时造成一定障碍。

4. 其他社会因素的影响

随着现代社会的高速发展，因特网、电子游戏等占据了儿童青少年的大量时间，影响了儿童青少年参加体育活动的机会。同时，一些国家由于贫困、地区差别和种族歧视也严重影响着儿童青少年接受教育和体育活动的开展。

（三）世界儿童青少年体育发展的趋势

世界各国在开展儿童青少年体育活动的具体措施和做法上不大相同，存在着较大的差异，但也存在着某些相同的方面，反映出一些共同的发展趋势，主要表现在以下几个方面：

1. 政府和社会更加重视和发挥学校在开展儿童青少年体育的作用，重视儿童青少年体育活动在教育中的功能。不断改革体育教学大纲，对学校体育因地制宜、区别对待，制定适应本地学校体育发展的政策、法规。

2. 儿童青少年体育的组织化和制度化，建立社会和学校体育发展的联系通道，使儿童青少年体育有组织、有计划地发展。同时政府制定鼓励性的政策或措施，提高社会对儿童青少年体育的支持和帮助。

3. 注重加强学校体育和社会体育之间的联系，以及儿童青少年体育和社会体育活动的联系。社会各界充分关注儿童青少年的成长，在财力、人力上有一定的支持。

4. 日益重视儿童青少年体育活动指导员的培养和管理。除重视体育师资队伍的建设外,还要重视社会体育指导员的培养。鼓励社会体育指导员和学校体育教师的交流和互补,保证儿童青少年体育的健康发展。

5. 大力改善儿童青少年体育和娱乐活动的设施条件和活动环境，包括卫生与安全措施。社会和学校关心儿童青少年的成长,加大对学校和社区体育设施条件和体育活动环境的改善力度，经营性的体育设施对儿童青少年开放实行优惠政策,吸引更多的儿童青少年参加体育活动。

6. 儿童青少年体育活动的自主性不断提高。随着教育的改革，社会拓宽了儿童青少年接受各种教育的途径,儿童青少年应从繁重的学习任务中解脱出来,家长、学校对孩子的控制力下降,使儿童青少年有更多的自由支配的时间参加各种体育活动。

思考题

1. 儿童青少年不同年龄阶段的生理、心理及社会特征是什么？
2. 体育对儿童青少年的成长及社会化有哪些积极的作用？
3. 儿童青少年体育的任务是什么,指导方法有哪些？
4. 儿童青少年体育发展中存在哪些问题？
5. 儿童青少年体育发展的趋势是什么？

参考文献

1　陈荫生　陈安槐主编．体育大词典．上海辞书出版社,2000.

2　王则珊主编．终身体育．北京体育学院出版社,1994.

3　白晋荣主编．青少年身心发展与社会化进程．河北教育出版社,2001.

4　朱智贤主编．中国儿童青少年心理发展与教育．中国卓越出版公司,1996.

5　曲宗湖　刘绍曾　邢文华主编．新中国学校体育50年回顾与展望．北京体育大学出版社,2000.

6　董驹翔主编．社会学．黑龙江人民出版社,1990.

7　夏云健　陈松娥主编．学校卫生学、营养学．广西师范大学出版社,

2000.

8　刘清黎主编．体育教育学．高等教育出版社,1994.

9　梁焕国　王桂莲　罗平汉编著．中小学生体育与体质发展．科学普及出版社,1985.

10　戴汝潜著．素质教育课程简论．山东教育出版社,1999.

第十二章

中老年体育

本章重点

中老年时期是体力逐渐衰弱,心理特征稳定,社会角色固定的时期。体育对中老年人具有健身祛病、延缓衰老、丰富生活等重要作用。开展中老年体育要根据身心特点和工作性质妥善安排,采用多层次、多元化体育服务促进中老年体育的发展。中老年体育将更加受社会重视,适合不同需求的中老年体育项目将会增加,中老年体育服务将得到改善。

第一节　中老年人的生理、心理、社会特征

一、中老年人的界定

人的年龄可分为三种:生理年龄、心理年龄和日历年龄。由于生理年龄和心理年龄划分标准经常会因人而异,所以,儿童、少年、青年、中年和老年人口的划分一般是按日历年龄划分的。不同的历史阶段、不同的寿命水平下,中年和老年的年龄起点有很大差异,中年、老年的概念并不一致。如在古代或现代某些低寿命国家,45 岁甚至更低年龄就已算是进入老年了。随着人类社会的不断进步,界定中年和老年的年龄起点在逐渐提高。

(一)中年人的界定

所谓中年人(也称成年中期),一般是指 36 ~ 60 岁年龄阶段的社会成员。划分标准通常将 36 ~ 45 岁称为中年前期,46 ~ 55 岁称为中年中期,56 岁以上者称为中年后期。

中年人无论在生理、心理、社会适应能力等方面都趋于成熟,作为社会人力资源中的宝贵财富,他们在社会建设与发展中承担着重要的角色,发挥着主力军的作用,因而,被称为是社会的中坚力量。但由于这一阶段年龄范围的跨度较大,其社会成员具有鲜明的异质性。他们当中既有学生、又有就职者,还有退职者,所从事的职业、拥有的社会地位和文化水平等都显示出较大的差异。

(二)老年人的界定

所谓老年人,一般是指 60 岁以上的社会成员。划分标准通常将 60 ~ 69 岁者称为低龄老年人，70 ~ 79 岁者称为中龄老年人，80 岁及以上者称为高龄老年人。

随着人类预期寿命的普遍延长，老年期即“老年”的起点年龄将成为一个变动的、不断提高的概念。瑞典著名人口学家桑德巴(Sundbarg)的年龄构成“三合

法”认为:老年人的起始年龄定为 50 岁。现在发展中国家一般采用 60 岁,发达国家一般采用 65 岁。

人口老龄化被定义为老年人在总人口中的比例(也称老年比或老年系数)的提高过程或人口平均年龄(通常用年龄的中位数来表示)不断提高的过程。一般将人口中 60 岁以上老年人占总人口的 10%，或 65 岁以上老年人占总人口的 7% 称为老年型社会。人口老龄化是生产力发展的必然结果,已经有很多历史资料和国内外实证材料可以佐证。

二、中老年人的生理特征

(一)中年人的一般生理特征

中年期是年龄跨度较大的阶段，要完整精确地概括出中年人身体的生理特征是一件困难的事情。但从机体的形态、结构和生理功能发生的变化来看,可概括出如下一些特征:

1. 身体机能、身体素质水平随年龄增加而逐渐下降

印度学者卡南高认为,生物体从胚胎期直至死亡为止的活动能力(生长和其他功能)的模式变化与以 45°角向上投掷标枪的轨迹相类似。人类胚胎生长和其他机能增加得很快,并持续至出生后 16 岁左右,之后速度减慢。约在 20 岁开始达到平稳期,直到 30 ~ 35 岁前,在机能上察觉不到有什么变化。35 岁之后,身体某些器官的功能便开始衰退，并且衰退的速度随着年龄的增长而加快。也就是说,在青壮年期,身体形态、机能、素质等方面的发展均已达到了一生中的最好水平,但进入中年期后,逐渐开始出现一系列衰退性变化。

首先,身体形态上出现变化。如体重、围度方面的指标开始出现增长的趋势,一般常见为:人到中年后,逐渐开始出现身体发胖、体重增加等。此外,由于身体内部机能的变化,开始出现白发或皮肤因缺乏弹性而显得松弛,或脸部出现皱纹等。

其次,身体机能、身体素质上出现变化。如骨的变化,据测算,35 ~ 45 岁的人骨开始损耗,且与年龄成线性关系,到中年后期,人体单位体积内骨质量减少,骨质密度降低,容易发生骨质疏松。以力量素质为例,进入中年后,力量素质逐渐呈现出下降的趋势(图 12 – 1)。其他一些身体能力也明显存在退行性变化现象(表 12 – 1)。

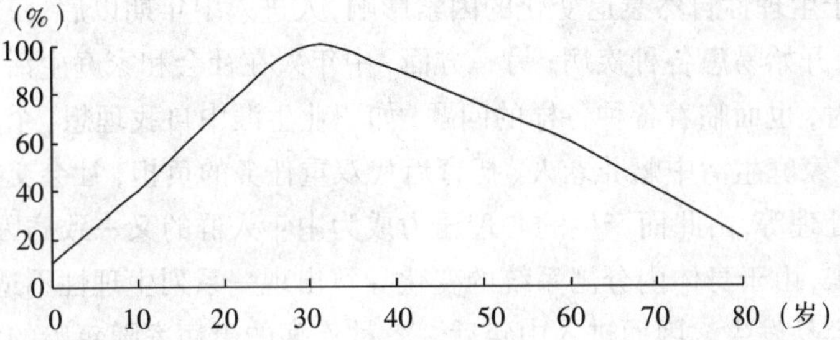

图 12－1　人一生中力量素质的变化趋势示意图
(引自《群众体育学》)

表 12－1　55～60 岁阶段身体能力相当于 20～25 岁年龄阶段的百分比

指标	(%)	指标	(%)
握力	75	肩关节可动性	70
背力	75	脊柱侧屈	85
屈臂力量	80	运动调节能力	59
腿蹬力量	63	听力	44
肌肉力量耐力	82	视力	63
动作速度	85	记忆力	53
刺激反应速度	77	分析判断力	77
快速反应速度	71	肺活量	75

(引自《群众体育学》)

由于身体机能和素质的逐渐下降，导致中年人对内外环境的适应能力随年龄的增长而逐渐减弱。

2. 各种疾病的患病率随年龄的增长而逐渐增加

患病率是指在一特定的人群中，疾病、损伤、事故发生的总人数。通常用比值乘以 1000 得出比率，它表示在每 1000 人中，有多少个病例，计算每千人的比率的一般公式是：

$$\frac{\text{群体中的患病人数}}{\text{群体人口数}} \times 1000$$

由于生理性自然衰退变化的因素影响，人进入中年期以后，一方面身体抵抗力下降，开始易患各种疾病；另一方面，中年人在社会和家庭生活中承担重要责任的同时，也面临着各种各样的问题，如职业生涯中自我理想、个人价值的实现与确立，家庭生活中赡养老人、抚育后代双重任务的负担，社会交往中各种人际关系的处理等，由此而产生的心理压力成为中年人群的又一致病因素。随着更年期的到来，由于身体内分泌系统的变化导致出现一系列生理性不适应症状，各种疾病更容易发生。因而进入中年后，各种疾病的患病率随年龄的增长而逐渐增加。

（二）老年人的一般生理特征

进入老年期后，受机体生命过程自然规律的影响，在形态、结构和生理功能方面表现出明显的衰老现象。衰老现象不仅具有个体差异性，身体部位的不同步性、不易察觉的渐进性特点，还具有普遍性、内因性、进行性、有害性、单向性特征。[①]

1. 普遍性

衰老是发生于同种生物中所有处于老龄过程的个体普遍发生的现象。

2. 内因性

衰老是发生于生物内部的一个过程，是一种自然的过程，而不是因外部因素如受到辐射所引起的一种过程。

3. 进行性

衰老的开始或出现，是随着年龄的增长逐渐发展的一系列变化的过程，而不是突然而来的。

4. 有害性

衰老导致对生物有害的结果，会使人体在机能、动作等方面衰退。

---

①邬沧萍主编：《社会老年学》，第1版，128页，北京，中国人民大学出版社，1999。

5. 单向性

衰老过程是单向性的，衰老的结果是朝着退化的方向发展，而不可能为正常的身体进程所逆转。

随着年龄的增长，人体内各器官及组织细胞的结构与功能出现退行性变化，这必然导致整体水平构成成分的衰老变化和生理功能的下降，结果使老年人出现如下机能变化特征：

(1)生理机能水平下降，易患疾病

进入老年期后，身体各器官、系统逐渐发生器质性和机能性变化。如大脑萎缩、退化，心肌收缩力减弱，血管弹性下降，骨骼钙化，肌肉萎缩，神经内分泌系统机能衰退等现象相继出现，以至疾病频频发生。据资料介绍，[①]老年人中患高血压者占 28.7%；患呼吸系统疾病的占 12.5%；患关节炎的占 5.9%；患心脏病的占 6.4%；患糖尿病的占 4.0%。老年人口的患病率、残障率、老年人口平均预期带病期(年)与年俱增。所谓平均预期带病期，系指某一年龄存活的老年人口在其余年期间身体患有各种慢性病的时间。表 12－2 反映了 1992 年我国城乡老年人口平均预期带病及带病余年比情况。

表 12－2　1992 年我国城乡老年人平均预期带病期及占余年比

区域	年龄	男性平均预期带病年	占余年	女性平均预期带病年	占余年
城市	60	12.3	75.2	15.1	78.5
	65	9.8	76.3	12.1	78.2
	70	7.6	76.7	9.3	77.0
	75	5.6	75.7	6.9	75.0
	80	3.9	70.7	4.8	70.5
	85	2.4	57.1	2.7	53.8
农村	60	9.0	57.1	11.5	62.4
	65	7.3	58.4	9.2	62.5
	70	5.6	58.5	7.1	62.7
	75	4.2	57.6	5.3	61.0
	80	2.9	55.1	3.5	54.5
	85	1.9	46.7	2.1	43.0

(引自冯立天《中国人口生活质量再研究》)

①体育学院通用教材《群众体育学》，第 1 版，203 页，北京，人民体育出版社，1990。

(2)身体基本活动能力下降,出现运动障碍

进入老年期之后,一般的老年人仍保持着一定的工作能力,尚有良好的基本活动能力,也有一部分老年人,不仅有较强的身体活动能力,还能较长时间地保持一个时期。但是随着年龄的增长,各种感官器官的结构与功能都有不同程度的衰退,记忆力下降、体力减弱,运动的灵敏性、准确性降低,从而使老年人反应迟钝、基本活动能力多呈显著下降的趋势。随着大肌肉群的力量的衰减,65 岁老年人的肌肉力量仅相当于 20 岁人的 50%,各种运动能力均随着身体素质的下降而明显减退。因此,这一时期开始出现各种运动障碍。据调查,行走困难的老人,60 岁左右占 6%,70 岁左右占 21%,而且随着年龄的增长,所占比例逐渐增大。此外,跌倒、骨折、外伤等意外事故常会发生并产生严重后果。

三、中老年人的心理特征

心理现象是建立在生理现象基础之上,同时又是在社会关系的环境中产生的。对中老年人心理特征的有关问题,主要是从个体变化和个体与社会的关系两大领域进行研究的。

(一)中年人的心理特征

随着中年人的生理走向成熟和生活经验的洗练、社会阅历的增加,在心理上也表现出相对的稳定性特征。过分的感觉兴奋退居第二位,表现出情绪持续稳定,兴趣指向逐渐固定、性情稳重,意志力持久,情感丰富而深厚。对外部环境和自身的认识也呈现出稳定性和同一性,正所谓"四十而不惑"。对自我行为的控制力和对外部环境的适应力增强,个体行动更趋于理性。中年人的智力发展为所负担的家庭责任和社会责任而进行,常常表现为经验判断和综合性决策。由于中年后期在生理上出现"更年期"现象,由于家庭成员关系的变化导致出现的"空巢症",事业发展不尽如人意而产生的"失落感"等因素,容易产生"中年危机"的心理适应问题。

(二)老年人的心理特征

由于神经系统,尤其是大脑的退化和感觉器官障碍的出现,首先引起感觉能

力下降,如视力、听力发生自然衰退现象。另外,由于神经纤维的传导速度变慢,传导通路逐渐失灵,导致老年人的记忆力下降,经常出现丢三落四的现象。记忆的衰退影响老年人不能迅速正确地从大脑中提取有关信息来处理眼前的问题,由此使思维的敏捷性下降而导致智力的下降。然而老年人也有自己的智力优势。老年人在长期的生活实践中,积累了丰富的知识和经验,在观察问题、考虑问题时更为周到、全面,在一定程度上弥补了感知觉能力、记忆力下降带来的消极影响。此外,判断推理的能力、理解力等几乎不会受年龄的影响。在情绪方面,随着年龄的增长、身体的衰弱、社会交往圈的缩小和余暇时间的增多,老年人经常会出现一系列的消极情绪体验。如孤独感、忧郁感、自卑感、空虚感、忆旧感、焦虑感等。在情绪表现方式和强度上,也容易出现一些消极的变化。关于老年人的一般性格特征,日本学者金子(1956 年)、德国学者马姆尼克(Mumnichs)(1966 年)等人也曾作过论述,[①]他们认为,老年人性格中,不论东西南北,有很多相同的地方,一般有以下几点:1. 自我中心性;2. 内向性;3. 保守性;4. 好猜疑、嫉妒心强;5. 缺乏坚韧性和灵活性,较固执;6. 适应性衰退;7. 老是怨天尤人,牢骚满腹;8. 爱管闲事;9. 疑心病大;10. 依赖性强;11. 有忧郁倾向。实际生活中的老人一般只具有其中的一两项,而且轻重程度不一。以上这些从不同的侧面提出了一个老年人的心理适应问题。

四、中老年人的社会特征

对中老年人的研究,最初侧重于生理学和心理学方面,20 世纪 50 年代开始扩展到社会学方面。人们越来越清楚地意识到社会因素和文化因素对人的不同年龄时期的重要影响,社会学的研究不仅使个体发展的差异性得到了更加全面的解释,而且赋予人的不同年龄阶段发展过程全方位的研究视角。从社会个体进入不同年龄阶段以后,个人与社会互动关系也表现出阶段性特征,这些特征对人的心理和行为产生着重要的影响作用。

①邬沧萍主编:《社会老年学》,第 1 版,95 页,北京,中国人民大学出版社,1999。

（一）中年人的社会特征

1. 职业角色的固化

根据生理学家研究，生理功能下降会引起个体认知能力和接受能力的缓慢下降，也就是继续社会化能力的减弱。而这种变化又会促成人体“求稳怕变”的心理定式，反映在个体社会关系上就是社会角色的固化。尤其是在职业角色上，中年期的个体一般不会轻易变动既定的职业角色，人才市场一般也不选择年龄更大的人才，而将45岁作为年龄上限。个体与社会选择的一致性赋予中年人角色稳定固化的特征。这在某种程度体现出中年人个体与社会关系的强化。

2. 社会地位的稳定

职业心理学家认为，一个人的职业周期可以分为四个阶段：(1)就业前的准备阶段——专业学习与培训、个人的职业选择与确定；(2)进入职业阶段——职业定位，学会适应组织化，为未来发展打基础；(3)稳定职业阶段——奠定个人的事业，并且专业化；(4)资深职业阶段——成为该领域的专长者，应用自己的经验和智慧，准备退休。大多数人经过选择调整和适应后，到30岁左右才能获得机会，奠定自己的目标方向，为自己的事业打基础。40岁左右取得稳定职业的人则通过不断提高技能和积累经验，成为某方面的专长者，从而得到社会的认可。他们具有较强的职业自我认同感，并获得满意的职位、职称，能用“自己的声音”发表意见，意识到对他人的权威。通过职业性名称获得社会地位，实现自我价值，并继续确保社会地位的稳固。许多中年人也开始接受自己没有成为专家、名人，没有成为公司的首脑，没有成为较富裕的人的事实。

3. 家庭角色的多重性

家庭角色包括父母、配偶、儿女、兄弟姐妹等多种角色。人到中年，不仅要承担核心家庭中的父母角色，为儿女提供经济支持（包括生活费用、医疗费用、教育费用和娱乐费用等）和情感支持（亲情之间的呵护与交流），成为孩子的监护人，并承担儿女基本期社会化的家庭导师任务，同时还要承担家庭中的儿女角色，为年老的父母提供经济支持和情感支持（包括赡养费用和生活上的照顾、精神上的慰藉等），父亲或母亲的年老多病，常常使中年人筋疲力尽。人生“生老病死”中的三件事主要发生在中年以后。另外，伴随着从婚姻关系的“浪漫之曲”向“伴侣之曲”的推进，如何通过“伴侣”的纽带（孩子、同甘共苦的家）扮演好“户主”的角色，如何处理好事业与家庭的关系等问题也摆在中年人的面前。角色扮演的多重性容易产生角色之间的冲突，无疑给中年人增加了多方面的压力，由此产生的“中年危机”现象也越来越引起人们的广泛关注。

（二）老年人的社会特征

进入老年后的社会个体，主要体现为与社会互动关系的弱化，即角色中断和次一级角色变换，其主要标志是退休和闲暇。

1. 退休与社会角色的中断

退休是个体老龄化的重要标志。根据我国有关规定，城市凡年满55岁的女职工和年满60岁的男职工均应办理退休手续。退休意味着个体与社会互动关系发生根本变化。其一，职业角色的中断。对老年人来说，退休实质就是职业角色的中断。其二，社会地位的下降。退休不仅是角色的中断，而且是原有权利、义务和社会地位的丧失。其三，社会联系的中断。社会团体是职业角色生存的环境，职业角色得到社会尊重和社会承认均来自社会团体。离开了社会团体，职业角色也就失去了生存环境。因此，退休就是与社会团体的脱离，社会联系的中断。这是造成老年人孤独寂寞的一个重要原因。退休呈现的消极变化必然会给部分老年人带来消极影响，这种消极影响对一些心理准备不充分的老年人来说会首先损害老年人的精神健康，进而会损害老年人的身体健康。

2. 家庭角色的变换

如果说老年人的退休导致了职业角色的中断，那么，家庭生命周期阶段性变化导致了老年人家庭角色的变化。家庭生命周期是指家庭从形成到消亡的整个过程。对此，格利克（P. C. Glick）等人提出了六阶段划分法（图12－2）。[1]家庭生命周期的分布不是一成不变的，而是不断发生变化的。

---

①约翰·邦戈茨等主编：《家庭人口学　模式及应用》，第1版，84页，北京，北京大学出版社，1994。

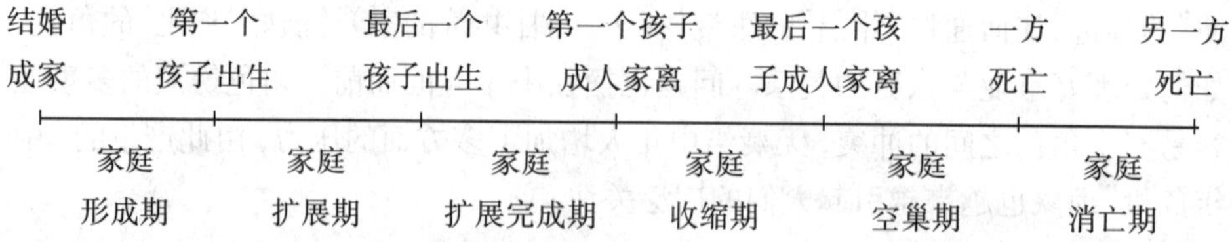

图 12－2　家庭生命周期示意图

工业化之后，较少的子女数量和较长的人口寿命使家庭生育抚养期缩短，空巢期和消亡期延长。家庭进入空巢期以后，父母角色的权利、义务和社会期望开始淡化。随着子女们另立门户，家庭和配偶成为老年人生活的主要依托。老伴在经济支持、日常生活照料和精神慰藉方面都发挥着儿女们无法替代的作用。因此，丧偶对于老年人身心带来的影响不仅表现在生活方面，而且表现在心理方面，会使老年人产生不安、孤独和寂寞，从而影响老年人的生活质量。

3. 闲暇的增多

伴随着老年人的职业角色中断和家庭角色的变化，闲暇时间随之增多。从个体老龄化过程来说，闲暇是人生中的必经阶段，也是对老年人辛苦一生的补偿和报答。闲暇成为老年人生活的重要内容。对闲暇的认识和利用，决定了老年人的生活质量。对闲暇的认识基本上有两种观点，一种是闲暇无价值论；一种是闲暇有价值论。在传统社会里，老年期的闲暇代表了成就与威望；在现代社会里，老年人的闲暇则意味着人生的继续与补偿。如果将年轻时的劳动角色视为对社会的尽职尽责，那么老年期的闲暇角色则更多的是满足老年人的宿愿。按照自己的意愿安排生活，这是最高的精神境界和心理满足，也是达到长寿、健康、愉快的最佳途径。

第二节　中老年体育概述

一、中老年体育的意义

(一)中老年体育的意义

中老年体育是指以提高中、老年人的健康水平、丰富余暇生活、提高生活质量为目的的体育活动。

1. 中年人体育的意义

中年人是社会财富的主要创造者，是推动社会发展的中坚力量，是承上启下的一代。据统计，科学创造的最佳年龄阶段是25~45岁；技术创造的最佳年龄阶段是35~45岁；文学创造的最佳年龄阶段是27~45岁；社会科学创造的最佳年龄阶段是35~67岁。如果就人生的整个历程而论，中年人是为社会创造物质财富和精神财富的最佳时期。

中年人年富力强，但由于人体发展的自然规律，身体机能不可避免地开始从旺盛逐渐走向衰减。同时他们肩负的社会重任，使得他们必须面对一系列问题的挑战：婚姻、家庭、培育下一代、赡养长者、职业、事业、挣钱、竞争、压力、疾病都会直接给成年人带来身心双重影响。伴随社会变迁的加剧，生产方式、生活方式的改变，生活工作的繁忙、节奏加快，闲暇时间的减少，也会使中年人较易产生疲乏感、紧张感、甚至引起不适应症。因此，体育运动以它独有的方式，可为成年人提供一个独特的舒缓空间。对中年人来说，社会体育为他们享用体育运动提供了良好的机会。

体育运动对于中年人来说，其意义概括起来有以下几点：

(1)继续提高、保持身体的各种能力，推迟衰老进程

进入中年以后，人的身体机能、素质与运动能力一般很少再提高，随着年龄的增加，出现逐渐减退的趋势，但就个人而言，这一发展变化过程有很大的个体差异。坚持身体锻炼的人，不仅能将个人的各种身体能力的最佳状态较长时间地保持下去，而且中年后期阶段，则能明显推迟身体各种能力下降的开始时间和减

小下降的幅度。相反,有些中年人未老先衰,虽然年仅四五十岁,但体力年龄却已降到 60 岁的水平了。中年期参与体育运动,具有防衰、抗衰,使身体各种能力较长时间保持在高水平状态上的作用。

(2)防治各种疾病、保持旺盛的精力、提高工作效率

对中年人来说,体育不仅可以健身、强体,而且还是防病、治病的有效手段。有关调查结果表明:坚持经常身体锻炼的中年人,不仅很少患流行病,而且心脏病、高血压、糖尿病、肝炎等常见病的患病率也明显低于一般人。另外,采用体育的手段治疗某些疾病能收到一般药物所不及的效果。

人力资本理论认为,健康是发挥人力资本作用的基本保证和防止人力资本丧失的重要手段。人的体能、精力及健康状况与生命长短可以直接影响到一个人的人力资本的投资效率和收益率,以及人力资本生产效率的发挥。中年人作为社会人力资本中的生力军,其精力是否充沛和旺盛,成为直接影响工作效率的重要因素。而精力是体力、智力和心理因素的综合反映。经常进行身体锻炼,积极参加各种体育活动,不仅可以提高和保持中年人的体力水平,而且对保持高水平的智力(记忆力、观察、判断、综合等能力)及其发展也有促进作用。中年人体育与工作效率水平的提高有着内在的联系。

(3)加强社会交往、丰富业余文化生活

从社会学角度看,中年人参加体育运动不仅是一项身体性活动,还是一种社会交往互动活动。通过各种体育比赛,参与各种运动群体活动,可以扩大中年人社会接触面,加强不同职业、不同社会地位、不同年龄阶段各种类型和层次的人之间在工作与生活,以及文化休闲等方面信息的广泛交流。在日趋工业化、城市化和以业缘关系为主的现代生活中,这种体现人本主义(功利主义色彩较浅)的社会交往活动显得越来越重要。同时,在娱乐、健身与健美、休闲与锻炼中,还可以体验到陶冶情操、丰富余暇文化生活的作用。

2. 老年人体育的意义

(1)健身防病、健身祛病

健康的晚年和经常性体力活动分不开。大量事实证明,体育锻炼是防治许多老年病的有效手段。如冠心病是老年易发病,通过体力活动,每天多消耗能量 400 ~ 500 大卡,就能使其发病率明显下降;每天坚持步行 20 分钟以上的人,其心电图上异常改变的发生率比未参加活动者低 1/3。就血压来说,经常练太极拳 50 ~ 59 岁的老人能维持正常的血压(134.1/80.8 毫米汞柱)。而骨质疏松,也多

发生在少活动的中老年人中。据调查，一组平均年龄为64岁的农业劳动者，其骨骼中骨质密度大，骨质量为80.8%；而另一组平均年龄只有52.3岁经常坐着工作的人，其骨质量却为61.1%。因此，预防骨质疏松的有效途径也是经常参加体力活动。

有些老年疾病也可以通过体育活动达到治疗的效果。对于许多运动障碍性疾病，如肩周炎和肌力衰退而行走困难、关节活动困难等疾病，体育活动可以收到一般药物所不及的良好效果。

(2)延缓衰老

岁月流逝，它在人们的神经系统也留下了深刻的印记。一般老年人的大脑重量比20岁时减少6.6%～11%，大脑表面面积比青年时期减少10%。这是神经细胞大量死亡和萎缩造成的。通过体育活动对中枢神经系统的直接刺激作用，可以延缓神经系统的衰老过程，保持敏锐的头脑。

“老年学”的学者们在探索运动与寿命的关系中，曾用大白鼠做实验，发现运动鼠的寿命比不运动鼠长。在对人的寿命与运动关系的调查中，发现运动员的平均寿命都较同代人略长。一位学者观察了396名男子滑雪运动员。他们出生于1845～1910年，追踪观察到1967年，发现他们的平均寿命为73岁，比同年代的普通男子平均寿命多4.3岁。另一位学者观察了两个大学的情况，其中4976名划船运动员（1882～1902年间的运动员）的平均寿命为67.9岁，比他们的同学高6.3岁。①

在我国几组长寿老人（80～100岁）的调查中，发现长期从事体力劳动的人所占的比例很大，低者为80%，高者为100%。105岁长寿老人冉大姑是最突出的一例。②这些长寿老人当中有不少长期练习太极拳、气功或做其他运动。外国的几组长寿调查资料，也说明了长寿者多数是从事体力劳动的。一些一直生长在山区的长寿者经常攀登山路，心肌、体质得到了很好的锻炼，这正是他们长寿的重要原因。

总之，对老年人来说，适当的体育锻炼是健康之路、长寿之路。

(3)提高老年人精神文化生活质量

由于老年人独有的生理、心理特征，往往容易产生心理不适应症。这就需要调整，重新建立与自己的角色相适应的生活方式，顺利地进入新的角色。体育活动为老年人的精神文化娱乐生活开辟了一个新的空间。老年人可以利用充裕的

①②新体育杂志社编：《中老年的体育和健康》，第1版，6页，杭州，浙江人民出版社，1983。

闲暇时间，在各种身体运动、身体娱乐活动中体验到健康之乐；可以广泛地接触他人，拓宽社交范围；可以领略到自然中运动的魅力。这些可以促使老年人心情愉快、精神充实，从中获得幸福感。这对于老年人精神生活质量的提高无疑具有十分重要的意义。

二、中老年体育的特点

（一）中年人体育的特点

1. 自发性

中年人是抱着为实现自我需要的目的接受社会体育和参加运动的。如果他们所要求、期待的目的不能得以实现，就不会继续参加体育活动。所以，中年人体育要在他们自觉的基础上进行，在确定社会体育计划、目标及选定社会体育内容和方法时，要全面了解并反映中年人参与者的要求，只有这样，才能把中年人自发的运动要求变为自觉的、主动的体育活动。

2. 现实性

一般来说，中年人的运动要求产生于他们在现实的个人生活和职业生活的实践中，他们希望通过参加运动解决减肥，或增加肌肉力量，或调整情绪，或结交朋友，或放松娱乐等现实生活中的问题。这就要求中年人体育必须同他们生活的实际需要相适应。同时还必须促使他们将已有的运动经验具体地运用到社会体育活动目标、内容和方法之中。

3. 灵活性

由于中年人体育是根据每个中年人不同的运动要求和实际生活需要来进行，所以不可能采用类似学校体育“教学大纲”那样的统一模式，这就确定了中年人体育的灵活性。但是对于在职业和生活环境相同或相似的中年人，也可采用类似“标准化”的方法。

4. 针对性

中年人的体育运动参与只是为了解决生活中遇到的问题和掌握在生活中应

用的运动知识技术。因而，中年人体育必须有很强的针对性，与中年人的实际需要相结合。

(二)老年人体育的特点

1. 积极性

老年人对健康与长寿的特殊追求，使得他们能够比较自觉地、主动地参与身体运动，而且具有较强的持久性和稳定性。同其他年龄人群相比，每周坚持体育锻炼 3 次的老年人约为 78% 以上，参加锻炼的老年人比例也较中年人高（图 12－3）。

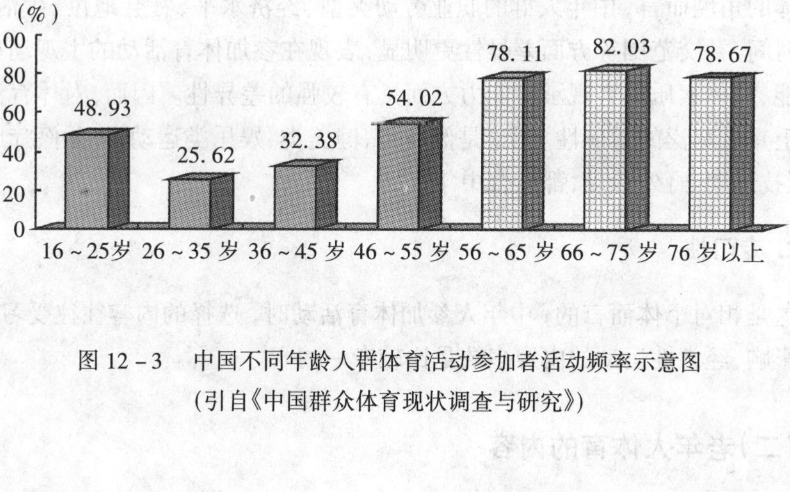

图 12－3 中国不同年龄人群体育活动参加者活动频率示意图

(引自《中国群众体育现状调查与研究》)

2. 结群性

老年人在生理、心理、社会角色等方面的相似性，决定了老年人参加体育活动喜欢并容易以群体的方式进行，结群的途径既可由上而下，由政府设置各种群体或组织吸收老年人参加某种团体的体育活动，也可由下而成，老年人通过地缘或趣缘的媒介自发聚集成各种各样的小群体，如秧歌队、冬泳队、晨练点等。

3. 针对性

防病治病是老年人参加体育活动的主要动机，因此老年人体育的内容和方法应显示出较强的针对性，才会对老年人产生吸引力。另外，老年人的身体机能和身体素质相对弱化，对体育活动的适应能力无论在运动内容、时间、运动量、运动强度，还是运动环境等方面都有一定的局限性。因此，在老年人体育活动的安排中，应体现出因人而异，区别对待的指导原则。

三、中老年体育的内容

（一）中年人体育的内容

1. 多样性

对于中年人群来说，在生理、心理、社会等一般特征方面有一定的相同性。但就个体的角度而言，中年人群的职业劳动类型、经济水平、社会地位、生活方式、闲暇时间、社交范围等方面差异性更明显，表现在参加体育活动的主观动机和身体机能、身体素质的客观承受能力方面具有较强的差异性。因而，对体育活动在内容上具有宽泛的适应性。无论是健身类、健美类、娱乐类运动，还是医疗康复体育、竞技运动、野外活动，都适合中年人群。

2. 专门性

这是相对个体而言的，中年人参加体育活动时，选择的内容往往受习惯、兴趣的影响，经常性运动的内容多数是比较专一的。

（二）老年人体育的内容

常用的适合老年人的体育活动内容有：

1. 步行

步行是人们活动身体的具有代表性的一项运动，对老年人来说也是一件很容易做的运动，但作为一项运动它与平时的步行有所不同。

一般来说，老年人步行有以下几个特点：

●步行速度慢

●步幅小

●行走成八字步

●两脚着地后停留的时间长

●行走时脚拖地

●两臂摆动幅度小

有益于身心的步行方法就是要逐步改变老年人行走的自然特征，采取与以上 6 种特征相反的姿势行走。研究证明，老年人每天步行 1 小时 30 分～2 小时（速度为 3 公里/小时），代谢率提高 48%。[①]长期坚持下去，就能收到很好的锻炼效果。

2. 慢跑

老年人跑步锻炼要根据跑时最高心率（次/分）来掌握，一般不超过 170 减去年龄的数字。例如 60 岁的人，最高心率不超过 170－60＝110（次/分）。

3. 保健操

老年人锻炼还可以采用一些动作柔和轻缓、呼吸自然、运动负荷较小的肢体活动形式。如八段锦、太极拳、木兰扇等。

4. 小强度球类运动

小强度球类运动是指那些适合老年人的简单易行、运动量较小、娱乐性较强、技术性和对抗性较弱的球类运动项目。如羽毛球、门球、简易高尔夫球等。

5. 娱乐性或健身性游泳

包括夏季游泳和冬季游泳等。

除了上面介绍的几种运动内容外，老年人还可以根据自己的健康状况、兴趣爱好和运动习惯，选择参加广播操、自行车、登山、垂钓、家用健身器、旅游、气功等方式的运动锻炼。

①［日］东京都老年人综合研究所著：《健康的生活与运动》，中文 1 版，北京，中国人口出版社，1998。

四、中老年体育的指导要点

(一)中年人体育的指导要点

1. 积极引导强化动机

中年人家庭和工作负担重、时间少，一部分人自恃身体健康，容易忽视身体锻炼。因此，首先应积极引导中年人建立参与体育活动的主观意识，激发自觉、自愿、积极参与体育运动的欲望，强化参与运动的动机。

2. 了解差异合理确定锻炼方案

中年人群在年龄、生理、心理、职业特点、社会地位、体质状况、对体育的需求程度、原有的体育运动经历等方面存在着较大的差异性。充分了解这些差异，根据中年人不同人群的特点，有针对性地提出和确定锻炼方案，制定运动处方，是十分重要的。

3. 定期检测及时反馈锻炼效果

一般来说，中年人参加体育活动具有比较强烈的功利性。他们往往追求“立竿见影”的锻炼效果，因此，必须及时地进行运动效果测定，让其尽快直接了解锻炼的效果，以满足和不断激发参与体育活动的需要，保持体育运动行为的持久性和稳定性。

4. 科学锻炼预防运动伤害

进入中年后，身体机能呈逐渐衰退态势，但许多中年人仍不愿意接受这样的现实，在参与体育活动时容易出现“逞强好胜”的现象，往往造成运动性损伤。应注意科学引导及时提醒，预防和避免伤害事故的发生。

(二)老年人体育的指导要点

1. 健康检查

有些老年人表面上看似乎很健康,但常常有潜在的疾患和机能低下,因而健康检查是不可忽视的,特别是对那些初次参加运动的人来说尤为重要。急性病、重病、没有得到控制的慢性病患者,不宜进行体育活动。切记盲目运动是十分危险的。

2. 制定运动处方

老年人身体机能水平的个体差异大，一般公式推算出的运动处方可能不适用于所有的老年人。因此,一定要以个人检查数据为基础进行个别处方。运动处方中要对运动目的、运动项目、运动强度、运动时间、运动频率等提出具体详细的建议。

3. 选择运动环境

老年人体温调节机能下降,必须注意环境温度。一般来说,气温在 5～27℃之间，湿度在 70% 以下的环境最有益于老年人参加体育活动。冬天应避开黎明时分,太阳升高时方适合运动。夏天应避开中午,选择清晨,以防止中暑。尽量使用专门化的运动设施。由于运动能力的差异性,应避免与年轻人在一起锻炼,以防运动量失控。

4. 重视安全

老年人的体力储备少,骨骼脆弱、肌纤维弹性低,意味着身体承担不了过重的负荷,因此要特别注意安全,运动量不要超过安全界限。同时老年人应避免做灵敏性、力量性、无氧运动、举重、快速上下台阶等运动,以防伤害事故。

5. 注意身体与精神的平衡

体育活动不仅是身体的锻炼，情绪愉快等精神方面的收获对健康的作用更为重要。指导老年人参加体育活动不应仅着眼于身体,而要通过身体活动接触社会、结交朋友、寻求欢乐。因此,应重视康乐的效果。如建立和谐互动的运动群体,创造亲切和谐的运动氛围等。

第三节　我国中老年体育的现状与发展趋势

一、我国中年人体育的现状与发展趋势

(一)我国中年人体育的现状

1. 参与体育活动的人口比例偏低

据调查，1996年我国不同年龄人群中体育活动参加者的比例，呈现出两头高、中间低的明显态势(图12-4)。这意味着中年人的体育参与程度就总体而言是偏低的,而且中年前期和中年中期的人群更为明显。不参与体育活动者的主要原因是闲暇时间少和工作负担重。

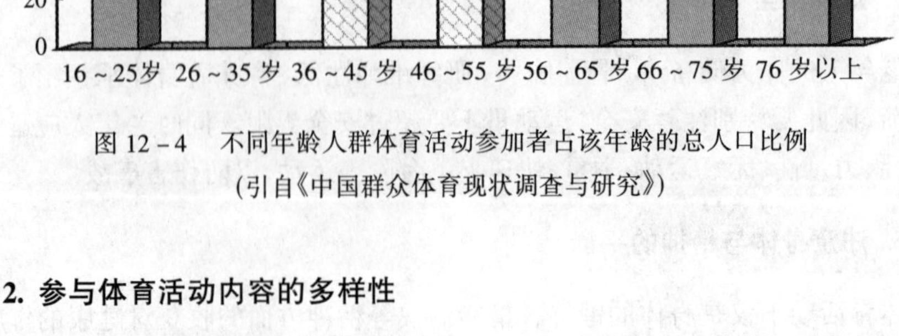

图12-4　不同年龄人群体育活动参加者占该年龄的总人口比例
(引自《中国群众体育现状调查与研究》)

2. 参与体育活动内容的多样性

中年人喜欢的体育活动内容较多,既有个人的,又有集体的;既有竞技性的,又有休闲性;既有正式的项目,又有民间非正式的项目(图12-5)。

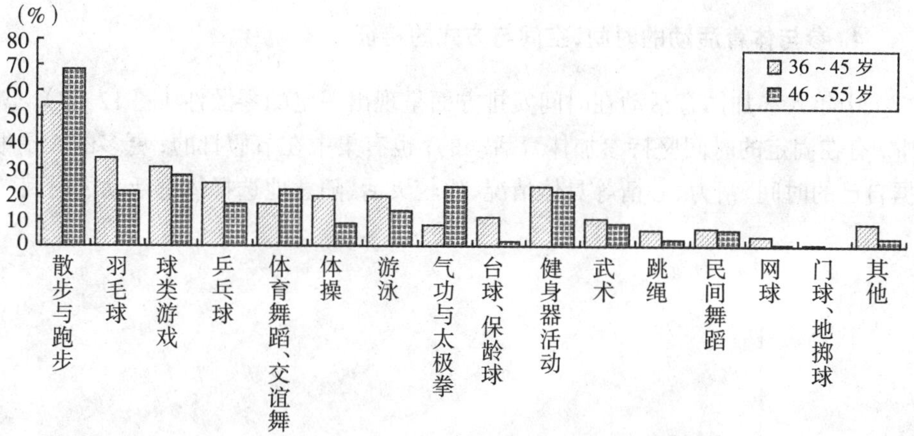

图 12－5　36～55 岁人群参加体育活动内容分布示意图

(引自《中国群众体育现状调查与研究》)

3. 体育行为目的的多元化

中年人参加体育活动的主观目的呈现出多元化倾向(图 12－6)。不仅局限于健身的目的，还试图通过体育活动放松身体与精神，消除由于职业工作和社会、家庭生活带来的各种紧张感、疲劳感和精神压力，从而达到“减压”和改善精神面貌的目的。此外，他们中也有人把体育活动作为人际交往的桥梁和手段，通过共同参加体育活动，实现扩大社会交往范围、提高社会交往效率的目的。

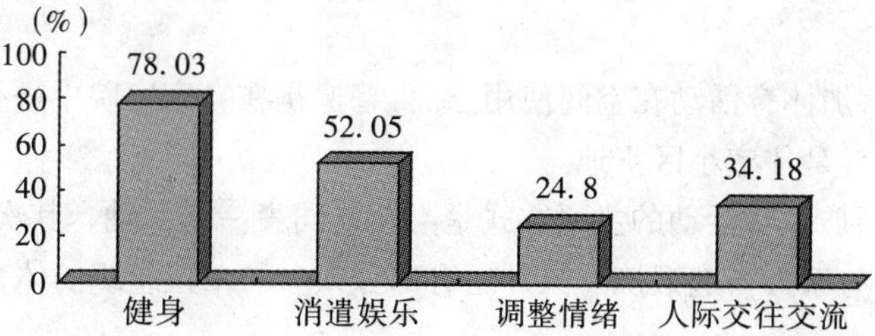

图 12－6　36～55 岁人群参加体育活动目的的选择与分布示意图

(引自《中国群众体育现状调查与研究》)

4. 参与体育活动的时间、空间与方式的特征

中年人参加体育活动在时间安排方面呈现出一定的零散性（图 12－7）。其中，有在固定的时间坚持参加体育活动的；也有集中在节假日的；更多的人是根据自己的时间、精力、心情等具体情况，比较灵活、随意地选择体育活动的时间。

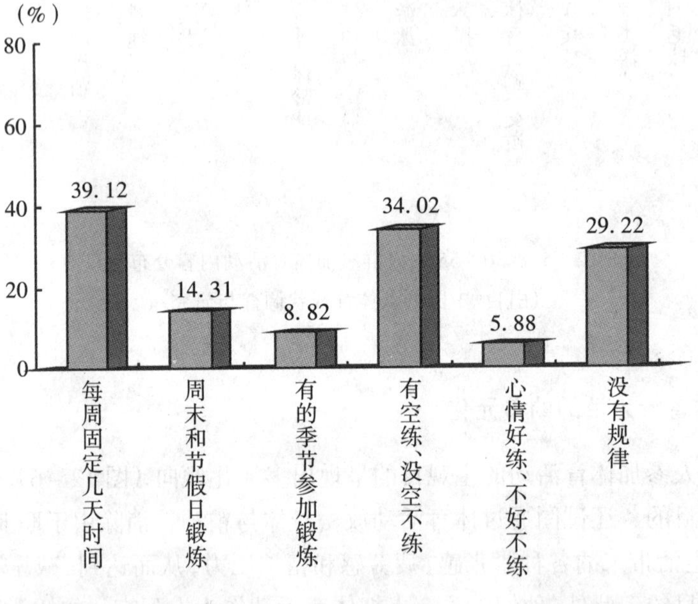

图 12－7　35～36 岁人群参加体育活动时间安排示意图

（引自《中国群众体育现状调查与研究》）

中年人参加体育活动在空间使用方面，普遍是在自家庭院中进行，其次是公园街道边，再者是住宅小区空地。

中年人参加体育活动的主要方式是与朋友同事一起活动，其次是个人形式锻炼，再者是与家人一起锻炼。另外还有部分人参与单位组织的体育活动。

5. 不参加体育活动的原因

中年人群中有 70% 以上的人不参加体育活动，其原因：第一是时间少；第二是工作负担重；第三是缺乏体育设施；第四是没有兴趣（图 12－8）。

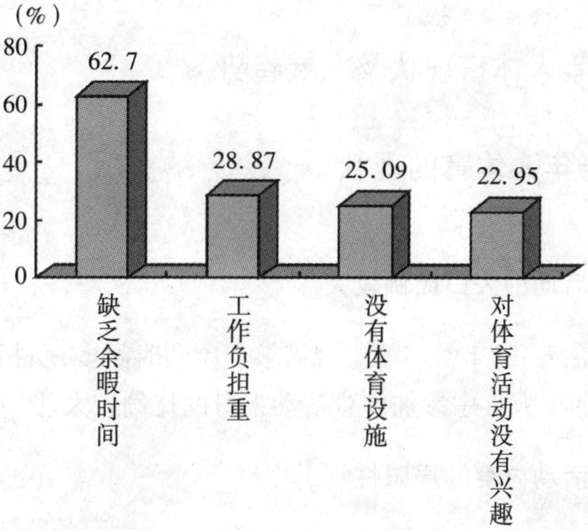

图 12－8　35～36 岁人群不参加体育活动的主要原因示意图
(引自《中国群众体育现状调查与研究》)

(二)我国中年人体育的发展趋势

1. 随着我国产业结构的调整，脑力劳动者人数的不断增多，中年人群的体育人口比例将逐步增加。

2. 在形式多样的体育运动中，休闲娱乐性的运动项目将成为中年人体育活动的主要内容。

3. 家庭成员、朋友等初级群体以及个人参与将成为中年人参与体育活动的主要形式。

4. 中年人体育的研究将引起体育科学研究领域的关注，社会也将逐步研发出更加适合中年人的体育活动方法和手段。

二、我国老年人体育现状及发展趋势

(一)我国老年人体育的现状

1. 参与体育活动的人口比例较大

老年人防病治病、延年益寿的主观需求和闲暇时间多,负担(家庭、职业)相对较轻等促使了老年人群中参加体育活动人口的比例较大(图 12 - 3)。

2. 参与体育活动内容的局限性

现阶段可供我国老年人选择的体育活动形式还不十分丰富，老年人参与的体育活动局限在散步与慢跑、体操、气功和太极拳几种活动形式上(图 12 - 9)。

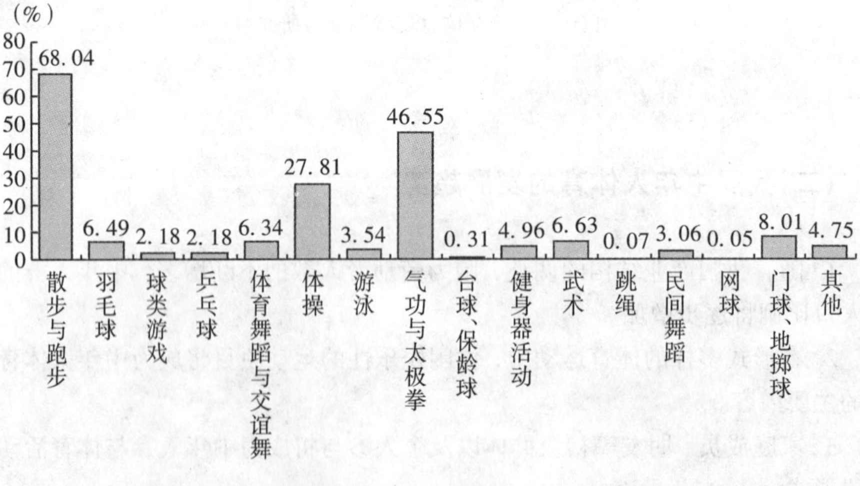

图 12 - 9　56 岁以上人群参加体育活动内容分布示意图
(引自《中国群众体育现状调查与研究》)

3. 体育活动的主要目的是健身

老年人参加体育活动的主要目的是健身，还有部分老年人把体育活动作为消遣娱乐、调整情绪、人际交往的手段,通过共同参加体育活动,满足精神方面的需求（图 12-10）。

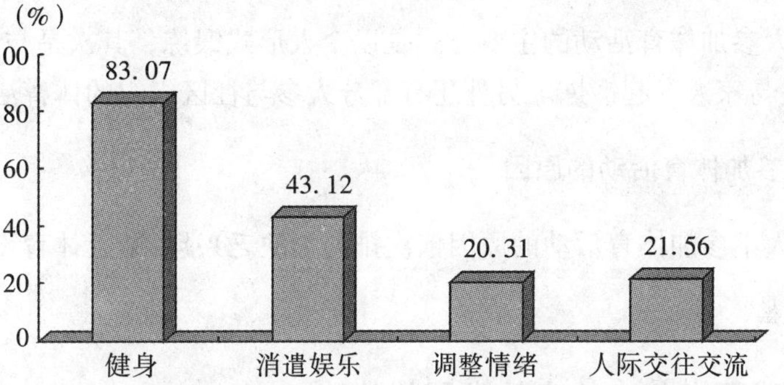

图 12-10　56 岁以上人群参加体育活动目的的选择分布示意图
（引自《中国群众体育现状调查与研究》）

4. 参与体育活动的时间、空间与方式的特征

老年人参加体育活动在时间安排方面呈现出较强的规律性（图 12-11）。

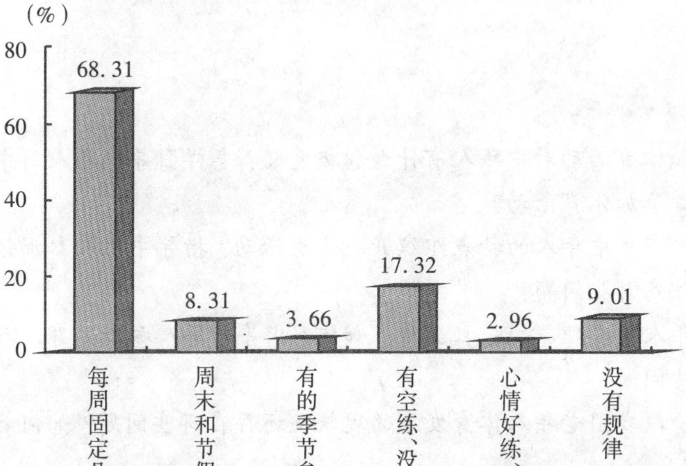

图 12-11　56 岁以上人群参加体育活动时间安排示意图
（引自《中国群众体育现状调查与研究》）

老年人参加体育活动在空间使用方面，集中在自家庭院中、公园、街道边、住宅小区空地。

老年人参加体育活动的主要方式是以个人形式锻炼，其次是与朋友一起活动，再者是与家人一起锻炼。另外还有部分人参与社区组织的体育活动。

5. 不参加体育活动的原因

老年人不参加体育活动的原因依次排列为缺乏兴趣；缺乏体育设施；缺乏余暇时间。

（二）我国老年人体育的发展趋势

1. 随着我国老龄化社会的到来，老年人健康问题将引起国家政府的高度重视，老年人体育也将得到迅速发展。

2. 适合老年人的体育运动设施将逐步增多，并趋向专门化、便捷化。

3. 老年人体育的内容、方法和手段将进一步科学化、合理化。

4. 社区体育将成为老年人参与体育活动的主要形式。

5. 老年人体育的研究将更加深入、更加系统化。

思考题

1. 参加体育活动对中年人有什么积极意义？怎样引导中年人群中的非体育人口参加体育活动？
2. 如何根据中年人的特点组织开展体育活动？指导中年人参加体育活动时应注意哪些问题？
3. 老年人的生理、心理、社会特点如何？指导老年人参加体育活动时应注意哪些问题？
4. 现阶段我国老年人体育发展的现状及还存在哪些问题？如何解决这些问题？

参考文献

1　中国群众体育现状调查课题组．中国群众体育现状调查与研究．第

1 版．北京:北京体育大学出版社,1998.

2　体育学院通用教材　群众体育学．第 1 版．北京：人民体育出版社，1990.

3　新体育杂志社编．中老年的体育和健康．第 1 版．杭州:浙江人民出版社,1983.

4　国家体委群众体育司组织编审．1 级、国家级社会体育指导员培训教材．第 1 版．天津:天津出版社,1996.

5　邬沧萍主编．社会老年学．第 1 版．北京:人民大学出版社,1999.

6　冯立天．中国人口生活质量再研究．第 1 版．北京：高等教育出版社，1996.

7　华红琴等编著．人生发展心理学．第 1 版．上海：上海大学出版社，2000.

8　[美]约翰·邦戈茨等主编．家庭人口学　模式及应用．中文 1 版．北京:北京大学出版社,1994.

9　[日]东京都老年人综合研究所著．健康的生活与运动．中文 1 版．北京:中国人口出版社,1998.

第十三章

妇女体育

本章重点

妇女具有的特别性征使妇女体育别具特色。体育运动对妇女的生长发育、妊娠、生育、经期等有重要的促进作用。开展妇女体育要重视女性的身心特点。随着妇女的解放，妇女体育将更加受到社会的关注,妇女体育参加率将进一步得到提高。

第一节　妇女的生理、心理、社会特征

人类社会从远古的母系社会进入到父系社会再跨入今日男女平等的时代——均衡社会，可谓历经悠悠岁月。在强调“均衡社会”男女平等的同时，我们不能忽视现实社会生活中的性别及其角色的差异。男女两性的差别表现在两个方面：一是两性生理以及由此引起的心理上的差别，它作为人类两个相互补充部分的特征，体现了大自然创造人类的合理性；一是由于历史和文化上的不平等地位所形成的社会差别，它随着男女社会地位的改变而逐渐消失。

一、妇女与女性生命周期特点

“妇女”一般是指发育成熟的女性。

在女性生命周期的系列阶段中，有许多阶段受生命周期的影响要比男性大得多。她们要经历与男性不同的生理阶段，如月经期、妊娠期、生育期、绝经期等阶段，这些对于女性生活都有着特殊的意义。

女性生命周期模式受经济发展水平的制约。从世界范围来看，存在着两种较为典型的生命周期模式，分别称为传统社会和现代社会的女性生命周期模式（表13－1）。传统社会女性生命周期模式特点是一生忙于经济活动和人口生产。与之相反，现代社会女性一生中参与经济活动和人口生产的时间要少得多。她们受教育年限较长，一般在10年以上，而且晚婚、晚育、少育，平均寿命较长。在她们一生中有较多的空闲时间，这为生命周期中生成新的内容提供了条件，也直接影响着当代妇女的生活内容、生活节奏和生活质量。

表13－1　传统社会与现代社会的女性的生命周期

年龄（岁）	传统社会	年龄（岁）	现代社会
0	出生	0	出生/断奶
1	断奶		
6	开始照看年幼弟妹	6	开始上学
10	学干活		
11	干家务活参加家庭经济活动		
		12	开始行经

续表

年龄(岁)	传统社会	年龄(岁)	现代社会
14	开始行经		
15	结婚		
		17	离开学校
18	生第一个孩子	18	成长为劳动力
19	第一个孩子断奶		
20	生第二个孩子		
		21	法定成年年龄
22	第二个孩子断奶		
		23	结婚
25	生第三个孩子	25	生第一个孩子/离开劳动岗位
26	第三个孩子断奶		
28	生第四个孩子	28	生第二个孩子/断奶
29	第四个孩子断奶		
33	第一个孩子离开家庭		
34	生第五个孩子	34	第二个孩子上学
35	第五个孩子断奶	35	重新参加经济活动
37	生第六个孩子和最后一个孩子		
38	第六个孩子断奶		
39	当祖母		
44	绝经		
48	丈夫死亡	48	最后一个孩子离开家庭
		51	绝经
53	最后一个孩子离开家庭		
54	自己死亡		
		60	退休
		69	丈夫死亡
		78	自己死亡

(引自朱楚珠等著《中国女性人口》)

二、妇女的一般生理特征

我国婚姻法规定女子结婚最低年龄为20岁，说明女性此时身体各部分已发育成熟。

从生理角度上讲，成熟女性通常以平均初婚年龄开始，到平均绝经年龄为止，一般要经历28年。在这一历程中，要经历特殊的时期——妊娠期、哺乳期。在女性一生中还有两个过渡阶段，即青春期和更年期。

(一)妊娠期

女子受孕后，一般经历280天。由于胎儿发育，孕妇的身体会出现一系列不良反应，感觉疲劳、恶心呕吐等。随着胎儿的生长，子宫承担比未孕时的大约24倍的重量，形成孕妇形体上的明显变化，从而易发生腰酸、下肢水肿、疲倦感。

(二)哺乳期

分娩后的哺乳期腹部、盆底部的肌肉组织变得比较松弛。由于缺乏活动和营养过剩，脂肪易堆积。

(三)更年期

对于妇女而言，更年期是一个正常的生理过程，此期间妇女的内分泌系统及整个机体将发生一系列改变。其突出的特征为绝经，绝经的年龄一般在45～52岁之间。这标志着女性生理上的衰老。从绝经→失调→稳定需要一段逐渐适应的过程，这个过程就是更年期。更年期时间的早晚、长短及症状，与个体的健康状况、生活条件和个人情绪有关。短的只有几个月，长则几年。

三、妇女的心理特征

人的心理活动是在一定的生理基础上，接受社会环境各方面因素的影响而产生的。女性心理，首先是在女性所具有的性别属性的基础上形成的，在其生理发展基础上并在与外界的不断相互作用下实现的。以下仅从情绪活动、社会需要、社会交往几方面，对妇女的心理特征进行分析。

（一）攻击性

也许攻击性是性别心理差异最为常见的方面，无论是身体性攻击方面还是言语性攻击方面，男性均比女性更富于攻击性。体育活动中，我们不难发现，攻击性越强的项目，男子参与的比例也越高，如足球、拳击。

关于造成攻击性性别差异的原因，先天本能论和后天养成论有过激烈争辩，后天养成论把这种性别差异归于男子体魄高大、肌肉发达以及男女两性激素睾丸酮的分泌水平不同。值得注意的是，许多社会文化因素也可能是产生攻击性性别差异的重要原因。

（二）支配欲

一般来说，男性比女性有更强的支配欲或支配感。支配行为具体表现在能够自我决定，有主见，坚决果断，试图左右他人等。和攻击性有所不同的是支配在成年人的交往中有更重要的作用，支配权是一个人地位与身份的重要标志。在支配行为上的性别差异正好反映了男女地位的不同，或许这本身就是男女社会地位不同造成的。

（三）自信心

许多研究发现，男性自信心高而女性自信心低。这种性别差异在幼儿期就开始出现。尽管一般来说在自信方面存在明显的性别差异，但对这一通常的结论需要考虑以下一些条件限制：对于妇女认为是适合女性做的事情，她们的自我评价并不低；给予妇女成就的评价作为一种反馈会影响她们的自信心。如果能够公正地评价妇女的工作并给予她们能力方面的积极鼓励，那么她们的自我评价往往并不亚于男子；在存在社会参照的情况下，妇女的自我评价往往较低，但如果妇女单独工作或者在她们无法把自己的成绩与他人进行比较的场合，她们的自我评价并不低。

（四）活动性

大多数研究表明，男孩的活动性或活泼性高于女孩，而且，80%～85%活动过度的儿童是男孩。或许由于在身体发育上女孩比男孩捷足先登，这种早熟意味着女孩对活动有更强的控制能力。成年后女性的活动性仍低于男性。

（五）焦虑

大多数研究表明，女性比男性显得胆小、怯懦、多虑。但需要指出，发现存在焦虑程度性别差异的研究大多是以被试的自我报告为依据的，而建立在观察基础上的研究则往往没有发现性别差异。不能否认存在这种可能：在经历了同样程度的胆怯和焦虑之后，女性比男性更乐意或更容易承认自己的胆怯和焦虑，以自我报告为基础的研究表明，已发现的实际上并不是焦虑体验上的性别差异，而是自我报告的真实情况的性别差异。这可能是性别角色的刻板印象造成的，因常把妇女描绘成胆怯多虑的，而把男性描绘成英勇无畏的。这使得妇女勇于承认自己的真实感觉，而使男性遮遮掩掩，羞于面对胆怯和焦虑的现实。

（六）移情

所谓移情，是指一个人感受他人正感受着的情绪，即将自己置身于他人的情绪空间之中。女性比男性更容易产生移情作用，女性的温柔和男性的刚毅似乎是相当稳定的社会刻板印象。女性容易产生移情作用可能与她们喜好体验损害他人的负疚心理、设身处地考虑他人的境遇有关。移情作用是人类美好感情的精品，它使人们产生利他行为，而女性尤其表现出富有同情心。

（七）影响

研究表明，女性并不比男性更容易被说服或更容易遵从。惟一例外的是团体压力对遵从影响程度的研究，在这类研究中，女性表现出较高的遵从反应，但这也可能是女性所具有的力图维持团体成员之间相互融洽的天然本性的直接反应。

(八)交际

人们通常认为，妇女比男子爱交际，但并无研究证据支持这种看法。在儿童时期，对于社会性的强化，男孩和女孩似乎是同样敏感的。男女在与同伴交往上花费的时间似乎并不存在性别的差异。某些年龄阶段，男孩与朋友交往所用的时间实际上更多。但是社会交往的方式似乎有所不同，男孩往往成群结伙聚在一起，而女孩则大多采取三三两两的交往方式。

四、妇女的社会特征

性别不仅是生物学的概念，更重要的是文化学和社会学的概念。西蒙娜·德·波伏娃有句著名的格言："女人不是天生的，而是塑造的。"女性的生物性别刚一确定，立刻就有很多文化的期待跟她联系上了。在"性构"社会中，作为女性标志的妇女，无论在私人空间的角色，还是在公共领域的角色，都显现出与男性的不同之处。

(一)家庭中的角色地位

妇女在家庭中的角色地位已从传统的依附型逐步被平等型所取代。当代妇女，特别是许多职业妇女已从昔日的家庭奴仆、丈夫附庸和生育机器变成同丈夫平等的家庭主角。但是，社会规定的家庭角色(母亲、妻子)活动，如照看孩子、照顾老人、做饭、洗衣服等家务劳动，仍主要由女性承担。因而，妇女的家务劳动时间和劳动量一般高于男性。如何缓解职业工作与家务劳动的矛盾，如何保持事业和家庭的平衡等问题成为当代女性共同关注的问题。

(二)职业中的角色地位

平等参与社会生产劳动，公平获得向上流动的机会，充分体现女性自我价值是社会文明与进步的标志。近半个世纪以来，许多国家在法律上给予了妇女同男子平等的权利，但真正改变人们固有的偏见，特别是那些根深蒂固的传统观念比立法要困难得多，需要相当长的时间。一些国家，法律上的男女平等与事实上的平等之间仍有相当大的距离。与男性相比，妇女获得较好的工作、较高的薪俸、晋升职位、参与管理等机会仍然是较少的。

第二节　妇女体育概述

一、妇女体育的涵义

（一）妇女体育的基本概念

妇女体育是指以提高妇女人群的健康水平、丰富余暇生活、提高生活质量为目的的体育活动。

（二）妇女体育的意义

1. 女性在人类再生产中起着重要的作用，通过参与体育活动，可以提高女性人口的身体素质和健康水平，有利于人口的再生产。

2. 针对妇女不同生理阶段的特点，适当地参与体育活动，有助于预防与减轻特殊生理期的不良反应，保护和增进女性的身体健康。

月经期适当参加体育活动，能够促进血液循环，改善盆腔内生殖器的血液供应；有利于经血的排出。妊娠期适度参加体育活动，可以提高中枢神经系统和内分泌系统的功能，调节胃肠道蠕动和机体的代谢过程，减轻妊娠反应。同时改进血液循环，减轻或消除淤血现象，促进新陈代谢，增强体质，增进健康，保障胎儿正常发育。哺乳期妇女在身体恢复正常后，坚持经常性体育活动，可以避免肥胖与身体变形，有助于体形的恢复和体力的增强。更年期妇女通过适当的体育活动有益于调节情绪，放松精神，转移对更年期症状的注意力，从而减轻症状或缩短更年期过程。

3. 妇女长期坚持科学的体育活动，有助于维持体形健美，保持愉快心情，促进新陈代谢，延缓衰老，体育活动对妇女身心健康具有药物和营养品所不可替代的作用。

4. 参与体育活动有助于提高女性的自信心，可为女性提供一个向传统的弱者角色挑战、表达与既有的女性角色规范不同的价值观和行为的舞台，有益于女性的个性化发展。

二、妇女体育的特点

一般而言，女性无论在生理、心理方面，还是在社会角色与行为规范等方面，都不同程度地表现出与男性的差异，这些差异也以不同的方式影响到妇女对体育的参与过程，使妇女体育表现出以下特点。

（一）体育活动参与性相对较低

与男性相比，女性可能因同时要应付工作和家务而缺乏时间，对于那些既要工作，又要操持家务、照顾孩子的女性来说，余暇时间的不足是影响她们参与体育活动的主要障碍之一。此外，传统的性别意识也限制着女性对于体育活动的参与，如很多女性认为休闲是一种自私的做法，作为女性应首先关注的是丈夫和孩子。有些妇女很容易地列举出其家人的休闲兴趣，但她们却很难说出自己的休闲兴趣和爱好。女性特有的"伦理关怀"意识限制了妇女对体育活动的实践参与。从女性的心理特征上看，她们缺乏自信心、敏感、易害羞，尤其特别在乎自己在他人面前的"身体形象"，这些会不同程度地影响甚至限制她们参与某些体育活动，像游泳、舞蹈等一些要求参与者穿贴身和短窄的衣服的运动项目，很多体形欠佳的女性因对自己缺乏足够的自信心而回避或拒绝参与此类活动。

（二）活动内容相对局限

与男性相比，女性在参与体育活动时，更容易受女性文化意识的影响，选择性地参与那些为主流社会公认的富于女性化的体育运动项目，如体操、舞蹈、健身操、游泳等。而对需要较强的体力、危险性大、富于身体接触的运动项目通常是回避的，如拳击、探险等。据美国体育用品制造商协会统计，美国女性喜欢无碰撞或少碰撞的体育运动项目，在最喜欢的 10 种体育项目中有 9 种属于非竞技性运动，包括娱乐性散步、保健性散步、娱乐性游泳、伸展运动、娱乐性自行车运动、固定脚踏车运动、四轮直排轮滑、篮球、跑步/慢跑、自由举重。

(三)活动形式多为结群

与男性相比，女性在参与体育活动时，容易对团体压力产生遵从反应，也容易产生移情现象，常以二三人结群方式参与体育活动，在活动内容和活动形式的选择上，更倾向富于合作性而非竞争性的体育运动。

三、妇女体育的指导方法

(一)妇女特殊时期体育活动的指导

1. 月经期体育活动的注意事项

月经周期是妇女进入青春期后所发生的正常生理现象，是生殖器官产生周期性变化的标志。一般情况下，在月经期内妇女的身体会出现一些特殊的生理反应，有轻度不适的感觉，下腹部发胀、腰酸、乳房发胀。有部分妇女还会出现全身反应，如食欲不好、疲倦、嗜睡、情绪激动等。在心理上也容易烦躁和忧郁。

正常情况下，适当参加体育活动对处于月经期的妇女是有益而无害的。但应注意，经期的运动负荷不宜过大，运动强度也要进行必要的控制，避免大强度的身体活动。运动时间也不宜过长，要特别避免受寒，不宜做大幅度的跑跳、收腹、倒立、屏气等动作，以免子宫受到较大震动或腹内压增高，造成经血量过多或引起子宫位置改变。对于月经紊乱、血量过多、子宫功能性出血、痛经或有生殖器炎症的妇女，月经期应暂停参加体育锻炼。

2. 妊娠期体育活动的注意事项

妊娠期的孕妇可适度地参加一些体育活动，但应注意妊娠期前两个月内的运动量不宜过大，以免引起流产，尤其是有流产史的妇女更应注意。妊娠 3 个月后，可做一些保健体操和散步。运动量的大小应以不引起身体疲劳为度。运动中要避免可能引起跌倒和损伤的动作，也应避免跳跃动作。妊娠 5 ~ 6 个月时，应注意背肌的练习和正确的呼吸练习。妊娠 8 ~ 9 个月时，由于胎儿位置下降，出现下肢静脉淤血现象，应多做下肢运动锻炼。妊娠期妇女在参加体育锻炼的同时，还应注意补充营养，选择适宜的自然环境进行身体活动。

3. 更年期体育活动的注意事项

更年期妇女参加体育活动应坚持经常性原则和针对性原则，运动量和运动强度应控制在自我感觉舒适或已习惯的水平上。选择熟悉的、感兴趣的、轻松的身体活动为基本内容，选择环境优美、景色宜人的自然环境，寻求关系融洽的伙伴共同进行锻炼，以求放松精神、调节情绪、缓解压力，保持健康。

（二）妇女体育活动的心理指导

1. 指导妇女体育活动时，要注意妇女的心理特点，尽量多采用积极性语言鼓励妇女、及时肯定妇女的进步，尊重妇女的自尊心，创造有利于提高她们自信心的活动环境和群体氛围。

2. 指导妇女体育活动时，既要考虑妇女群体心理特征的相似性，也要注意不同年龄段、不同职业、不同阶层、不同个体妇女之间的心理特征的差异性，根据后者的差异性，有针对性地进行体育活动指导会收到更好的效果。

第三节　我国妇女体育的现状与发展趋势

一、我国妇女体育的现状

（一）参与体育活动的人数

据1998年中国群众体育现状调查结果，我国女性参加体育活动的人口占女性人口的27.15%。其中城市女性体育人口的数量远远大于农村，参与者人数随文化程度的提高减少，女性参与体育活动时，7.10%的人其活动频率为每周1～2次，每次30分钟；10.07%的人其活动频率为每周3次，每次30分钟，可见，大部分女性体育人口是属于经常性体育人口。但不容忽视的是，在我国女性人口中，不参加体育活动者仍占绝大多数。如何引导、动员这些与体育实践活动基本无缘的女性，使之投身到体育活动中，从而获得各种效益等问题，这是当前我国社会体育领域的重要课题之一。

(二)体育活动的内容

据1998年中国群众体育现状调查结果,我国女性参加体育活动在内容方面呈现出局限性,主要是散步、跑步、球类、太极拳和舞蹈。

(三)体育活动的参与形式

据1998年中国群众体育现状调查结果,我国女性参加体育活动在形式上呈现出结群的倾向,即与朋友、同事共同参与体育活动的现象增多。同时,也有研究表明,步入老年期的妇女更容易通过与社区内年龄相近人结群的形式参与体育活动,如老年妇女舞蹈队、老年妇女秧歌队、老年妇女太极拳群体等,这种形式对推动老年妇女体育活动的开展,具有积极性、稳定性和持久性的意义。

(四)参与体育活动的动机

我国女性参加体育活动的动机与年龄、职业的变化紧密相关。青年女性参加体育活动的动机通常是为了塑身、美体、美容和休闲娱乐,中年女性更多的是为了放松身体、调整情绪,老年妇女则一般是为了健身、社交和娱乐。不同的职业妇女参与体育活动的原因也有差异性,相对而言,以脑力劳动为主要特征且收入处于较高水平的白领阶层女性,参与体育活动内容多为休闲性、美体性的运动内容,参与体育活动的物质环境和专业服务环境也相对舒适和优越。而更多的女性大多利用公共体育场所,或利用单位、居住地附近的场地参与体育活动。

二、我国妇女体育的发展趋势

(一)妇女体育将进一步引起政府的重视

近年来,妇女健康问题已引起国际社会的关注,1985年第三次世界妇女大会通过的《内罗毕战略》把妇女健康问题看成是社会发展的重要内容。1995年9月,在北京召开的第四次世界妇女大会制定并通过了旨在加速执行《内罗毕战略》的《北京宣言》和《行动纲领》,继续以平等、发展与和平为总目标,以就业、保健、教育为具体目标。从女性在人口再生产中的特殊地位来看，妇女身体健康问题，不仅是女性群体自身的问题，而是关系到一个国家、一个民族人口质量的社会性问题。因此，如何通过营养、保健、体育运动等多种途径切实加强和提高女性人口的身体素质，已成为我国政府日趋重视的问题之一。

（二）女性体育人口将进一步增加

随着科学技术的迅速发展社会生产效率的提高，家务劳动的社会化与自动化程度不断提高，“独生子女”现象所带来的女性生育与抚养负担的减轻，使得女性所拥有的可自由支配的余暇时间逐渐增多。大众传播媒介的普及、文化教育事业的发展也带来了女性人生观、生命观、健康观的变革。对身体健康、生活质量的追求正在成为当代女性的普遍共识。女性人口，特别是城市女性参与运动型健康休闲娱乐活动的人数将进一步增加。以女性为对象的健康休闲与娱乐消费市场将日趋成熟。

（三）妇女体育的科学研究将进一步发展

由于女性具有独特的生理、心理和社会性特征，女性运动型健康休闲娱乐活动的发展将为体育科学研究提供一个新的研究领域，而妇女体育的科学研究成果也将成为促进妇女体育发展的新动力。

思考题

1. 结合女性的生理、心理和社会角色的特点，指导女性参与体育活动时应注意哪些问题？
2. 影响女性参与体育活动的限制性因素有哪些？如何引导那些不同年龄段的非体育人口的女性参加体育活动？
3. 在女性特殊的生理时期，进行体育锻炼时应注意哪些问题？

参考文献

1　中国群众体育现状调查课题组．中国群众体育现状调查与研究．第1

版．北京:北京体育大学出版社,1998.
2　孙青．走向新世纪的职业女性．第1版．北京:中国社会科学出版社,1996.
3　朱楚珠等．中国女性人口．第1版．河南人民出版社,1991.
4　国家体委群众体育司组织编审.1级、国家级社会体育指导员培训教材．第1版．天津:天津出版社,1996.
5　李银河主编．妇女:最漫长的革命．第1版．北京:生活·读书·新知三联书店,1997.
6　冯立天．中国人口生活质量再研究．第1版．北京:高等教育出版社,1996.
7　[美]卡拉·亨德森等著．女性休闲．第1版．昆明:云南人民出版社,2000.

第十四章

残障人体育

本章重点

残障人因身心障碍，引起生活不便，体育运动对提高残障人健康水平和生活能力有重要的作用。开展残障人体育要注意结合其身心及社会特征，妥善安排，使其融入正常社会。随着社会保障制度的不断完善，残障人体育将更加受到社会重视，无障碍体育设施和残障人体育项目将得到进一步开发和完善。

第一节　残障人的生理、心理、社会特征

一、残障人的概况

(一)残障人的界定

残障人是指在生理、心理、人体结构上，某种组织、功能的丧失或者不正常，全部或者部分丧失以正常方式从事某种活动能力的人。这一定义与联合国、世界教科文组织和其他国家是一致的。

《中华人民共和国残疾人保障法》规定："残疾人包括视力残疾、听力残疾、言语残疾、肢体残疾、智力残疾、精神残疾、多重残疾和其他残疾人。"目前我国各类残障人总数约6000多万，约占全国总人口的5%，平均每5个家庭中就有一个家庭有残障人。其中，听力言语残障人为34.3%，智力残障人为19.7%，肢体残障人为14.6%，视力残障人为14.6%，精神残障人为3.8%，多重和其他残障人为13%。

(二)残障人的分类

残障的确定、残障等级的划分是以功能障碍的程度为主要依据进行分类的。《中华人民共和国残疾人保障法》规定：残疾标准由国务院规定。1986年10月国务院批准的全国残障人抽样调查的"残疾标准"，是目前我国评定残障人的基本依据。中国残疾人联合会制定的《中国残疾人实用评定标准》是抽样调查标准的具体化、实用化。

1. 视力残障

视力残障是指由于各种原因导致双眼视力障碍或视野缩小，以致影响正常工作、学习或其他活动。视力残障包括视盲和低视力两类，具体分为四级。

2. 听力残障

听力残障是指由于各种原因导致双耳不同程度的听力丧失，听不到或听不清周围环境的声或言语声。听力残障分为四级。

3. 言语残障

言语残障是指由于各种原因导致言语障碍。不能进行正常的言语交往活动。言语残障分为四级。

4. 智力残障

智力残障是指人的智力明显低于一般人的水平,并显示适应行为障碍。智力残障分为四级。

5. 肢体残障

肢体残障是指人的四肢残缺、畸形、麻痹导致人体运动功能丧失或功能障碍。肢体残障包括上、下肢因外伤和病变而截除或先天残缺;上、下肢因外伤和病变或发育异常所致的畸形或功能障碍;脊柱因外伤、病变及发育异常所致的畸形或功能障碍;中枢、周围神经因外伤和病变及发育异常造成躯干或四肢的功能障碍。肢体残障分为三级。

6. 精神残障

精神残障是指精神病患者持续一年以上未痊愈,导致其对家庭、社会应尽职能出现一定程度的障碍。精神残障分为三级。

7. 多重残障

凡有两种以上残障的为多重残障,或称复合残障。

二、残障人的基本特征

2001 年 5 月 22 日,第 54 届世界卫生大会通过的《国际功能、残疾和健康的分类》已经作了明确的定义:所谓功能是作为一个概括性的词汇指所有的身体功能、活动和参与。“功能”没有问题,则是“健康”。同样,所谓“残障”是作为身体的损伤、活动限制和参与局限性的概括性词汇。残障人不同于健康人的基本特征为身体结构、机体功能、社会参与方面有问题。机体损伤是导致活动功能的原因,而机体功能的困难又导致了社会活动参与的障碍。

(一)损伤

损伤指身体功能或结构上的问题,诸如显著的差异或缺失。这里是指身体或作为身体部分的器官和脏器水平的结构和功能(如精神功能、言语功能、感觉功能、心肺功能、消化功能、排泄功能、神经肌肉骨骼和运动功能等)。

(二)活动限制

活动限制指个体在完成活动时可能会有的困难。这里是指个体整体水平的功能(如学习和应用知识的能力、完成一般任务和要求的能力、交流的能力、个体的活动能力、生活自理能力等)。

(三)参与局限性

参与局限性指个体投入到社会情景中可能经历到的困难。这里是指患者的社会能力(如恢复家庭生活的能力、人际交往和相处关系的能力、接受教育和工作就业的能力、参与社会和社区生活的能力等)。

三、残障人的心理特征

残障人作为特殊群体, 不仅在身体结构、机体功能等生理方面有别于健康人,在心理方面也表现出一系列独特性。

(一)残障人的感知觉

不同性质、不同程度的残障人其感知觉能力是不同的。视力残障人最突出特点是部分或者全部丧失视觉,代偿作用使他们的听觉功能显著增强,触摸觉和肌肉运动本体感觉的充分发展,并成为认识活动、生产与生活中进行空间定向的重要依据。听力残障人由于听觉的缺陷,使物体的声音特性得不到反应,在知觉速度和范围上受到一定的局限性。相对之下,智力残障人的各种感觉(力量、平衡、空间定向等)普遍迟钝,易出现知觉"分裂"、注意力不集中等现象。但肢体残障人在感知觉方面一般与正常人没有差别。

(二)残障人的记忆

某些残障人的学习记忆也存在着与正常人不同的特征。如视力残障人只能依靠听觉和触摸觉、运动觉等进行记忆学习。听力残障人记忆特点是记得慢,忘得快,但视觉性形象记忆优于正常人,运动记忆和情绪记忆与正常人没有明显的差异。智力残障人的记忆能力差,机械记忆能力优于理解记忆能力。

(三)残障人的思维

视力残障人由于对外界事物的感性认识受到局限,他们的言语缺乏感性形象的基础,因而必然要影响其思维活动的顺利进行,抽象概括过程难以顺利进行。听力缺陷对思维的影响,只是发展速度缓慢和水平较低,并没有思维逻辑上的混乱,故不存在思维障碍。智力残障人的思维存在障碍,具体形象思维优于抽象思维,概括能力差,同时具有思维不连贯和非批判性等特点。

(四)残障人的情感

由于残障人在肢体上或功能上的缺陷,社会上个别人对残障人的偏见和歧视,容易造成一部分残障人与正常社会生活产生某种程度的隔阂,并产生不良影响。如有些残障人对外界刺激敏感,缺乏自信心,经常有孤独感、忧郁感、自卑感,如不加以及时调整,容易出现抑郁、焦虑现象,严重者,会导致自我意识封闭,对残障人的心理健康发展十分不利。

四、残障人的社会特征

残障人由于在生理、心理上存在着某些功能障碍,全部或部分地丧失了独立生活、学习、工作和参与社会活动的能力,从而导致他们在现实社会生活中,处于相对不利的弱势群体地位。

(一)家庭生活

残障人的生活自理能力相对弱化，使他们对能够无私提供生存与生活条件的家庭有强烈的依赖感，家庭成员也要为照顾残障人付出大量的时间、精力、金钱、情感等。如父母为了照顾残障子女，不惜舍业弃职；有残障兄弟姐妹的年轻人，甚至被迫降低择偶条件；有残障父母的青少年，因为经济上的困难而影响学业。这种家庭式的关怀反映出残障人处于被同情、被援助的弱小处境和相对劣势的地位。另一方面，由于残障人不能出色履行家庭成员必须担负的生育、抚育、赡养等义务，不能顺利实现服务家庭的任务，客观上导致了残障人在家庭中无法处于与他人平等的地位。这种不平等决非是家庭其他成员的主观意识所决定的，但却客观地存在着。

(二)就业机会

同正常人相比，残障人要获得职业所必需的资源，无论在数量上，还是在质量上都处于不利的地位。尽管法治社会中，出于公平、公正和人道主义的原则，努力通过运用公共权力对社会资源的重新分配，创造条件，排除障碍，给予残障人以特别的精神和道义保障，提供更多的就业机会。但事实上，残障人在获得平等就业机会的过程中会遇到重重困难，残障人就业难的问题已成为一个普遍的社会现象。

(三)社会交往

由于残障人特有的身心状况，以及社会所提供给残障人的物质环境和人文环境的有限性，不可避免地会给残障人的生活、学习、工作和社会交往带来不同程度的障碍。来自社会的偏见甚至歧视，使得残障人难以与外界进行平等的沟通和相处，对社会生活的反应从逐渐淡漠到不适应，进而产生与外部世界的疏离，甚至会用特有的封闭方式强烈地对抗来自社会的偏见与歧视。与此同时，共同的经历、共同的体验促使残障人之间容易形成“同病相怜”的群体——残障人自己的社会交往圈。他们相互理解，互相勉励，互相帮助，并形成一种巨大的精神力量，彼此鼓励，重新树立起自尊、自信、自强、自立的信念，并逐步走向社会，凭借残障人顽强的意志，实现着各种理想。现实社会生活中，不乏有许多残障人和正常人一样，拥有正常的社会交往领域和社会交往能力，并取得了各种成功的范例。但相对而言，残障人的社会交往范围有一定的局限性。

第二节　残障人体育概述

一、残障人体育的涵义

残障人体育是指以促进残障人的康复，丰富余暇生活、提高生活质量为目的的体育活动。

从残障人参与体育的目的而言，残障人体育可以分成4种类型：1. 残障人体育教育；2. 残障人康复体育；3. 残障人休闲体育；4. 残障人竞技体育。

残障人体育运动的出现可以追溯到第一次世界大战期间，当时由于医疗技术水平的落后，大量在战场上致死的士兵都是死于合并症。于是，在欧洲的一些兵营中便出现了残障人康复活动小组，这种简单的体育活动形式，便是现代残障人体育运动的雏形。以后在英国伦敦附近的一个小城市斯托克·曼德维尔城，成立了残障人恢复运动权利中心。在英国著名神经病学专家洛特维西·古度曼博士的倡导下，1948年首次举行了医院内两队之间的残障人体育比赛。之后残障人之间的体育比赛陆续在全世界范围内得以推广。1968年，由美国总统肯尼迪的姐姐爱丽丝·肯尼迪创立了国际特殊奥运会组织。第1届国际特殊奥运会于1968年在美国芝加哥举行。1985年3月，中国曾应邀派观察代表团参加了在美国盐湖城举行的首届冬季特殊奥运会。同年6月，中国智残人体育协会在北京成立，同年7月4日，中国被接纳为国际特殊奥运会组织成员。新中国成立后，特殊教育作为我国教育事业的组成部分，陆续走上了法制化轨道，体育在特殊教育事业中也发挥了重要作用。随着我国残障人事业的不断发展，残障人群的社会保障体系不断完善，如何引导残障人参与体育活动，如何发掘体育运动对残障人康复和残障人生活的功能，成为社会体育事业的重要任务之一。

二、残障人体育的意义

(一)体现宪法赋予公民的平等权利,提供共享体育文化成果的舞台

《中华人民共和国宪法》第四十五条规定:“国家和社会帮助安排盲、聋、哑和其他有残疾的公民的劳动、生活和教育。”《中华人民共和国残疾人保障法》规定:“残疾人在政治、经济、文化、社会和家庭生活等各方面享有同其他公民平等的权利。”“国家和社会鼓励、帮助残疾人参加各种文化、体育、娱乐活动,努力满足残疾人精神文化生活的需要。”体育运动作为人类创造的文化成果,应为全人类共享,无论是残障人还是健康人都拥有享用这份财富的权利。残障人参与体育活动是保障残障人合法权益的具体体现,也是残障人走向社会生活,真正实现“平等、参与、共享”的途径之一。

(二)为残障人提供一条融入和回归社会的理想途径

由于政治文化、经济水平等方面的制约,社会在物质财富和精神财富上,从规模、范围到数量,给予残障人的都比健全人要少,从而直接影响着残障人的生存方式和生活质量。这种现实客观上必然形成残障人独有的心理状态和处世哲学。身体运动是人类拥有的自然权利之一,体育作为一种人人都懂的无标题音乐,人人都可参与的身体游戏活动,可以为所有的社会成员提供一个自由、平等、共享的社会生活领域。社会体育的性质和目标,要求其工作必须面向所有的社会成员,既包括健全人,也包括残障人。社会体育必须把残障人体育发展作为社会体育事业不可缺少的一部分。在社会体育工作的范围内,为残障人创造一种有利于其生存、康复、发展以及实现自身价值的物化环境和人文环境,给予残障人平等参与身体运动的机会。通过社会体育工作为残障人与现实世界之间,与健全人群之间进行直接而广泛的互动架起桥梁,使他们通过参与体育而广泛接触社会,从而回归到社会,并在社会生活中获得自尊,实现自身的价值。

（三）为促进残障人康复、提高生活质量提供手段

生命在于运动，将传统医学治疗与动力运动治疗结合起来，能够更有效地促进残障人的各种功能恢复。实践证明，应用体育的手段和各种运动的方法，不仅可以治疗疾病与损伤，改善身体器官、系统的功能，提高整个机体能力，促进身体功能全面恢复，还能有效地预防各种并发症。尤其是在青少年时期，由于身体发展的可塑性很大，即使是残障部位也不意味着完全定型，仍潜伏着转化的可能性，如果及时采取合理的功能锻炼，不仅可以减少，甚至可以避免残障化进程，使机体功能重新获得改善。另一方面，残疾人参与体育活动，可以通过与户外自然环境的直接接触而充分地享受阳光、空气；通过运动团队中伙伴之间的交流促进与他人间的相互了解；通过参与、观赏体育运动中的各种刺激和兴奋而获得舒畅感、放松感。这些对于残障人的身心放松和情绪调节，丰富残障人的余暇生活，提高残障人的生活质量十分有益。

三、残障人体育的特点

（一）活动内容的特殊性

由于残障人在身体结构与活动功能方面存在某些障碍，不同类型的残障人的身体活动能力、对不同身体活动的适应度有差异。一定程度上会限制身体的活动形式、活动幅度、活动强度、活动量。因此，在开展残障人体育活动时，应根据残障的类别和残障的程度，合理选择适宜的身体活动内容和运动形式。

（二）活动空间的特殊性

由于残障人在身体活动功能上的某些障碍，对体育活动的物质空间方面的要求具有特殊性。包括活动场地、活动中使用的器材、器械、用具等，应充分体现出对残障人的人文关怀，努力做到安全、方便、舒适。面向残障人专用的体育设施与器械的研究与开发，提供安全畅通的无障碍运动环境对吸引残障人参与体育活动具有重要作用。

(三)活动指导的特殊性

残障人人群的心理特征要求体育活动指导者的工作必须充满人道主义精神,深入了解体育参与者的个案材料,注意尊重残障人的自尊心,努力做残障人的朋友。指导过程中应细致耐心、循循善诱,鼓励为主,引发他们参与体育活动的动机,培养自信心和意志品质。指导者所提供的服务对促进残障人参与体育的主动性和持久性有直接的影响作用。

四、残障人体育的内容

(一)残障人休闲体育的内容

生活中,可供残障人享用的体育内容很多。但由于残障人的差异性,应根据残障人不同的特点选择适宜的活动内容。

1. 视力残障人适宜参加的体育活动有:健身操、田径、游泳、盲人木球、盲人乒乓球、柔道。

2. 听力残障人适宜参加的体育活动有:篮球、排球、足球、乒乓球、网球、水球、田径、游泳、自行车、体操、摔跤、柔道、射击等。一般来说,与健全人基本相同。

3. 肢残人根据残障情况分为截肢、脊髓损伤、脑瘫三种类型。截肢和其他残障类型的肢残人适宜参加的体育活动有:举重、健身操、田径、游泳、射击、射箭、轮椅篮球、轮椅击剑、乒乓球、轮椅网球、轮椅排球等。脊髓损伤类型的肢残人适宜参加的体育活动有:健身操、乒乓球、田径、举重、射箭、轮椅篮球、轮椅击剑、轮椅网球、射击等。脑瘫类型的肢残人适宜参加的体育活动有:健身操、田径、游泳、乒乓球、射击、硬地滚球、轮椅网球等。

4. 智力残障人适宜参加的体育活动有:水上项目、田径、体操、篮球、举重、保龄球、轮滑、自行车、马术、网球、足球、地滚球、羽毛球、乒乓球、手球等。

此外体操、保健操、医疗体操、太极拳等也比较适合残疾人。

由于残障种类、残障部位及残障程度不尽相同,在具体的运动方法、规则、器材、场地、裁判等方面,残障人体育内容具有自身的特殊性。

(二)残障人康复体育的内容与方法

对于残障人来说,作为康复手段的运动内容和练习手段也多种多样。应根据疾病或损伤的特点、严重程度与残障者的功能状况,选择适当的体育康复活动的内容与方法,制定运动处方,在体育康复师的指导监督下进行。常用的方法有:

1. 肌肉放松练习。如对比、交替、暗示、下垂摆动等;
2. 被动运动练习。如全身各关节的被动活动等;
3. 主动运动练习。如等长、等动、等张练习等;
4. 助力运动练习。如借助医生、患者健肢、器械等辅助进行的主动活动;
5. 抗阻运动练习。如非负重抗阻和负重抗阻运动练习;
6. 伸展运动练习。如前臂伸、屈肌群伸展、肩关节伸展、躯干肌伸展运动等;
7. 本体感受神经肌肉促进法练习。如抗阻练习、收缩—放松练习、牵引反射等;
8. 呼吸运动练习。如一般和专门的呼吸运动等;
9. 有氧运动练习。如步行、慢跑、自行车、游泳等;
10. 协调平衡运动练习。如上、下肢和躯干的协调运动以及各种平衡运动等;
11. 矫正运动练习。如脊柱弯曲、扁平足、胸廓畸形矫正操等。
12. 人体基本活动功能练习。如各个关节活动、变换体位、搬运、身体移动等。

五、残障人体育的指导方法

无论是为了休闲娱乐,还是为了保健康复,残障人参加体育活动应遵循以下方法:

(一)针对性

残障人体育活动应根据参加者的身体条件、残障的具体状况做到因人而异。进行活动时,应根据年龄、身体功能、适应能力来选择不同的手段和方式,并针对身体功能的缺陷,有重点地进行锻炼。从实际情况出发,制定运动处方,合理安排运动内容、运动量和运动强度。

(二)全面性

残障人进行运动时应注意将局部运动与全身运动有机结合起来，交替进行，以获得全面提高身体素质、改善机体功能的效果。对于残障人在运动中易出现的“偏爱”现象要及时引导。

(三)预防性

对于残障人来说，体育运动的目的是促进康复，因此，一定要注意预防由于活动不当而引起新伤病事故的发生，避免造成意外损失。指导残障人参与体育活动时，必须充分注意运动场所的安全性、便利性，并应提供必要的保护性措施和医疗监督。

第三节　我国残障人体育的现状与发展趋势

一、我国残障人体育现状

开展残障人体育活动，发展残障人体育事业，是中国体育事业和残障人事业的一个组成部分，也是残障人全面参与社会生活的重要途径之一。近十余年来，在党和政府的亲切关怀下，在社会各界的热情支持下，经过广大残障人工作者、体育工作者、残障人的共同努力与积极参与，我国的残障人体育事业进入了快速发展时期，取得了历史性的进展。

(一)蓬勃发展的残障人体育

继 1983 年成立中国残疾人体育协会之后，中国智残人体育协会、中国聋人体育协会及全国各省、自治区、直辖市残障人体育协会也相继成立；在福利企事业单位、社区、特教学校广泛开展了形式多样的群众性体育活动；举办了各级残障人体育业务培训班近300个，万余人次接受了培训；参加地、市、县级举办的残障人运动会和选拔赛的业余运动员累计已达20余万人次；残障人体育专职干部由20世纪90年代初不足10人发展到近30人，有近百名高水平教练员、裁判员介入残障人体育训练、竞赛组织工作。

我国成功地举办了5届全国残障人运动会，与此同时还举办了近40次全国单项赛事，参赛项目由20世纪80年代的4个拓展到14个，参加全国性比赛的残障人运动员累计超过万人次。

据1998年中国群众体育现状调查与研究结果，我国残障人体育活动的参与率为25.3%，明显低于正常人。残障人参加体育活动的形式，主要以自发的、松散的、无序自由组合的形式为主，社会组织化程度较低。适合残障人参与的体育活动有限。影响残疾人参与体育活动的主要原因是兴趣、场地的缺乏和必要的指导。

(二)走向世界的中国残障人竞技体育

中国残疾人体育协会已相继加入了国际残疾人奥林匹克委员会(IPC)、国际残疾人体育组织(ISOD)、国际盲人体育协会(IBSA)、国际瘫痪人体育协会(CP－ISRA)、国际聋人体育联合会(ISCD)、国际轮椅运动联合会(ISMWSF)、国际特殊奥林匹克委员会(SOI)、远东及南太平洋地区残疾人运动会联合会(FESPIC)等。

自1982年以来，我国参加了5届残疾人奥运会、5届远东及南太平洋地区残疾人运动会、4届特殊奥运会、两届聋人奥运会以及盲人运动会和多项世界锦标赛，共获得1600余枚金牌、破(超)185项世界纪录。中国残疾人体育代表团在1996年美国亚特兰大举行的第10届残疾人奥运会上，首次进入世界残疾人体育十强，2000年第11届残疾人奥运会，中国体育代表团位居金牌榜第六位。中国代表团在第五、六、七届远东及南太平洋地区残疾人运动会上连续保持金牌、奖牌总数第一。

二、我国残障人体育发展趋势

(一)残障人体育事业引起政府的关注

1993年12月12日，联合国大会第48届会议通过了《残疾人机会均等标准规则》决议。该规则虽然不是强制性的，但具有国际惯例法效力。其中强调了各国政府在为残障人提供机会均等的行动中的主导地位。在娱乐和体育活动方面,号召各国政府应采取措施,确保残障人享有进行娱乐和体育活动的同等机会。

1. 各国应采取措施,使娱乐和体育活动场所、旅馆、海滩、运动场、体育馆等做到残障人无障碍。这类措施应包括对娱乐和体育活动领域的工作人员提供资助,即研究无障碍方法的项目以及参加、宣传培训方案。

2. 旅游局、旅行社、旅馆、自愿组织和从事安排娱乐活动或旅行的其他机构,应向所有人提供服务。同时考虑到残障人的特殊需要,应进行适当的培训以促进这一进程。

3. 应鼓励体育组织为残障人提供参加体育活动的机会。有些情形中,无障碍措施足可以提供参与机会。但在某些情况下,仍需要做出特别的安排或举行特殊的运动会。各国应支持残障人参加全国的或国际的体育活动。

4. 参加体育活动的残障人应有机会获得与其他参加者同样质量的辅导和培训。

5. 在面向残障人的服务时,体育和娱乐活动组织者应与残障人组织进行协商。

《中国残疾人事业"十五"计划纲要(2001~2005年)》中提出:"进一步活跃残疾人体育活动,科学健身,愉悦身心,提高素质;发挥残疾人体育的特殊作用,展示残疾人的才华,增进理解与沟通。广泛开展群众性体育,城市社区、农村乡镇、特殊教育学校、福利企事业单位和残疾人组织根据各类残疾人的特点,开展残健融合、形式多样、健康有益的健身娱乐等自娱性活动,吸引残疾人参加。经常参加体育健身活动的残疾人达到10%,参加特奥运动的智力残疾人由5万增加到50万。"另外,各种保障残障人的法律法规不断建立与完善,所有这些,为我国残疾人体育事业的发展提供了良好的社会环境和法律环境,残障人体育作为展示我国精神文明建设成果和人权保障的窗口日益受到政府的重视。

(二)适合残障人的体育项目和体育设施将进一步得到开发

随着我国经济的持续发展,人民生活水平的不断提高,国家经济实力的日益增强,残障人社会保障事业将进一步得到发展。残障人不仅在政治上获得同正常人同等的生存权利和发展权利,保障实现这些权利的社会环境也将逐渐成熟,社会将向残障人提供更多的、采用规范的无障碍设计的专门性和综合性体育场所,集休闲娱乐、功能康复、信息咨询、训练竞赛等功能为一体的适合各类残障人生理特点的体育设施将逐渐增多,残障人体育的物化环境将不断得以改善。残障人体育的科技含量也将逐渐增加,如制造假肢、轮椅的新材料更加轻便、坚固,适合于残障人体育活动的运动项目与相应的运动器材、运动器械也将不断被开发出来。

(三)残障人体育将与健全人体育相融合

随着残障人机会均等观念的普遍建立，残障人将逐渐融入正常人的社会生活领域,与健全人共同分享各种体育资源。如共用训练场,甚至和职业运动员一起训练,实现“资源共享,互帮互助”。

思考题

1. 如何理解残障人的基本特征?
2. 如何针对残障人的特点实施社会体育活动?
3. 残障人体育的意义表现在哪些方面?
4. 我国残障人体育的主要组织形式如何?
5. 设计一份访问提纲，了解一下你身边的残疾人的生活、就业、社会交往，特别是参与体育活动的情况,并写出调查报告。

参考文献

1　郭建模．残疾人工作基本知识读本．第1版．北京:华夏出版社,2002.

2　[英]约翰·威尔逊主编　朱成译．残疾预防——全球性的挑战．第1版．北京:华夏出版社,1992.

3　卢连才．残疾人社会保障研究．第1版．北京:华夏出版社,1997.

4　丁启文．构建新文明——人道主义与新残疾人观．第1版．北京:华夏出版社,2001.

5　赵锡安,向阳．残疾人体育指南．第1版．北京:华夏出版社,1994.

6　马洪路．回归——残疾人与社会的相思．第1版．北京:华夏出版社,1993.

7　张彩珍主编．残疾人与体育．第1版．科学普及出版社,1990.

8　卢连才．残疾人就业论．第1版．北京:华夏出版社,1993.
9　朴永馨．特殊教育学．第1版．福州:福建教育出版社,1995.
10　国务院残疾人工作协调委员会．中国残疾人事业“十五”计划纲要．中国网,www. china. org. cn,2001.

第十五章

国外大众体育发展现状与趋势

本章重点

发达国家的大众体育在国民经济进入成熟期，人口结构呈老龄化、少子女化、社会服务完善等社会背景下，表现为重视体育对生活的作用，体育活动普及，体育服务质量较高，其体育目标具体化、方法科学化、政策优惠化、组织社会化发展趋势较为突出。

第一节　发达国家社会发展与大众体育

一、低增长、成熟化经济发展期与大众体育

20 世纪 90 年代以来，西方各国陆续进入经济稳定发展时期，其特征主要表现为低增长（1% ~2%）、高成熟（经济结构合理化、消费理性化等）。90 年代后期日本等国进入零增长时期，使政府在社会政策上作了许多调整。如改革社会保障制度；增加个人医疗费负担，在企业和学校推行五天工作制和有薪休假制度，增加休闲时间；调整产业结构，扩大社会服务业在国民经济中所占的比例，并通过开拓体育文化产业创造就业机会；调整经济政策，扩大内需，改变企业依靠出口的发展模式，重视开拓国内市场，通过举办各类体育文化活动加强企业与地区居民的联系，利用感情投资争取客户；采用经济全球化策略降低成本，增加市场占有率，并通过国际体育文化交流改善国际关系等。由于西方发达国家的医疗费用昂贵，人们更乐于通过体育投资，如参加体育培训等增进健康，减少医疗费用的支出。双休日和有薪休假制度的推行，改变了人们的生活方式，休闲活动成为西方发达国家人们的重要生活内容，社会服务业的兴盛又为体育服务改善创造了良好的条件，休闲体育成为这些国家的时尚生活。扩大内需政策，使企业更加重视与地区居民建立经常性的联系，体育活动作为媒介受到企业的重视，企业十分乐意对外开放体育设施和组织体育活动以博得居民的好感。经济全球化使体育文化交流频繁，新兴体育活动不断增加。经济稳定发展期，国民的收入与支出结构也相对稳定，对体育消费的发展也十分有利。因此，低增长、高成熟经济发展期的大众体育发展也处于较高水平。

二、老龄化、少子女化人口结构与大众体育

“老龄化”“少子女化”是发达国家社会发展的一个主要特征。20 世纪 70 年代，发达国家陆续进入老龄化社会，老年人口所占比例越来越大。如 1995 年，日本 65 岁以上老龄人口在人口中所占比例超过 14%。在地方，已经出现一些 65 岁以上老龄人口达到 25% 的市町村。预计 2025 年，日本 65 岁以上老龄人口所占比

例将达到25.8%,实际人口中每4人就有1人是65岁以上的老年人。另一方面,女性意识的变化,使得未婚率上升,加上追求晚婚少育,出生率在发达国家一直较低。如日本,20世纪90年代平均每个妇女的生育数为1.1~1.4人。目前,西方发达国家人口结构多呈倒梯形,甚至为倒金字塔形,成为典型的"老龄化""少子女化"社会。

随着"老龄化"社会的到来,如果不能确保国民健康地度过漫长的晚年生活,将会给整个社会带来极大的负面影响。日本2000年国民医疗费达到38兆日元,其中老年人医疗费为13兆日元,占34.2%。预计2010年日本国民医疗费将达68兆日元,其中老年人医疗费为28兆日元,占41.2%。为了从根本上解决老年人医疗费比例过大的问题,日本将医疗对策的重心由过去针对疾病的治疗,转移到以预防疾病增进健康为方向。为此,日本政府调整了国民健康保险和医疗保险的个人负担。老年人因此要多支付10%的医疗费用,而政府将此部分收益用于奖励老年人参加体育活动。与此同时,为了增进青少年儿童的身心健康,除积极开展学校体育外,家庭体育、社区体育也受到极大关注。鼓励孩子参加社会体育活动,完善体育活动所需要的各种设施及条件,提供体育活动的场所和机会已成为社会共识。

三、余暇时间的增加与大众体育

随着劳动时间的缩短以及人均寿命的延长,人一生中余暇时间所占的比例大幅度增加。法国一位社会学家在他的《4万小时——预测未来的劳动》一书中指出:21世纪,随着劳动条件的不断改善,每年的劳动时间将缩短至40周,每周工作30小时(每天工作6小时,一周工作5天),那时,人的一生工作为35年。这样,人的一生劳动的总时间为30小时×40(周)×35(年)=42,000小时。与此相应的是人的平均寿命将达到80岁,即24小时×365(天)×80(年)=700,800小时。届时,工作时间还不及人生的1/16。如果人的生活时间为:10小时×365(天)×80(年)=292 000小时。那么人的自由时间为:70万小时(生存时间)-4万小时(工作时间)-29万小时(必需时间)=37万小时(可支配时间)。37:4,也就是说,人的总休闲时间将是工作时间的9倍。由此可见,改变以工作为中心的生活方式,而向以休闲为中心的生活方式转化是社会发展的必然选择。因此,余暇时间的度过方式,无论对个人还是对社会来讲,都将越来越受到重视;而体育活动作为余暇时间的积极性、建设性的活动形态之一,也将越来越受到重视。发达国家为了适应国民生活时间结构的变化，采取了积极的应对策略，如鼓励发展休闲产业和开发休闲度假项目等，休闲体育应运而生成为大众体育中最受欢迎的领域。

四、产业结构变化与大众体育

发达国家大都在 20 世纪 80 年代完成了产业结构调整，形成了以第三产业为主的新型产业结构，并迎来了社会服务的鼎盛时期。制造业工作人员大量转向服务行业，使国民经济重新活跃起来。如英国 1995 年国民体育消费达 100 亿英镑，约占 GDP 的 1.7%，体育产业从业人员达 60 万人。日本 2000 年国民体育消费达 15 兆日元，约占 GDP 的 2%，从业人员达 50 万人。体育产业在发达国家国民经济中的作用越来越突出，并逐步成为支柱产业，为社会发展作出贡献。

在体育产业的推动下，大众体育不断融入商品社会，其服务内容不断丰富，服务质量不断提高，广告宣传不断加强。大众体育与人们生活关联度更加密切，成为人们日常生活消费的组成部分。

五、信息化社会与大众体育

以电子计算机为主的信息技术的飞速发展与普及，大大改变了人们的生活方式。如将全世界电子计算机连接在一起的互联网的出现，使生活形态发生了非常大的变化，通过家庭、学校以及工作单位的电子计算机，人们可以广泛地进行跨越国度的交流，得到多种多样的信息。互联网的出现，使人们更容易得到有关体育的信息，人们如果想参加体育活动或观看体育比赛，可以利用互联网轻松地获得所需信息。其参与体育活动的可能性和便利性大大增加。但是，信息化社会的到来，在给社会带来诸多舒适、便利的同时，多媒体等的广泛使用也将造成劳动内容和生活方式的变化。如精神紧张感的增加，人与人之间的直接接触、交流的机会减少。体力活动的减少对人的身心健康将带来不利的影响，而通过体育活动进行的人与人的直接的对话、交流、归属感、奉献活动、与自然亲近等活动将会越来越受到重视。

因此，社区体育、俱乐部体育、自然体育等大众体育模式也越来越受到推崇，成为现代社会体育的主流模式。

六、环境保护与大众体育

城市化的发展使人们逐渐远离自然,并因此患上“城市病”。在重视环境保护和生态平衡的热潮中,大众体育中的自然体育异军突起,成为时尚体育,备受欢迎。近年来,一些亲近自然的体育运动,如亲水类运动(漂流运动、划板运动等)、亲空类运动(滑翔运动、热气球运动等)、亲绿类运动(森林浴、野生植物观赏等)、亲土类运动(徒步旅行、野营等)受到发达国家国民的青睐。发达国家在自然资源利用和保护方面都将自然体育作为重要因素加以运用。如日本规定,国有山地、河海岸等必须为体育活动提供便利,体育活动必须与环境保护相结合等。1994年,挪威利勒哈默尔举行的第17届冬奥会,被称为“环境奥运会”。因为,这届冬奥会是在优先考虑保护自然环境基础上而建设体育设施的。今后必须站在保护自然环境的立场,申办奥运会大型体育比赛才可能获得成功。欧盟1992年发表了《面向自然2000年》计划,其中提出将“环境教育”作为体育高等教育机构的必修课程。对体育指导者、体育比赛运营者、户外体育爱好者等的环境教育的重要性,今后将越来越受到重视。

七、全球化与大众体育

1989年“柏林墙”的推倒标志着冷战时代的结束,国际关系随之出现了质的变化。在意识形态上,人们逐渐抛弃竞争理论而转向共生、协调理论。各国间的互利依存关系加深,形成了超越国界的国际社会。人们的开放心态和全球观念使国际交流越来越频繁,形成超越国界的庞大的全球网。在这样的全球化时代,人们作为地球市民的新的价值观正在形成,对全球化社会贡献的积极的行动能力受到重视。

体育作为在同一规则下进行的世界共同的人类文化之一,已受到广泛的重视。发达国家近年来的体育交流,不仅仅局限于对奥运会、世界锦标赛等国际体育比赛的参加,市民层次的国际体育交流也越来越频繁。与国家进行的外交相比,在另一个层面上进行的“体育外交”取得显著成果的事例开始增多。同时,由于市民层次的国际体育交流日益频繁,接触各国、各民族固有的传统体育文化的机会也多起来。通过体育,在理解各国、各民族的体育文化和价值观念的同时,也可使本国、本民族的体育文化更加丰富。随着全球化的发展,各国在国内各类比赛对参加运动员(包括学生)国籍限制条例的废除等方面,纷纷采取放宽的对策。

第二节　发达国家的大众体育现状

一、发达国家的大众体育活动

近年来,发达国家成年人经常参加体育活动的人口一直保持着较高的比例。

西方发达国家对成年人体育人口的界定,在年龄上除英国、瑞典等少数国家限定为16岁以上外，其他国家均限定为20岁以上。在每周参加体育活动的次数、每次活动的时间及运动强度上,发达国家也有较明确的规定。一般为每周活动1~3次,每次20~30分钟者为中等运动强度。如每周参加体育活动次数,加拿大、英国和澳大利亚界定为每周3次以上,日本界定在每周1次以上;每次活动时间，加拿大和日本界定为每次30分钟以上，英国和澳大利亚界定为每次20分钟以上;对中等运动强度的界定是“稍感吃力的运动”。对体育人口的基本概念,发达国家一般认为,“成年人每周参加1次以上的体育活动人口”。如,瑞典1994年就是使用这一指标表达欧洲部分国家的体育人口。日本1980年以后,开始使用“20岁以上成年人每周参加1次以上体育活动人口”这一指标,统计成年人经常参加体育活动的人口比例。

瑞典中央统计局1994年有关统计资料显示,欧洲部分国家成年人每周参加1次以上体育活动的人口比例:瑞典为54%、瑞士为54%、芬兰为53%、奥地利为48%、挪威为46%、卢森堡为42%、丹麦为39%、英国为35%、法国为35%、德国为34%、比利时为34%、荷兰为32%、葡萄牙为28%、爱尔兰为26%、希腊为26%、西班牙为25%、意大利为23%。在上述国家中,瑞典、瑞士、芬兰3国超过半数以上的成年人,每周参加1次以上体育活动。每日参加体育活动的时间,以北欧诸国为多。其中男性和女性日参加体育活动的时间依次为:瑞典42分/日和28分/日、芬兰34分/日和25分/日、挪威25分/日和19分/日、荷兰19分/日和12分/日、英国18分/日和10分/日、加拿大18分/日和11分/日、美国15分/日和9分/日。

日本总理府的调查结果显示,近年来20岁以上成年人每周参加1次以上体育活动的人口比例呈上升趋势。1991年体育活动人口比例为27.9%、1994年为29.9%、1997年为34.7%、2000年为37.2%。日参加体育活动的时间,男性平时为 7 分／日、女性 5 分／日；星期天男性为 16 分／日、女性 6 分／日。

此外，1988～1994 年，日本、加拿大、英国及澳大利亚 4 国比较结果显示出以下特点：一是经常参加体育活动的人口比例，男性高于女性。二是在 20～24 岁、25～44 岁、45～64 岁、65 岁以上的 4 个年龄组中，男女 20～24 岁年龄组经常参加体育活动的人口比例高于其他 3 个年龄组。三是英国和澳大利亚的男女以及加拿大和日本的女性，经常参加体育活动的人口比例随着年龄的增加逐渐减少，加拿大和日本 65 岁以上男性经常参加体育活动的人口比例高于 25～44 岁、45～64 岁两个年龄组。

二、发达国家的大众体育组织

发达国家社会体育组织以社区体育俱乐部为主。在欧洲，与居民密切相关的社区体育俱乐部是这些国家的体育基础。这些社区体育俱乐部不以赢利为目的，居民自发参加，自主运营，有来自国家及地方自治体的财政补助，优先利用体育设施等公共用地及设施，对于事业收益及固定资产采取优惠措施，几乎所有的体育俱乐部都具有“法人资格”。其中许多体育俱乐部历史悠久，创建至今已超过百年。欧盟 13 个成员国中，各国体育俱乐部的数量、会员总数、体育俱乐部的平均规模、体育俱乐部人口所占比例，见表 15－1。

表 15－1　发达国家体育俱乐部情况一览表

国家	体育俱乐部数量（个）	体育俱乐部总人口（人）	体育俱乐部规模（人）	体育俱乐部人口所占比例（%）
丹麦	13 100	2 174 000	142	42.3
芬兰	13 000	2 037 000	157	41.3
奥地利	14 000	2 500 000	179	32.4
德国	81 000	24 000 000	296	30.3
荷兰	36 000	4 313 000	120	29.6
瑞典	38 000	2 500 000	66	28.7
比利时	31 483	2 546 000	81	25.8
卢森堡	1 375	93 777	68	25.8
法国	160 000	12 750 000	80	22.7
英国	150 000	6 500 000	43	11.3
意大利	67 000	6 000 000	90	10.8
西班牙		2 320 000		6.0
葡萄牙	5 126	500 000	98	4.9

（引自《体育白皮书》Sasakawa Sports Foundation, 1996）

表中显示,北欧国家的体育俱乐部人口所占比例在欧盟国家中较高,其中丹麦和芬兰超过 40%。此外,奥地利、德国、荷兰、瑞典、比利时和卢森堡的体育俱乐部人口所占比例均超过了 25%。只有西班牙和葡萄牙两国的体育俱乐部人口所占的比例低于 10%。欧洲国家体育俱乐部人口在人口中所占比例平均达到 25% 以上,每 4 人中就有 1 人加入体育俱乐部。体育人口中,足球人口所占比例较大是以上欧盟国家的一个特点。如,以上欧盟国家中,在足球俱乐部注册的人口,德国约为 532. 9 万人、法国约为 192 万人、意大利约为 117. 5 万人、英国约为 102. 9 万人、荷兰约为 100. 1 万人、瑞典约为 82 万人、西班牙约为 40. 1 万人、比利时约为 38. 4 万人、芬兰约为 36. 5 万人、奥地利约为 25. 5 万人、葡萄牙约为 8. 1 万人、卢森堡约为 2. 2 万人。

北欧国家体育俱乐部人口比例较高的主要原因:一是有较多的森林、湖泊,夏季长时间的日照,在时间上和空间上具备体育活动所需要的优越条件。二是政府对体育俱乐部的积极支援。如,丹麦 1990 年就制定了适合体育活动的公共设施,全部要向社区体育俱乐部免费开放的法律。这个法律还规定,体育俱乐部所有的设施或借用其他设施,为 25 岁以下的青少年开展活动的场合,其所需要的活动经费 75% 可由地方自治体支付。在此制度的支持下,使得体育俱乐部的运营安定,有助于居民参加体育俱乐部活动。此外,每个体育俱乐部的平均会员为 43 ~ 296 人,平均规模并不是很大,也有利于体育俱乐部成员之间的充分交流。

日本体育俱乐部协会 1994 年的全国规模调查显示,以公共体育设施为活动场所的社区体育俱乐部约为 37 万个,会员总数约为 1169 万人,每个体育俱乐部的成员约为 31 人,体育俱乐部会员占人口比例接近 10%。在 37 万个体育俱乐部中,单一型(一个运动项目)约占 92%,而综合型(多个运动项目)约占 8%。与欧美等国相比,日本的社区体育俱乐部规模较小。

三、发达国家的社会体育指导

在美国,社会体育指导者资格认定机构主要有,美国运动医学学会(ACSM)认定的专门指导者,全美教练员协会(NATA)认定的有关运动项目的教练员,以及全美有 50 个以上认定机构认定的健美指导者。

美国运动医学学会于 1972 年成立。它是由 62 个国家,超过 12000 名医生、科学家等参加的国际性学会组织,所以这一组织的认定资格最具权威性,培养的指导者在社会上备受好评。美国运动医学学会的培训认定资格包括运动疗法领域和预防性运动处方领域两大类，共设6个级别的指导者，即：健身教练员、健美操教练员、健身指导员、运动检查技术员、运动专门指导士、运动计划指导者。

健身教练员是美国运动医学学会资格中的初级指导者，有关人员只要参加4天的理论和相关技能的学习，通过考试后即可取得这一资格。健美操教练员是1987年从健身教练中分化出来的，是以认定指导者能够安全有效地指导健美操所需要的知识和技能为目的的。健身指导员是这一领域的管理者，是授予具有丰富经验和出色指导技能的指导者的资格。运动检查技术员是授予能够安全且严密地实施具有多级负荷检查、安静时心电图检查、肺功能检查、氧摄取量等与运动相关的检查知识、能力、技能的专家的资格。运动专门指导士是授予能够为有呼吸循环系统及代谢系统的患者制定运动计划的多级负荷检查、运动处方、运动指导的能力，以及相应的实践经验的专门指导者的资格。运动计划指导者是美国运动医学学会6种指导者资格中级别最高的指导者。不仅要求具有出色的管理能力，而且能有效地制定实施预防疾病、恢复机能的运动计划的能力，还要求具备其他资格所要求的技术和能力，以及与其他指导者或参与者有效合作的能力等。

此外，美国还有50个以上的健美操教练员的培养及资格认定机构。其中全美健美操协会（AFAA）和国际舞蹈协会（IDEA）认定资格最具权威性，备受社会好评。全美健美操协会资格认定工作起始于1983年，取得这一资格需要具有指导过健美操的经历，并通过笔试和实际技能考试。这一资格的有效期为2年，并需要取得15个以上的继续教育的学分才能继续拥有这一资格。国际舞蹈协会的资格认定工作也是起始于1983年。这一工作由教育考试服务中心负责，取得这一资格者需要18岁以上且拥有救生经验，并通过笔试考试。这一资格的有效期也是2年，继续拥有这一资格需要取得15个以上的继续教育的学分。

加拿大政府在体育和健身的奖励政策中，尤其注重指导者的培养。1983年以前，社会体育指导者的培养由各州及各相关团体负责，1983年以后，政府成立了由各州及相关团体参加的健身指导者中央审议会（NFLAC），负责社会体育指导者的培养。在健身指导者中央审议会制定的有关指导者培养和资格认定的指南中，提出了健身指导者、专门领域健身指导者、高级健身指导者、主任研修指导者4个等级的指导者模式。健身指导者是指导者模式中的初级指导者，取得这一资格需要掌握健身指导者中央审议会规定的12个领域的基础知识。健身指导者中央审议会负责制定研修计划的基本内容，指导者的培养和认定工作委托给各州及相关团体。专门领域健身指导者是授予具有健身指导者资格，完成特定指导领域的研修，或通过认定考试的指导者。取得高级健身指导者资格，需要具有以上 2 个资格，并在大学获得体育学学士及具有指导者的研修经历和指导技能。主任研修指导者是级别最高的指导者资格，这一资格授予精通这一领域的教育研修计划的指导者。

除 NFLAC 外，加拿大体育科学学会(CASS)也培养社会体育指导者。为了正确地评价国民的体质和健康状况，促进国民采取积极健康的生活方式，加拿大体育科学学会从 1982 年 11 月开始，实施对开发的标准体力测试的实施者的资格认定制度。认定制度包括体力诊断士和公认体力诊断士两个种类。体力诊断士是以掌握体力诊断所需要的最低限度的知识和技术为目的的资格。取得这一资格需要实际技能和笔试考试，具备这一资格的指导者每 4 年考试一次，重新认定资格。目前，加拿大全国拥有这一资格的指导者约 12 000 人。公认体力诊断士是授予取得体力诊断士，并具有专门知识和技能以及实际指导经验的指导者。具有这一资格的指导者可担任体力诊断士的实习指导，可优先安置在“认定健身中心”。目前，加拿大全国拥有这一资格的指导者约 12 000 人。此外，取得这一资格 5 年以上者，经过 3 天的指导研修者可取得体力诊断士的研修讲师资格。

在英国，指导者资格由各运动项目的全国协会负责认定，其中社区体育指导者是英国最有特色的认定制度。社区体育指导者认定制度(CSLA)是由英国最大的体育·娱乐机构——英国社会体育审议会(CCPR)创立的，在 1981～1993 年的 12 年间，共认定了 10 万人以上的志愿指导者。社区体育指导者认定制度是以 16 岁以上者为对象，参加 25 小时 7 个项目构成的课程学习，并在社区体育俱乐部至少实践 10 小时，即可通过认定。

在德国，指导者的培养一直受到重视。1991 年，活跃在 81 000 个体育俱乐部的指导者约为 46 万人，其中 40% 左右是不需支付报酬的志愿者。每年约在 100 个教育机构接受训练的人达 4 万人左右。德国体育联盟(DSB)是统管全国体育的非政府机构，设置 4 种指导者资格制度，即体育指导者、特定运动项目指导者、青少年指导者和体育运营指导者。政府与资格制度无关，资格认定工作由体育指导者学院、德国经济继续教育学院等负责。在这 4 种指导者中，体育指导者分为初级和高级 2 个级别。初级体育指导者，应参加由地区或州体育团体、体育协会举办的指导者培训讲习会 120 小时的学习，并通过理论及指导实习考试合格者，即可取得这一资格。高级体育指导者是在取得初级资格后，参加 30 小时的讲习会的学习，并通过考试合格者，即可取得。高级体育指导者包括少年体育指导者、成人(中老年)体育指导者和心疾患恢复指导者 3 个专门领域。特定运动项目指导者包括初级、中级、高级和学士教练员4个级别。其中前3个级别须参加规定的讲习会学习,考试合格者即可取得资格。青少年指导者是授予援助青少年的校外体育活动的指导者,只要参加德国体育少年团(DSJ)等青少年团体举办的讲习会(120小时)的学习,即可取得这一资格。

在澳大利亚,指导者的培养由澳大利亚健身指导者认定委员会(AFAC)负责,这一委员会是由澳大利亚体育协会和体育医学会发起成立的,培训指导者资格包括健身指导者和健身顾问两个种类。健身指导者资格,授予参加澳大利亚健身指导者认定委员会认定的讲习会或在认定机构的课程中学习60小时的人。健身顾问资格者的条件,要求毕业于大学体育学专业或健康教育学专业,获得学士学位及相关资格,至少学习120小时,其中80小时要求有澳大利亚健身指导者认定委员会认定的完成指导实习的证明。健身顾问资格由各州按照全国统一的标准进行认定,各州还可根据情况增加学习和考试的内容。

在日本,社会体育指导者主要包括体育指导委员、派遣体育主事、终身体育担当职员,此外还有文部省、厚生省、劳动省、都道府县等实施与社会体育相关的指导者资格认定制度。

体育指导委员是根据《体育振兴法》的规定,在市町村教育委员会中设置的体育指导者。体育指导委员的主要职责是对市町村的体育振兴,以及居民的体育活动等进行具体指导。体育指导委员为非专职,1995年5月,日本全国共有体育指导委员约61 000人。1975年,日本实行派遣体育主事制度,由各都道府县向市町村派遣社会教育主事(体育担当),国家补助一半经费。派遣体育主事的主要职责是:地区居民体育,体育设施的设置和利用,计划、实施各种体育活动,指导自发、自主性体育活动,体育组织化指导及指导员协作体制的建立。终身体育担当职员是指配置在各级教育委员会担当终身体育工作的专职或兼职的职员,包括社会教育主事在内。1994年1月统计表明,日本拥有终身体育担当职员1414人,其中专职1171人,兼职243人。

1988年,日本开始实施体育指导者国家认定资格制度,即“社会体育指导者资格授予制度”。但是,国家不直接进行资格认定,而是采取由文部大臣认定的相关团体培养实施社会体育指导者。从对终身体育发挥的作用划分,资格认定的种类主要包括以下4类:社区体育指导者、竞技体育指导者、商业体育指导者和运动处方指导者。1995年10月统计表明,日本拥有社会体育指导者62 927人,其中,社区体育指导者51 547人、竞技体育指导者4628人、商业体育指导者4352人、运动处方指导者2400人。以上4类社会体育指导者的资格认定,需要参加80~2000小时以上的共同科目和专门科目的学习,其中一部分学习可通过函授的形式,各相关团体可根据实际情况决定学习的内容和时间,考试合格者被授予相应的资格。对于在大学、正规学校等学习过的科目,有一定运动成绩及指导经历者,可免除学习及考试。

厚生大臣认定的社会体育指导者，有健康运动指导士和健康运动实践指导者两种资格。与文部省的社会体育指导者资格认定一样,厚生省也不进行资格认定,采取由厚生大臣认定的民间团体进行指导者的培养。前者的主要职责是为了预防动脉硬化、心脏病、高血压等,保持增进健康水平,与保健医疗相关者协作,制定安全适当的运动处方。后者是实施运动处方时的指导者,根据实施者的健康状态、体力水平、运动技术,对实施者进行实际的指导。取得健康运动指导士资格需要参加理论学习114小时,技能培训30小时,学习分3次进行,每次7天,共计21天。健康运动实践指导者需参加理论学习25.5小时,技能培训24小时,共计7天的学习。考试合格者被授予相应的资格。1996年2月统计表明,日本拥有健康运动指导士5342人,健康运动实践指导者6426人。

劳动省认定的社会体育指导者有,健康教练员和健康指导者两种资格。前者的主要职责是根据测定结果制定适当的运动处方。后者是实施运动处方时的指导者。根据实施者的健康状态、体力水平、运动技术,对实施者进行实际的指导。1996年3月统计表明,日本拥有健康教练员2668人,健康指导者10 416人。此外,都道府县实行了体育骨干银行制度。根据各体育团体和社区居民的要求,在各都道府县登记的体育指导者（包括各类资格拥有者），1994年1月统计表明,拥有42 875人。

四、发达国家的大众体育设施

在发达国家，大众体育设施是指向市民开放的所有提供体育和健身活动者使用的设施。1994年统计显示,部分发达国家每10万人拥有的社会体育设施数量:芬兰为457个,日本为260个,德国为248个,瑞士为220个,意大利为212个。

在日本,大众体育设施一般划分为日常生活圈体育设施,广域生活圈体育设施,民间体育设施。1996年日本拥有各类体育设施258 026个,其中,学校体育设施为160 614个,公共体育设施为65 528个,民间体育设施19 147个以及企业体育设施12 737个。日常生活圈体育设施主要包括公共体育设施、城市公园中的体育设施，以及向市民开放的学校体育设施和企业体育设施。公共体育设施中数量较多的设施依次是：门球场、多功能运动场、体育馆、室外网球场、棒垒球场、野营场和室内游泳池。1990 年公共体育设施的体育馆、游泳池、综合体育设施的管理及运营，约 50% 由设施的设置者直接负责，另外约 50% 采取委托给相关团体，或与相关团体共同管理及运营的方式。学校体育设施在各类体育设施中所占比例最大，约为 60% 以上。因此，促进学校体育设施的开放具有重要意义。1990 年日本学校体育设施中数量较多的设施依次是：体育馆（约 41 600 个）、多功能运动场（约 40 900 个）、室外游泳池（30 700 个）、室外网球场（10 600 个）。1990 年学校体育设施的开放比例依次为：室外运动场，小学占 86. 9%、中学占 79. 7%、高中占 57. 2%；体育馆，小学占 91. 7%、中学占 84. 4%、高中占 42. 1%；游泳池，小学占 44. 6%、中学占 33. 0%、高中占 12. 2%；室外网球场，小学占 35. 0%、中学占 27. 0%、高中占 22. 4%。在开放的学校体育设施中，室外运动场和体育馆所占比例较高，游泳池和室外网球场所占比例较低。学校体育设施的开放天数，每周达到 2 天的比例为：室外运动场占 33. 6%、体育馆占 49. 5%。每周达到 4 天的比例为：室外运动场占 20. 8%、体育馆占 34. 0%。白天和晚上都开放的比例为：室外运动场达到 27. 5%、体育馆达到 56. 7%。1993 年 6 月，日本修订城市公园法，提出在 1995 年度城市公园面积达到每人 7 平方米的目标。城市公园中体育设施所占面积，也由过去的 5% 提高到 10%，并且废除了过去对一些体育设施种类及面积的限制，在保持城市公园的作用、意义的范围内，可由地方政府自行判断体育设施的面积。

随着城市化的进一步发展，城市人口所占比例越来越大。在日本，东京、大阪、名古屋 3 个大城市周边 50 公里范围内居住的人口，1994 年已经达到全国人口的 43. 4%。为了满足生活在大城市中的人们的野外体育活动的需要，日本越来越重视可进行滑雪、登山、海水浴、远足、高尔夫球等活动的广域生活圈体育设施的配备。1995 年日本参加海洋体育活动的人口为 380 万，参加高尔夫球人口达到总人口的 10% 以上。1992 年利用国有林进行野营、自行车、滑雪、网球、高尔夫球等体育活动的人数，达到 2 亿人次。

近年来，以提供增进健康运动处方为目的的民间体育俱乐部越来越多。伴随着民间体育俱乐部的大量出现，民间体育设施的数量增长较快。日本民间体育设施中游泳池、训练馆、健身房、网球场和高尔夫球练习场的数量，1992 年比 1989 年分别增长了 31. 7%、74. 3%、72. 2%、22. 6% 和 129. 6%。

五、发达国家的大众体育政策

体育的大众化是现代体育发展的一个主要特征。20 世纪 60 年代以来，发达国家纷纷重视发展大众体育。纵观发达国家的大众体育政策主要有以下几个特点。

（一）大众体育在经济及社会持续发展中的作用受到进一步重视

20 世纪 60 ~ 70 年代，发达国家纷纷着手发展大众体育的一个主要原因，是为了阻止由于运动不足、营养过剩等造成的国民体质和健康水平下降，减少医疗费用支出，提高劳动生产率，保持经济、社会的持续发展。时至今日，发展终身体育，促进国民身心的健康发展，仍是发达国家大众体育政策的核心。

20 世纪 60 年代以来，发达国家致力于发展大众体育，使得经常参加体育活动的人口增长迅速。目前，发达国家成年人口中，每周参加 1 次以上体育活动的人口在 40% 左右。体育活动在一般大众中的普及，促进了体育产业的形成及发展。欧洲一些国家，家庭体育相关支出：德国为 149 亿美元、英国为 130 亿美元、意大利为 94 亿美元、法国为 85 亿美元、西班牙为 81 亿美元、瑞士为 81 亿美元。日本，1992 年每个家庭的体育相关消费平均为 30 300 日元，形成了 4 ~ 5 兆日元的国内市场。如果日本的体育人口达到欧洲国家的水平，即体育人口在现有基础上增长 10%，体育将成为与饮食、娱乐并驾齐驱的内需型支柱产业。为此，日本在 1997 年和 2000 年推出的发展体育的中长期计划中，提出从扩大内需的高度发展终身体育的目标。特别是在 2000 年的发展体育的中长期计划中，调整体育政策的重心，将今后 10 年内成年人每周参加 1 次体育活动的人口比例提高到 50% 作为该计划的首要政策目标，期望通过普及振兴体育，促进国民经济的发展。在出生率低、人口老龄化、经济增长缓慢的情况下，发展社会体育不仅有助于保持增进国民的身心健康，而且有助于抑制财政支出，扩大内需。

随着生活方式和居住环境的变化，人与人之间的交流机会日益减少，由此而造成的人际关系疏远，缺乏人与人之间的交流成为现代社会的一大社会问题。因此，发挥体育活动的功能，通过发展社会体育，特别是通过发展社区体育，增加人与人的交流机会，促进社区的一体化，近年来备受发达国家的重视。如，日本 2000 年推出的发展体育的中长期计划中提出，将增加人与人之间的交流机会，促进社区的一体化,作为发展终身体育的目标之一。

(二)维持大众体育经费在GDP、政府预算、体育经费中的高比例

发达国家中央政府和地方政府用于发展体育的相关经费，约占GDP的0.2%～0.4%。以1992年为例,欧洲一些国家用于发展体育的相关经费与GDP之比：葡萄牙约为0.61%、法国约为0.42%、德国约为0.35%、芬兰约为0.33%、英国约为0.24%、西班牙约为0.23%、丹麦约为0.22%、意大利约为0.20%、瑞典约为0.18%。1995年日本中央政府和地方政府用于发展体育的相关经费,约占GDP的0.2%。

1995年日本中央政府用于发展体育的相关经费达到4425亿日元，约占当年政府财政预算的0.6%。1986～1995年的10年,中央政府12个省厅用于发展体育的相关经费,由2472亿日元增加到4425亿日元,平均每年增长约5%。用于发展体育的相关经费在GDP中所占的比例，1986～1987年为0.07%、1988～1992年为0.08%、1993～1995年为0.09%。即使是在1992年以来经济不景气的情况下,这一经费依然保持逐年增长。

在发达国家政府用于发展体育的相关经费中，地方政府一般高于中央政府。欧洲除法国外,地方政府的体育预算都高于中央政府。以1990年为例,高出比例分别是:德国为97.9%、英国为94.9%、瑞士为92.43%、瑞典为90.06%、芬兰为85.07%、丹麦为83.84%、西班牙为76.27%、意大利为57.1%、葡萄牙为53.98%、法国为49.7%。1990年日本地方政府用于发展体育的相关预算达到4239亿日元，超过当年中央政府预算的3303亿日元。其中在地方政府预算中，都道府县为776亿日元,市区町村为3463亿日元。在政府用于发展体育的相关预算中,国家占43.8%、都道府县占10.3%、市区町村占45.9%。政府用于发展体育的相关预算中,地方政府特别是基层地方政府所占比例较大,这从一个侧面也反映出,在用于发展体育的相关经费中大众体育所占比例较大。

(三)重视大众体育环境的完善

大众体育环境是指居民日常体育活动所需要的各种条件，主要包括活动场所、指导者、活动组织以及组织的各种活动等。其中配置活动场所和培育活动组织,在社会体育环境的完善中占有非常重要的位置。

重视完善大众体育环境，是发达国家在发展大众体育过程中采取的共同做法。20 世纪 60 年代初期至 70 年代中期,联邦德国用 15 年的时间实施了大规模的公共体育设施建设计划。20 世纪 70 年代初期至 80 年代中期，日本也用十几年的时间实施了配备社区公共体育设施的计划。为了保证配备社区公共体育设施计划的实施,日本还以颁布的《体育振兴法》为依据,规定国家在预算范围内对配备的社区公共体育设施实行一定比例的补助。在社区公共体育设施的配置过程中,发达国家走过了从重视设施数量到重视设施质量的历程。近年来配置社区公共体育设施,呈现出“身边化”以及与教养、文化设施有机配备,适应各阶层国民不同需求等特点。

促进学校体育设施的对外开放,不仅弥补了公共体育设施的不足,而且也是发达国家完善社会体育环境的一个重要举措。以学校体育设施为活动场所的社区体育俱乐部,在发达国家不胜枚举。为了促进学校体育设施的对外开放,政府不仅颁布相关法规,而且还制定奖励措施,以利于学校体育设施的对外开放。在学校体育设施占绝大多数的日本,自着手发展社会体育以后,非常重视促进学校体育设施的对外开放。因此,学校体育设施的开放,一直保持着较高的比例。20 世纪 60 年代末，学校体育设施中的体育馆和运动场的开放比例就达 65% 左右，20 世纪 80 年代末期以来一直保持在 80% 以上。

完善社会体育环境是手段,而促进经常参加体育活动的人口增长是目的。当以增加居民体育活动场所为重点的政策不能有效地促进体育人口增长时，就应当对其进行调整。20 世纪 80 年代以后,日本居民参加日常体育活动的场所增长迅速,但是自 20 世纪 80 年代以来,经常参加体育活动的人口增长缓慢。20 世纪 80 年代初期至 90 年代中期，成年人每周参加 1 次以上体育活动的人口，一直徘徊在 26.3% ~29.9%。这一现象表明,通过增加居民体育活动场所的做法,已经不能有效地促进经常参加体育活动人口的增长。为此，日本在 2000 年推出的发展体育的中长期计划中提出，将政策的重心由过去的配备设施调整为培育活动组织,即培育综合型体育俱乐部。但是,社会体育政策的重心并没有改变,仍然是在完善社会体育环境。

（四）多方面筹措发展大众体育经费

近年来,为了保证发展社会体育所需经费,发达国家在保证政府财政预算的基础上,从多方面筹措发展大众体育的经费。

发行体育彩票是发达国家筹措发展大众体育经费的一个重要途径。发达国家的足球具有广泛的群众性基础。为此，一些国家选择发行以足球为对象的体育彩票，筹措体育经费。足球彩票销售额中用于发展大众体育经费的比例：意大利为35.2%、法国为30.0%、荷兰为28.9%、葡萄牙为25.0%、丹麦为21.0%。此外，德国、英国、西班牙、比利时、希腊及卢森堡等国也都发行了足球彩票。日本为了实施新的发展体育的中长期计划，1998年颁布发行了以足球为对象的体育振兴彩票的法律，规定收益中的1/3上缴国库，余下的2/3，一半资助体育团体，一半补助地方政府用于发展体育。其中，收益中的绝大部分用于培育综合型社区体育俱乐部。在2001年3~11月的29期体育振兴彩票销售中，销售额约为604亿日元，获得近200亿日元的收益用于发展体育。除足球彩票外，其他彩票收益中的一部分也被用于发展体育。如，荷兰规定彩票销售额的28.9%，葡萄牙规定彩票销售额的8%，日本规定彩票销售额的3.6%用于发展体育。

此外，发达国家中政府经营的体育博彩的一部分收益，也被用于发展体育。1994年日本政府经营的体育博彩销售额达到8兆4000亿日元，如果将其收益的1%用于发展体育，每年将增加约840亿日元。而1994年日本政府经营的体育博彩的收益中，仅有86.5亿日元用于发展体育。由于政府经营的体育博彩销售额巨大，增加其收益中用于发展体育的比例成为多年来研讨的课题。在欧洲，法国规定赛马销售额的0.3%用于发展体育。

第三节　发达国家大众体育的发展计划和发展趋势

一、发达国家的大众体育发展计划

不问性别、年龄、种族、阶层、居住环境、身心的不利条件如何，促进所有的国民在一生中积极参加体育活动的"*Sports for all*"的理念，在欧盟(CE)提倡以来，社会体育的发展在发达国家已成为优先采取措施的一个重要的政治课题。人口的急剧老龄化、国民医疗费的无限增大、运动不足和精神疲劳等生活习惯为起因的疾病的增多等，对西方国家的社会经济活动带来了较大的负面影响。1980年美国总统卡特认为，解决这些问题，促进国民自觉地参加体育活动是"最可期待的有回报的投资"。与此同时，近年来随着余暇时间的增多，以及追求人生价值、生活质量的呼声越来越强烈,国民积极致力于参加体育活动和增进健康。

为了适应这些社会变化,发达国家纷纷制定社会体育发展计划,提出面向21世纪的发展社会体育的具体措施。如,美国1990年推出了《健康公民2000——对于增进健康、预防疾病的国家目标》、加拿大1992年推出了《体育推动计划》,英国1992年推出了《90年代的体育——朝着新的地平线》,意大利1994年推出了《面向2000年的体育计划》,澳大利亚1994年推出了《朝着2000年悉尼奥运会的体育国家建设》,日本1997年和2000年先后推出了《为了在一生中保持增进身心健康的今后健康教育及体育振兴的对策》和《振兴体育基本计划》。20世纪90年代以后,西方发达国家从提高国民生活福利的角度,纷纷推出以面向21世纪的健康国家为目标的政策。这些政策不是纸上谈兵,事先都设定可能达到,并且应当达到的目标,以及为了达到目标而采取的具体措施。

(一)美国的《健康公民2000——对于增进健康、预防疾病的国家目标》

1980年秋天,美国保健福利部公共卫生局推出的《增进健康、预防疾病的国家目标》是美国20世纪最重要的健康对策。其中提出到2000年应当达到的“身体活动和健康”的主要行动目标如下:

1. 有关改善健康状态的目标

心血管疾病造成的死亡率减少到100人/10万人(1987年为135人/10万人);肥胖者的比例,20岁以上成年人在20%以下,12~19岁的青少年减少到15%以下(肥胖者的比例,1976~1980年20岁以上成年人为26%、12~19岁青少年为15%)。

2. 有关预防危险因素的目标

6岁以上国民,30%以上应有规律地参加1日30分钟以上(最好每天)轻度或中度的身体活动(1985年18岁以上的国民,22%1周参加5次以上超过30分钟的身体活动,其中12%参加7次以上),运动不足者参加这样的身体活动,可收到预防心血管疾病的效果;每周3次以上,每次20分钟以上的活泼的身体活动,18岁以上的参加者达到20%以上,6~17岁的青少年提高到75%以上(1985年18岁以上参加者为12%,10~17岁为16%),以提高、维持呼吸循环系统的机能；6 岁以上国民余暇时间不参加身体活动的比例减少到 15% 以下（1985 年 18 岁以上余暇时间不参加身体活动者为 24%）；要使 6 岁以下国民 40% 以上，为了维持、提高肌肉力量、肌肉耐力、柔韧性进行有规律的运动；要使 12 岁以上肥胖者 50% 以上，为了维持标准体重，留意有规律的运动和实施正确的饮食生活（1985 年 18 岁以上肥胖者为男 25%、女 30%）。

3. 有关服务及保护健康的目标

小学 1 年级至高中 3 年级 50% 以上的学生，每天都要上体育课（1984 ~ 1986 年为 36%）；50% 以上的学校体育课，应当活泼地活动身体，而且这些活动是能够在一生中持续实施的（1983 年实施的这样的活动为 27%）。雇用者提供的运动 · 健康处方的比例及企业的规模如下：50 ~ 99 人为 20%、100 ~ 249 人为 35%、250 ~ 749 人为 50%、750 以上为 80%（1985 年这一指标分别为 14%、23%、32%、34%）。社区就近的而且便于利用的运动 · 健康设施应当达到以下标准：步行、自行车道、健康路径为每 1 万人 1 英里，公营游泳池为每 25 000 人 1 个，公园、娱乐空地为每 1000 人 1 英亩（1985 年这一指标依次为每 71 000 人 1 英里、每 50 000 人 1 个、每 1 000 人 1 英亩）。主治医生等 50% 以上，对于自己的患者能够给予有关运动的频度、时间、方式、强度的评价及建议（1985 年对于自己的患者进行评价的医生的比例约为 30%）。

（二）日本的《终生保持增进身心健康的今后健康教育及体育的振兴对策》和《振兴体育基本计划》

日本文部省 1997 年 9 月出台了新的发展体育的中长期计划——《终生保持增进身心健康的今后健康教育及体育的振兴对策》（以下简称《对策》）。《对策》是一个内容涉及终身体育、学校体育和竞技体育发展的中长期计划。与过去的发展体育的中长期计划相比，《对策》在发展终身体育方面具有以下几个特点：

首先，没有提出政策目标的时效期。表明政府将健康问题作为今后相当长一段时间内的政策问题来对待。其次，对健康的重视程度超过以往。如，《对策》对人一生如何保持增进身心健康，在方法上给予科学、周密的指导，并根据人在婴幼儿期和儿童期，青年前期和青年后期，壮年期和中年期，老年前期和老年后期 4 个时期生长发育的特点，提出增进身心健康的方法。对人在各年龄时期应参加哪些运动、每次运动多长时间、每周运动几次等，作了非常详尽的说明。第三，重视发挥学校体育在发展终身体育中的作用。提出了在小学至高中阶段,要重视增强学生的体力和培养学生喜爱运动的态度。在保持增进学生身心健康方面,特别强调学校、家庭、社区中的体育以及对健康的教育、管理、学习的重要性。

1998 年日本国会通过有关体育振兴彩票的法律。在发展体育经费来源得到保障的情况下，日本又于 2000 年出台了《振兴体育基本计划》(以下简称《计划》)。在这个发展体育的中长期计划中,提出了 2000 ~ 2010 年发展终身体育的基本设想。

首先，将发展终身体育政策的重心由过去的完善体育设施转移到培育体育活动组织上来,即由过去的重视“硬件”向重视“软件”转变。在《计划》中虽然坚持采取通过完善国民参加日常体育活动的环境,发展终身体育的方针,但是政策的重心由过去重视公共体育设施的完善转移到重视培育综合型社区体育俱乐部上来。其次,在发展体育的中长期计划中,第一次提出了量化的发展终身体育的政策目标和具体措施。《计划》提出 2010 年前发展终身体育的政策目标是:“1. 实现国民中的所有人,根据自己的体力和年龄、技术、兴趣、目的,在任何时候、任何地点,始终能够参加体育活动的终身体育社会;2. 作为目标,尽早实现每 2 位成年人中有 1 人(50%)每周参加一次以上体育活动。”为了实现这一目标,《计划》提出在 2010 年前:“每个市区町村至少要培育 1 个综合型社区体育俱乐部;每个都道府县至少要建立 1 个支援所辖市区町村综合型社区体育俱乐部的体育中心。”《计划》提出,综合型社区体育俱乐部的规模以初中的学区为宜,利用学区中的公共体育设施和学校体育设施(也可利用民间体育设施)进行体育活动。作为最终目标,将来在每个初中学区设置综合型社区体育俱乐部,若干个市町村设置一个体育中心。

二、发达国家的大众体育发展趋势

(一)重视体育的经济学意义

深刻理解因国民健康水平低下造成的经济损失和奖励体育运动而带来的经济效益,收集分析此类资料数据。澳大利亚政府文化 · 体育 · 旅游部 1988 年发表的研究报告显示,体育运动是预防心血管疾病、腰痛症等最有效的方法。研究认为,国民有规律地参加身体活动,当其参加者增加 10% 时,其产生的经济效益将达到 5 亿 9 千多万澳元。如果增加 40% 时,将会产生 23 亿 6 千多万澳元的经济效益,平均每天达 646 万澳元。

正如澳大利亚政府文化·体育·旅游部部长古拉哈姆·理查德森在这份研究报告的前言中所阐述的那样,促使国民在生活中养成积极的体育锻炼习惯,决非是无效的投资,其产生的经济效益是巨大及不可估量的。

(二)建立社会体育发展的评估体系

1980 年秋天,美国保健福利部公共卫生局发表了《增进健康、预防疾病的国家目标》的健康对策。其中,“体质与健康”是 15 个最优先领域的课题之一,并提出了面向 1990 年的 11 个具体行动目标。1990 年 9 月,以这一成果为主要内容,发表了题为《健康公民 2000 年》长达 700 页的报告,将“身体活动和健康”作为增进健康对策的首要条件,提出了到 2000 年应当达到的 12 个具体行动目标。

1970 年联邦德国发起健身运动,负责这一运动的德国体育联盟(DSB),每 4 年对运动的成果进行反馈,以此决定新的目标和宣传活动。1990 年 DSB 壮大到 82 个竞技团体、68 000 个俱乐部,会员人数由 1970 年的 1000 万人,增加到 20 年后的 1990 年 2 100 万人,相当于联邦德国总人口的 34. 3%。

(三)开展经常性国民健康调查

为了正确把握国民健康体质水平和体育实施状况的动向,实施周密的调查并将结果提供给相关部门,另外对调查的内容,如运动负荷等细致地进行分析,1981 年 2~7 月,加拿大卫生部门历时半年时间,对 7 岁以上的 3 万公民实施了“加拿大健康调查”(CFS),这可称之为世界上大规模的调查。调查内容包括体脂、血压等的体质及形态测定的指标。之后,美国(1988 年)、英国(1990 年)、新西兰(1991 年)、澳大利亚(1992 年)等国家,都以 CFS 为基础进行全国性的调查,陆续发表了国际性的比较研究。1986 年加拿大还从上次调查对象中抽出 4000 人,使用几乎同样内容的调查、测定项目进行了国民健康的追踪调查。1992 年及 1994 年,日本得到加拿大 CFS 实施机构的协助,对 2000 名 20 岁以上成年人实施了“CFS 体育生活调查”,并在此基础上与其他国家进行了比较。

（四）采用现代科学理论推动社会体育发展

决定最优先处理的人群及课题，研究具体战略，采取实施措施。英国体育审议会（CS），1988 年发表了面向 90 年代的具体战略。其中呼吁相关部门互相协助，特别是将刚刚走出学校的青少年和妇女作为重点，促进体育活动在他们中间的开展。

为了扩大这些特殊人群的体育人口，CS 联合 4 个地区的地方 CS 及大型牛奶生产企业，从 1987 年 5 月开始展开“What’s your Sport”宣传运动，通过 4 个民间电视台播发呼吁参加体育活动的简短信息。如果有观众询问，在迅速邮送有关活动小册子的同时，将有关询问者的信息输入电子计算机，并将这些人的住所、姓名以及对体育的关心程度等信息转送给地方 CS。地方 CS 马上与这些人取得联系，提供有效的相关信息，呼吁国民参加体育活动。CS 采取了商品促销战略方式，以期扩大体育人口。

（五）加强对计划实施的监控和调适

对目标达成情况逐个进行评价，根据实际情况修正措施，并设定新的行动目标。美国健康福利部公共卫生局 1985 年，对面向 90 年代的“体力与运动”行动目标达成情况进行了确认工作，并将确认工作报告发送至有关部门及专家，广泛征求意见。此外，还在全美保健体育协会（AAHPERD）、全美体育医学会（ACSM）等相关学会、年会上就有关问题进行公开研讨，充分征求各界意见，重新提出面向 2000 年的行动目标。

（六）官民一体，分工合作

政府、民间团体、企业、学校、宣传媒介充分认识各自的作用，官民一体，致力于推动终身体育政策。20 世纪 80 年代以后，西方各国纷纷开始正式建立社会体育指导员资格认定制度。在资格认定制度实施时，有关部门联合在一起，摸索适应社会需求的指导者形象。做到了在充分研究、反复论证的基础上，决定指导者的种类、指导范围、培养机构、课程设置、资格审定等。

(七)设立大众体育的科研、服务基地

西方各国的国家训练中心不仅为培养高水平运动员服务，而且也为各类体育活动服务。这些国家训练中心既有各种训练设施、宿舍等，也有运动医学中心、体育信息中心等优秀科技人员的支援体系，另外配备的接待中心、会议中心等也可供一般市民利用。

(八)多渠道增加大众体育财源

发行体育彩票及其他国营彩票，在国家财政不乐观的状况下，致力于确保发展体育的财源。英国 1994 年 11 月开始发行国营彩票，并规定其收益中的一部分用于发展体育设施，仅此一项每年有 1 亿～1.5 亿英镑的收益用于体育设施建设。为了进一步筹措体育振兴资金，日本 1998 年制定了有关体育振兴彩票的法律，并于 2001 年开始发行体育振兴彩票，其收益用于补助体育团体、地方政府发展体育事业。2001 年 3～11 月的 29 期体育振兴彩票销售额共计 604 亿日元，其中近 200 亿日元收益用于体育振兴事业。此外，日本每年有奖邮政彩票的收益中也规定一部分用于体育振兴事业。

(九)实行体育机构改革和地方分权

近年来，为了实现面向 21 世纪的新的体育发展计划，西方各国积极推动政府及民间的体育机构改革及社会体育行政的地方分权。英国、法国、德国、澳大利亚政府纷纷对本国的体育行政进行了调整，从竞技体育到大众体育实施了大范围行政改革措施。特别是有关终身体育政策，大部分国家朝着地方分权方向发展。如，比利时根据 1980 年 8 月宪法修订时制定的“不同语言区地方分权化”政策，将全国分为荷兰语、法语、德语 3 个不同语言区，分别开展独立的大众体育行政。在西班牙，大众体育行政原则上由 17 个自治州掌管。1993 年英国提出英格兰、苏格兰、威尔士、北爱尔兰的 CS，分别掌管各自的大众体育新政策。日本 1995 年 5 月制定了“地方分权推进法”，谋求用以居民为本的综合行政取代过去的纵向行政。长期以来，日本实行的纵向行政存在种种弊端，以余暇政策为例，旅游——运输省、公园——建设省、自然——环境厅、余暇——通产

省、休假——劳动省、疗养地——农林水产省、终身学习——文部省、老年人——厚生省、乡土建设——自治省，中央政府各自为政，地方政府即使想综合化，也难以实施。而“地方分权推进法”的出台，加快了地方政府体育行政主体性和自立性的实现，有助于体育行政，特别是大众体育行政，消除了过去纵向行政的弊端，实现了以居民为本的充满活力的体育行政。

思考题

1. 发达国家大众体育发展的社会背景特征有哪些?
2. 发达国家大众体育人口、组织、指导、设施、政策特点是什么?
3. 发达国家大众体育有哪些发展趋势?

参考文献

1　国家体育总局群体司等编．国际大众体育现状与发展趋势．北京：国家体育总局体育信息研究所,2001.
2　SASAKAWA SPORTS FOUNDATION. (2001. 3). *SPORT FOR ALL 2010*.
3　国家体育总局信息研究所．市场经济条件下的各国体育政策．1998.
4　SASAKAWA SPORTS FOUNDATION. (1997. 7). *SPORT FOR ALL 2001*.

第十六章

社会体育的科学研究

本章重点

社会体育作为一种普遍的社会现象，在人们的社会生活中发生着日益重要的作用，它已成为众多学科关注的研究领域。多学科视角研究是社会体育领域的特点，社会体育科学研究中比较常用的方法有文献法、问卷法、专家调查法、社会实验法、量表法以及生物学方法等。

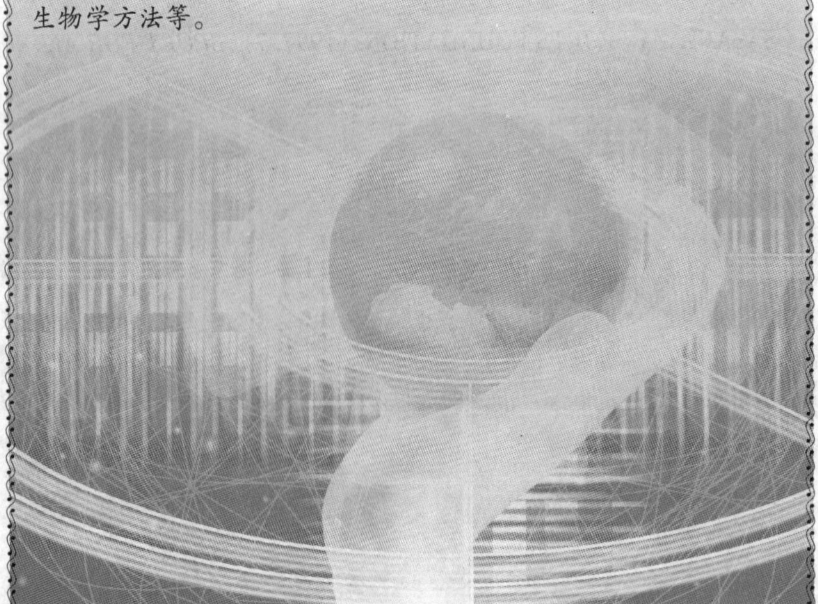

第一节　社会体育科学研究的视角

一、研究对象与研究视角

社会体育的对象十分复杂，空间十分广阔，内容十分丰富，所以仅从社会体育自身或是某一学科的角度去分析它、解释它，显然是不够的。随着社会体育在我国的蓬勃发展，它已成为众多学科关注的研究领域。本节我们主要介绍社会学、经济学、管理学、社会心理学、生物学五种研究社会体育的视角，试图为人们把握与社会体育相关的主要学科的研究视角提供一个较为清晰的脉络。

社会学、经济学、管理学、心理学都属社会科学，而生物学则属于自然科学的范畴。由于学科背景的不同，发展历史的不同，使它们在研究对象和研究视角上存在着较大的差异。传统的观点认为，学科之间的区别在于它们的研究对象，不同的学科有着不同的研究对象。也就是说，一门学科的研究对象要拥有独立自主的“主权”和排它性。所以也就有人称，经济学的“合法性”在于其研究对象（经济现象）的独特性。但近些年来社会科学研究实践正在冲击着这种传统的观点，因为各个学科自身的成熟使得学科之间开始探讨一些传统学科范围之外的社会现象和问题，更重要的是基于社会现象的复杂性，很难单靠一门学科得以充分、完全地解释。某门学科或许只是从一个侧面解决了某种社会现象的问题。另外，也应该看到，研究对象本身是“建构”的产物，在同一门学科内，不同视角所构成的学派（流派）也会导致研究对象的不同。比如，在社会学内部，结构学派认为社会结构是社会学的研究对象，而符号互动论则把互动过程中的意义和符号建构为社会学的研究对象。如此看来，一门学科的“合法性”不见得就在于其研究对象的独特性，而在于其视角、方法的独特性和目标的独特性。近年来社会科学在某个或若干研究对象上出现了融合的趋势，在一些共同关心的问题上，它们的主要区别体现在研究视角而不是研究对象上，正是基于上述认识和实践的结果。人们对“消费”的研究就是一个很好的佐证。各个不同学科可以从不同的视角、运用不同的方法去研究大家共同关心的“消费”问题，从而产生了消费经济学、消费心理学、消费符号学、消费人类学、消费地理学、消费政治学和消费社会学等研究成果。

二、社会学研究视角

从社会学的视角研究体育由来已久。据有关史料记载，1838年法国哲学家奥古斯特·孔德（Auguste Comte, 1798～1857）提出“社会学”一词后，1898年美国学者就开始了社会学视角的体育研究。一个世纪以来，众多研究成果就包含了社会学视角对社会体育（大众体育）的研究。

（一）综合研究的视角

19世纪30年代，奥古斯特·孔德所构想的“社会学”是与数学、天文学、物理学等自然科学并列的研究社会的科学，是整个社会科学的同义语，其研究对象几乎包罗了所有的社会现象。后来，随着社会发展的需要和人们认识的深化，社会学才逐步地与其他社会科学区别开来而成为一门独立的学科，但它仍然保留了综合研究社会的特点。这是社会学区别于其他社会科学学科的一个重要特征。

如果说我们用其他学科的视角研究社会体育是借鉴了一种分析的角度，用社会学的视角研究社会体育就是要借鉴这种综合性的角度。也就是说，我们要把社会体育各个层面之和作为一个整体来看待。社会体育整体的各个层面是其所属各个部分的矛盾统一体，其构成和变动都有一定的规律可循。社会体育整体是其所属各个层面有机结合的系统，并非偶发的堆砌物。因此，在研究社会体育的某一部分时，应看到此部分在整个社会体育运行中所处的地位和所起的作用，研究此部分与其他部分之间的相互影响和相互制约的关系，从而达到认识社会体育整体的目的。

社会学综合研究的视角，要求我们在考察社会体育这一现象的时候，将其作为社会的一个子系统来探讨它与政治、经济、文化、教育等的关系。因为任何一种社会体育现象、社会体育过程总是关联着众多的社会因素。我们在考察社会体育现象时，不但要考虑社会体育自身，还要考虑到社会政治、经济环境，考虑到人们的教育背景、职业特点、生活态度和生活方式选择以及对体育的理解等。也就是说，社会体育的发展是不可能脱离社会的。

(二)社会问题的视角

社会学虽不是专门研究社会问题的,但“社会学不研究社会问题确实难以称得上社会学”(《社会学概论新编》,359 页)。这就提出了研究社会问题的视角。我国正处在一个前所未有的社会巨变的历史时期，由于社会在前进过程中始终存在着社会矛盾,社会问题的出现是不可避免的,它必然会以各种不同方式折射到社会体育领域中来。因此,社会问题的视角将会有助于揭露社会体育中的病变或失调,找出对策,促进社会体育的良性运行和协调发展。

(三)定量分析与定性分析相结合的视角

过去,中国学者往往擅长于运用定性分析的方法分析社会现象。改革开放以后，中国社会学者迅速引进了西方学者注重从事物发展过程中的数量变化来考察事物的定量分析方法。

定量分析与定性分析是人们认识社会现象的两个主要渠道，二者是辩证统一的。社会学研究者要使自己的研究结论符合客观实际,就必须把两种方法结合起来去考察、分析社会现象。人们认识作为一种社会现象的社会体育,同样离不开这一认识途径。

如何认识社会体育,四川社会科学院刘成根教授提出的“四个一”模式,为我们提供了一个值得借鉴的定量分析与定性分析相结合的视角。这种“四个一”模式就是,采用定量分析和定性分析相结合的方法来认识一个对象(微观或宏观对象)、一个过程(短期、中期或长期过程)、一个作用(直接、间接作用和显性、隐性作用)、一个趋向(近期或远期趋向)。这种“四个一”模式使定量分析和定性分析合二为一,把对事物的静态观察和动态观察融为一体,有利于社会体育研究者从社会现象的本质属性和数量特征上,把握社会体育的客观发展规律。

三、经济学的研究视角

社会体育在人类生活中的重要性决定了在各种制度下，任何社会都必须有一定的经济资源被用于社会体育的目的。随着社会与经济的发展,体育的普及程度愈高，与人们生活的关系愈密切，人们也就会愈加重视体育，从而使更多的经济资源流向体育。追求更快、更高、更强，只不过是体育的外在表现，体育更看重的是人类生命能力的提高。我们可以预测，21 世纪体育将会逐渐成为社会的主要需求之一，人类消费热点的转换将比以往任何时候都更加引人注目。

无论人们主观上是否意识到，但体育实际上已成为人们现实生活中不可或缺的内容，大量的经济资源将会不断地流向社会体育，以实现对各种体育需求的供给，从而拉开从经济学视角看社会体育的序幕。

（一）从需求的视角研究社会体育

纵观历史的长河，我们不难看出人们的经济收入和社会体育需求之间的关系，即随着社会的进步、经济的发展和人们收入的增加，人们的社会体育需求也呈增加的趋势，只不过在收入增加的不同阶段，这种需求的增加有着明显的不同。在温饱不能得到保证的情况下，收入的增加虽然也能导致社会体育需求的增加，但增加的速度非常缓慢。因为此时的体育需求始终是小于生活必需品的需求。当人们的温饱得到解决之后，收入增长将与社会体育需求的增长呈同步发展，人们多元物质的和精神的需求开始大量产生。随着人们收入的进一步增加，当物质的需求已经在很大程度上得以满足之后，单纯的物质产品的供给已远不能满足人们的精神需求，社会将投入更多的经济资源用于满足人们对精神的需求，这其中也就包括需要大量技术和物质支持的社会体育需求。

其次，价格因素也是决定人们社会体育需求不可忽略的一个方面。一般来说，需求是价格的函数，随着价格的变化，需求也会不断地发生变化。在温饱未得到解决阶段，社会体育需求在人们生活需求中的地位较低，这种需求的个别性和零散性，尚不能构成社会体育的市场或形成社会体育的商品价格。这种情况下的社会体育需求基本上和价格没有关系。当收入增加到一定阶段后，由于社会体育需求已经成为一种消费者自身的客观要求，这种要求将会随着价格的变化而发生相应的变化。

（二）从供给的视角研究社会体育

所谓社会体育供给，是指生产者在一定条件下自愿提供社会体育商品的，满足社会需求的过程。一般来说，社会体育的供给者不可能承受得了成本以下价格的供给，但综观世界各国，社会体育供给并非全部都是作为一种赢利的产业在进行，免费或廉价的社会体育供给是一种比较普遍的现象。我们可从两个方面进行分析。对于公益性社会体育来说，由于任何政府都必须把公众福利放在重要的位置上，作为公众福利一部分的社会体育供给必然会作为政府的支出重点来考虑，在这种情况下，公众实际上已经通过税收的方式支付了供给的价格。从这个意义上说，社会体育供给品的价格就不一定是免费或廉价的。由于社会体育的公益性和社会性的本质含义体现在社会体育关系到国民体质的健身功能，许多情况下的社会体育供给都不是由厂商进行的。但是，如果我们考察一下社会体育的娱乐功能、休闲功能和经济功能等方面，如果这些功能在公众看来具有更大的意义，那么发挥这些功能满足体育需求的手段就不应该仅仅是政府来提供。应该说，市场经济条件下的社会体育供给已具有全新的意义，政府所提供的免费或廉价的社会体育已不能满足人们的消费需要，而社会所提供的丰富的社会体育供给则呈不断扩大的势头。加大社会体育供给，满足社会体育需求的主要途径是通过市场。

（三）从开发体育经济功能的视角研究社会体育

体育从诞生之日起，就与经济结下了不解之缘。从世界范围、特别是一些发达国家的经验来看，当体育形成一定规模、发展到一定水平时，体育与经济之间的相互依赖、相互支持、相互促进的关系就变得更加紧密而不可分割，体育在促进经济发展的同时，也得到了经济的补偿和回报，从而推动其自身的发展。人们对体育经济功能的认同，是随着体育实践的发展而不断加深的；人们对体育经济功能的开发，是随着经济的发展、特别是市场经济的发展而不断向前推进的。因此，从经济学的研究视角看待社会体育是不可忽略开发体育经济功能的。

四、管理学的研究视角

管理是为了取得某些预定的结果，面对各种资源（人、财、物）加以协调与综合。从管理学的研究视角看社会体育，就是如何通过对各种社会体育资源的协调与综合，以便尽可能地取得期望的社会体育成果。管理具有规划、组织、指导、控制和决策的职能。这五种职能通常构成管理研究的核心。

社会体育规划是对未来的社会体育发展过程所作的理论预设，是争取以最小的投入，为取得最好的效果而进行努力的程序，是社会体育发展的导向。它一般应包括：目标与方针，制定规划的理由，规划的对象与内容，实施对策与要点，规划的评价。

社会体育组织是实施规划的秩序保证。也就是说，规划确定了目标，制定了各种实施措施和要点，并围绕目标的实现而展开活动，这就需要各种社会体育的组织机构合理配置人选，明确任务与分工，从而去实现目标。

社会体育指导是使社会体育良性运行和协调发展的指挥与命令。社会体育指导的重点在于对人力资源的管理。这就要求社会体育管理人员要具备正确的哲学观点，积累丰富的知识与行政管理经验，善于与人合作，最大限度地调动人的积极性，同时也要有效地行使权威。

社会体育控制是指社会体育的管理机构力图使部门工作中出现的事件与规划拟定的方案相吻合。社会体育控制的过程着眼于管理的现实性。社会体育的控制职能包括制定社会体育的标准和有关要求，设计检验社会体育工作中每一道工序质量的方法，研制反馈系统，并在必要的时间和地点采取修正措施等项具体内容。

社会体育决策过程贯穿于前四种社会体育管理职能之中，并同它们紧密联系在一起。社会体育决策包括分析问题，研究并进行比较，提出解决问题的各种方案，执行决策等内容。每一项决策都必须配有一套执行决策的方案，而且这套方案应包括执行决策的必要步骤，沟通决策者与直接或间接执行决策人之间的信息流通渠道，以及决策过程的参与程度。

五、生物学的研究视角

因为人类是一种生物，所以我们可将生物学看做是一门研究人类生命的科学。生物学的规律在我们的人体中、在我们的生活中发生着重要的作用。作为社会体育研究对象的人，不仅具有社会属性，同时也具有生物属性，因此，研究社会体育当然少不了生物学的观察视角。生物学的观察视角决定了社会体育必须研究生命现象和生命的本质，并以生命的高质量存在为研究宗旨。而这一宗旨的实现是要以生物学及生物学的基础——生理学、化学、物理学的进步为条件的。如果不是对生物学有相当的或者是一定的了解，通过社会体育去深入认识生命的本质和生命活动规律将是很困难的。因此，社会体育的进步和人的全面发展有赖于生物学的发展，有赖于从生物学的视角对社会体育领域科学观察能力的提高。

生物学揭示了健康长寿、生命运动的一般规律，但要真正使人们生活得更美好，一般性的揭示是不够的，还需要医学、心理学及体育学等学科的具体化，从这个意义上说，人们的社会体育实践是生物学极重要的补充，从生物学视角研究社会体育不仅是社会体育的要求，也是生物学的根本要求，因为社会体育实践是生物学理论的实验和证明。就以中国人的身体健康状况来说，历史上由于营养不良而造成的身体素质差的问题，已随着食物供应的量和质的提高成为过去，但如何摆脱生活富裕之后身体素质下降的问题，则需要以生物学为基础的社会体育的进一步发展。应用生命科学知识去设计社会体育的实践方法和活动模式，解决人们由于缺乏运动、营养过剩及亚健康状态等问题，是社会体育所面临的课题，也是生物学所面临的课题。

六、社会心理学的研究视角

社会心理学是一门研究和社会有关的心理学问题的学问。所有的社会现象中都包含有心理的问题，而人们的一切心理活动又几乎都要受到社会因素的影响，社会体育领域自然也不例外。运用社会心理学的理论研究社会体育，可简单概括为三大视角，即社会化的视角、个体社会心理的视角和群体社会心理的视角。

从社会化的视角研究社会体育，一是注重从社会环境对人的影响的角度，探讨人们是受什么样的社会环境因素影响而形成体育角色的；二是注重从社会角色的角度研究人们的体育行为方式。

从个体社会心理的视角研究社会体育，一是主要从动机和需求的角度，探讨人们体育需求的心理规律；二是主要从态度的角度，探讨态度对人们体育行为的影响乃至体育价值观的形成。

从群体社会心理的视角研究社会体育，一是注重从人际关系的角度，探讨由体育而促成的人际吸引和由体育而结成的人际关系的行为模式；二是注重体育群体规范的形成及作用、体育群体凝聚力产生的条件及作用、体育群体中的领导人的领导方式及其影响力等方面的研究；三是注重大众心理的研究，主要包括流行与体育、社会舆论与体育等。

第二节　社会体育科学研究的常用方法

作为一种社会现象的社会体育，不但广泛涉及到社会的政治、经济、文化、教育和法律等各个社会生活领域，涉及到社会组织和社会群体，还涉及到作为社会个体存在的人的生理、心理和社会属性。应该说，可以被用于社会体育科学研究的方法很多，本节挑选若干常用的方法进行简单介绍。

一、文献法

文献法亦称文件法或历史法。一般人们往往把文献法当做一种收集资料的方法，其实从严格的意义上来说，它是一种研究方式或研究方法，既包括资料的收集方法，也包括资料的分析方法。它与本节后面要介绍的访问法、观察法、实验法等不同，表现在它不是直接从研究对象那里获取研究所需要的资料，而是收集和分析现存的、以文字音像资料为主的文献。现代科技的发展使文献量不断增多，文献法的应用越来越广，作用也越来越大。文献法不仅是社会体育科学研究的常用方法，而且也是体育科学所囊括的所有学科常用的研究方法。

（一）文献的分类

过去所说的文献，常指含有被研究现象的大量信息的文字材料。随着社会的发展和科技的进步，文献资料的内涵也发生了变化，文献的种类更加多样。有学者根据文献来源的不同将其分为个人文献、官方文献和大众传媒；有的按文献的表述形式将其分为文字文献、图像文献、有声文献；还有的将其分为第一手文献、第二手文献，专用文献和非专用文献等。但不管用什么标准对文献进行分类都不是目的，它只是方便我们利用文献进行研究的一个手段。

（二）文献研究的功能及其优缺点

与观察、访问、实地调查等方法相比，文献研究的独特功能在于它可以跨越时间和空间，也可以重新排列组合，所以适用范围较广。它的优点在于：1. 由于直接同文献打交道,研究对象不会受研究者的影响而发生变化;2. 费用较低,且省时、省力;3. 可随时查阅;4. 特别便于做历史性和趋势性的研究;5. 有相当一部分造诣很深的专家所写的文献具有很高的参考价值。它的缺点在于:1. 由于作者是为自己特定目的所撰写的文献,其主观意图、个人偏见和所受到的客观限制,都会影响到对文献内容的取舍和对文献形式的安排;2. 现有文献有时难以满足研究的需要。

(三)文献研究的方法步骤

1. 文献的定性研究及其步骤

文献的定性研究一般是要对文献中所包含的信息通过分类、选取典型例证的方式加以重新排列组合,并在定性描述的基础上得出结论。文献的定性研究要求研究者对文献中与研究课题有关的信息有全面的把握,发现信息之间的逻辑联系,并与外部的社会历史条件结合起来进行综合分析。定性研究能否取得成功的关键,在于研究者是否有足够的逻辑分析能力和洞察力,发现现象后面的深刻的社会历史原因及意义。

文献的定性研究在方法上比较随意灵活,研究过程的规范程度不高,实际操作中的基本步骤如下:(1) 确定研究题目;(2) 选定参考文献;(3) 通读和精读文献;(4)选择与研究主题相关的内容;(5)分类与归纳整理;(6)分析与再创造;(7)论证研究主题。

2. 文献的定量研究及其步骤

文献的定量研究是指对文献中所包含的信息采用一定的方法、技术进行量的分析,亦称内容分析法。采用内容分析法对文献进行定量研究,是在将文献中用文字或其他形式表现的信息进行量化处理的基础上实现的。

从某种意义上说,文献的定量研究就是在文献方面的实地调查,是实地调查方法在文献研究方面的运用。其基本步骤是:(1)抽取文献的样本;(2)对文献中所要研究的信息进行分类,寻找分析主题所需的各项考察因素;(3) 确定具体信息的归类标准,使各种信息对号入座;(4)在把数据输入到计算机之前,要为文献中的信息编码,即把文字语言转换成计算机识别的符号;(5) 对所要研究的信息进行统计分析。

频数计量法是文献定量研究中常用的统计分析方法，即统计每一个变量的值出现的次数(频数)及所占百分比。当然,还可以使用其他统计分析方法。

尽管文献的定量研究被称为数量化研究，但实际上它离不开对文献内容的把握。分析构架的提出和信息的标准化,都是在对文献内容质的把握上实现的。为此，定量研究与定性研究的有机结合，不但能弥补自身信息量的不足，还有利于增加研究的深度。

二、问卷法

问卷法是现代社会研究中最常用的收集资料的方法,特别是在调查研究中,它的使用更为普遍,当然它也用于实验研究。问卷是社会研究中搜集资料的一种工具。它的形式是一份精心设计的问题表格,亦称调查表,主要用以测量人们的特征、行为和态度等。

(一)问卷的基本类型

问卷的基本类型有三种,即结构式问卷、非结构式问卷和混合式问卷。

结构式问卷亦称封闭式问卷,即问题和答案都已设计好,被调查者不能自由作答,只能按照问卷中设计的答案进行选择(两分法或多项选择)。

非结构式问卷亦称开放式问卷,即只设计问题不预先设计答案,被调查者可以对问题自由作答。

混合式问卷是指在一份问卷中既包括封闭性问题,又包括开放性问题。混合式问卷之所以需要,是因为需要调查的社会现象和人们的行为、态度等是复杂多样的,即便是一份经过周密思考和精心设计的结构式问卷,也难以穷尽某些问题的答案。特别是在对某些现象和问题还不太清楚和没有把握的情况下,混合式问卷几乎成为一种必不可少的形式。

(二)问卷的基本结构

一般来说，一份问卷通常包括致被调查者的短信、填写问卷的指导语、主题内容（问题和答案）、其他（包括统计编码、问卷名称、调查员姓名和发放日期等）。

(三)问卷设计的基本原则

问卷设计的基本原则有如下几点：1. 把为被调查者着想作为问卷设计的出发点。即问卷的量和难度要适宜，以减少被调查者回答问题时的困难。2. 对阻碍问卷调查的因素要有明确的认识。从问卷设计的角度来分析，阻碍问卷调查的因素主要有主客观两大方面。其主观因素表现为，被调查者对问卷不感兴趣、或有畏难情绪、或顾虑重重、或漫不经心等，这些都会影响到问卷的质量。其客观因素表现为，被调查者理解能力的限制、表达能力的限制、记忆能力的限制和计算能力的限制。3. 从多种不同的角度来考虑问卷的设计工作。一份问卷从表面上看是由一些问题和答案组成的调查表，但它却涉及到许多在问卷上看不到的因素并受其影响和制约。因此，设计问卷时应从多种不同的角度来考虑以下几种因素的影响：

(1)调查目的的影响；

(2)调查内容的影响；

(3)样本性质的影响；

(4)资料处理分析方法的影响；

(5)问卷使用方式的影响；

(6)调查经费和时间的影响。

(四)问卷设计的基本步骤和具体方法

1. 问卷设计的基本步骤

问卷设计的基本步骤包括探索性工作(如与研究主题有关的文献收集、访问和小型调查等)、设计问卷的总体框架、设计问卷初稿、试用和修改问卷等几个步骤。

2. 问卷设计的具体方法

问卷设计的具体方法主要包括总体框架设计、问题语句设计和答案设计。所谓问卷的总体框架设计，是指对设计问卷的提问语句和对问卷资料进行分析的一种总体构思的逻辑框架，一般由简单的文字和方框以及联接线条组成。其制作方法是从研究目的出发，找出中心概念（主要变量），然后将这些概念操作化，即将抽象的概念分解到可直接依据这些分解的指标设计问卷的提问语句为止。

所谓问卷的语句设计，是指设计要求被调查者回答的系列化问题。

根据所设问题的难度和性质，语句的提问方式或直接或间接，也可用假设性的提问方式。

问卷的语句设计除了要紧密围绕研究的主题之外，还要注意提问的顺序和内容的逻辑性，简明易懂，概念明确，防止出现诱导性问题。

所谓问卷的答案设计，是专指结构式（封闭式）问卷而言的。因为问卷中的每一个封闭式问题都可看做为一个变量，所以对封闭式问题的答案进行设计，也就是根据所提问题所属的变量类型来设计，一般包括定类变量、定序变量、定距和定比变量。

定类变量的答案只有肯定与否定两种，一般称其为两分法，被调查者可视情形任选其一。定序变量的答案有三种（含三种）以上，一般称其为多项选择，被调查者可视情形任选其一。定距和定比变量的答案基本类似，但要注意划分的档次不宜过多，间距要相等（便于在分析结果时进行比较），各档的数字之间正好衔接，无重叠、中断现象。

（五）问卷的应用

抽样—问卷—定量分析三者的结合体，是现代社会学定量研究中最常见，也是最重要的一种方式。它有一个重要的前提，就是被调查对象必须具有一定的文化水平。

使用问卷进行调查，一般可采用邮寄法、组织分配法、当面填答法和访谈法等形式。

三、特尔斐法

特尔斐法（Delphi Model）亦称专家调查法或专家意见法。

（一）特尔斐法概述

特尔斐是古希腊阿波罗神殿的所在地，曾是人们聆听神谕的地方。特尔斐法是以专家作为索取信息的对象，运用专家的知识与经验，考虑预测对象的社会背景和影响因素，客观地对预测对象进行综合分析和预测。

特尔斐法是在20世纪50年代诞生的。第二次世界大战后，美苏冷战加剧，美国空军为了估计核战争的可能性及可能引起的破坏程度，要求美国的思想库兰德公司预测在未来的核战争中，多少枚原子弹将使美国陷于瘫痪。兰德公司的学者诺曼·达尔奇和奥拉弗·海尔默在研究中发明了一种专题预测的方法。他们选定了若干专家，把预测的问题具体化，让专家各自运用知识和凭借直觉作出估计，然后对预测结果进行统计处理，并经过多次反馈，最后形成一种比较统一的未来预测。这种方法就是特尔斐法。

（二）特尔斐法的预测过程

特尔斐法的预测过程一般有：1. 确定预测项目和预测目标。2. 对预测的问题加以分析。3. 选择熟悉该问题的专家，这将直接影响到预测结果的可信度，为此，专家的选择不一定只拘泥于地位和职称，主要看其对有关问题的研究素养。4. 向选定的专家发出调查表，要注意一是不要让专家们知道哪些人参与回答，对专家的姓名严格保密，使专家与专家之间处于封闭状态（图16－1），以避免专家之间的相互影响和本人的心理干扰；二是要把预测问题的说明书连同有关的背景材料和信息材料随同调查表一起发给已选定的有关专家。5. 集中专家的意见。6. 将统计结果反馈给各位专家，他们可据此重新提出自己的预测，也可以维持原来的意见，还可以在考虑了其他专家的意见后修改自己的意见。7. 集中第

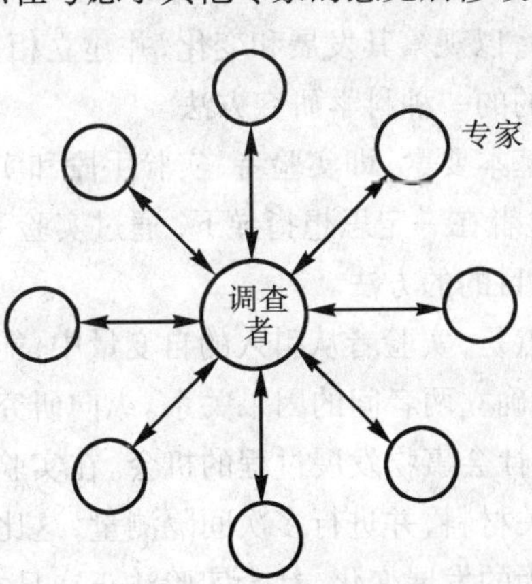

图16－1　专家间的封闭状态

二轮专家意见,进行统计归纳后,再次反馈给各位专家,允许修改,也可以保持自己的意见,经过几次反馈,意见逐渐集中,典型的特尔斐法共需四轮。8. 重视少数人的意见,因为真理有时在少数人手中,但应要求少数或个别专家提出其预测的理由,并把这种意见反馈给其他专家,供他们参考、评价。

(三)特尔斐法的发展

早期的特尔斐法是从一张白纸开始的,不提供任何信息。现在组织者开始向预测成员提供与调查主题有关的信息资料。早期的特尔斐法要经过四五轮循环,时间过长,易引起专家的反感,后改为三轮,若背景材料比较可靠,就采用两轮,缩短了周期,有时根据情况也可一轮完成。早期的特尔斐法完全是个别征询,严格隔离,现在部分地将匿名征询和口头讨论结合起来,因为专家间的接触和讨论甚至争论有时是有益的。此外,特尔斐法还重视事件相互影响的分析,开始与发展趋势外推法、民意测验结合起来,从而扩大了适用范围,提高了可靠程度。总之,随着特尔斐法应用的不断扩大,对它本身的研究也在不断深入。

四、社会实验法

(一)社会实验法概述

社会实验法(Method of Social Experiment)是指通过人为的控制环境,干预、模拟社会现象、社会行为,以观察其发展和变化,并建立相关因素的因果联系,从而达到变革社会事物目的的一种科学研究方法。

社会实验包括三个基本要素,即实验者、实验手段和实验对象。从某种意义上可以说,实验就是实验者在一定思想指导下,通过实验手段来干预、变革实验对象,从而达到认识事物目的的方法。

社会实验的最大特点是,实验者从引入的自变量中,能直接观察到随之而引起的因变量的变化,从而确立两者间的因果关系。纵向研究是社会实验法的另一特点,它提供了纵向分析社会事物发展过程的机会。在实验中,实验者通过观察、收集某一段时间内的有关材料,并进行多次间隔测量,这比横剖式研究更有利于分析社会现象和社会行为的发展变化。社会实验法正在日益引起人们的重视,我们在工作中经常使用的“搞试点”“种实验田”等,实际上就是社会实验法的具体应用。在国外，它被广泛用于社会心理和小群体研究、教育方法比较、劳动时间与效率的测定、犯罪的治理等方面。

(二)社会实验的几种类型

1. 典型实验

这是一种最简单的社会实验形式。实验者假定外界条件不变或变化非常小，前检测和后检测的变化均由实验刺激所致。其步骤为：(1)选择实验对象；(2)选择实验环境；(3)前检测；(4)实验刺激；(5)后检测。其公式如下：

因果效应 = 后检测(实验) – 前检测(实验)

2. 对照实验

对照实验就是通过比较来揭示实验对象的某种性质或某种原因的一种实验方法。具体作法是：将实验对象作为“实验组”，同时设置一个不给实验刺激的“对照组”，两组的样本和条件要尽可能一致(表 16 – 1)。

表 16 – 1　对照实验步骤

组别	实验组	对照组
实验步骤	1. 选择实验对象 2. 选择实验环境 3. 前检测 4. 实验刺激 5. 后检测	1. 选择实验对象 2. 选择实验环境 3. 前检测 4. 后检测

后检测(实验组) – 前检测(实验组) = 差分(实验组)

后检测(对照组) – 前检测(对照组) = 差分(对照组)

因果效应 = 差分(实验组) – 差分(对照组)

3. 双对照组实验

双对照组实验与对照实验的不同，主要在于多了一个对照组并在实验步骤上有所不同。

(三)社会实验法误差的处理

任何实验，误差总是难免的。误差一般包括系统误差、过失误差和偶然误差。系统误差是指在测量中未发现或认识的因素所引起的误差;过失误差是指在实验中由于观察不严、操作不当等所引起的误差;偶然误差则是指由于无法控制的因素所引起的误差。为了克服误差,人们创立了误差理论,以求较准确地揭示因素间的因果联系。一般来说,经过一定的技术处理,系统误差和过失误差是可以克服的,偶然误差尽管是难以避免的,但可用概率法来加以处理。

五、利克特量表法

量表是一种用以进行测量的工具，是对某一事物或现象的某种特性赋予数字的一种规则,这个规则主要是由实数数列的性质(次序、距离、原点)所决定。根据测量的内容,可以将量表统分为态度量表和评定量表两大类。利克特量表属于态度量表。

在社会学和心理学测量方面,量表就是一系列的测验项目(任务和问题),其中每一个项目根据统计的结果都具有一定的分值。这里之所以专门介绍利克特量表,是因为它在社会学和心理学研究中得到了广泛的应用,特别是在对社会现象作主成分分析(R 型因子分析)时,应用利克特量表是不可或缺的前提条件。

利克特量表又称总加量表,它是由一组问题组成的,根据被调查者对每个问题的回答,给每位被测者评分,每个人总分的多少,说明他态度的强弱程度。利克特量表的使用并不困难,其难点在于制作过程。

(一)利克特量表的制作步骤

1. 根据研究题目收集有关问题

组成一个量表的问题一般为 5~30 个,但在制表过程中,由于一些辨别力不强的问题将被删去,因此最初搜集问题时应更多一些。

2. 规定评分标准

对于每个问题按肯定或否定的强弱程度分为五个等级（完全同意、同意、说不准、不同意、完全不同意）。提问语句既要包括正向语句，也要包括反向语句。例如，

正向提问语句：有人认为中国承办奥运会很有必要，你是否同意这种看法?

反向提问语句：有人认为中国承办奥运会的条件尚不成熟，你是否同意这种看法?

对于正向提问，越趋向同意给分越高，对于反向提问，越趋向同意给分越低。采用不同的给分方式，是为了测定在同一态度下的不同问题中，回答是否一致。评分标准如表 16－2 所示。

表 16－2　评分标准

级别	正向语句	反向语句
完全同意	5	1
同意	4	2
说不准	3	3
不同意	2	4
完全不同意	1	5

（二）试测

在测量对象中抽取少部分人，试行回答量表中的所有问题，并给他们打分，然后再分别把每个人的分数累加起来。

（三）评估量表内容

量表中每个问题设置得好不好，取决于能不能分辨出不同的态度。应该去掉辨别力低的问题，而保留辨别力高的问题，正式组成态度量表。

所谓辨别力，是指问题（提问语句）有无能力把态度不同的人区分开。得分高的人与得分低的人态度不同，所以对待每个问题的程度差别不同，但是如果在某个问题上，得分高的人与得分低的人表现不出差别，说明这个问题不足以把态度不同的人区分开，也就是辨别力低，因此要去掉。那么，应该如何判定每个问题的

辨别力强弱呢？例如，要了解目前工人对全民健身计划的态度，我们初步制定了一个含有 18 个问题的利克特量表，请某工厂 20 名工人来试答。我们先将 20 名被测者的态度得分按总分由高到低排列好。找到得分最高的 25% 被测者（5 人，即前 5 名）和得分最低的 25% 被测者（5 人，即后 5 名），分别计算他们在 18 个问题上的平均分。例如，

前 5 名在第(1)题上的平均分是：$4+5+4+4+5/5=4.4$ 分

后 5 名在第(1)题上的平均分是：$2+2+4+2+2/5=2.4$ 分

然后我们再用前 5 名的平均分减去后 5 名的平均分就得到辨别力评分，即 $4.4-2.4=2.0$ 分。再例如，

前 5 名在第(13)题上的平均分是：$4+5+4+4+5/5=4.4$ 分

后 5 名在第(13)题上的平均分是：$4+4+4+4+3/5=3.8$ 分

则它们的辨别力评分为 0.6 分。一般辨别力评分低于 1.0 的语句都要去掉。

（四）利克特量表的使用

用评估后决定保留的问题作为正式的利克特量表去征询被测量者的意见，根据回答的不同，得出每道题的分数，再累加得到每个人的总分，这就是他的态度评分，代表他在量表中的位置。最高分为问题数 $\times 5$，最低分为问题数 $\times 1$，(最高分 + 最低分)/2 = 平均值。上例的最高分为 $18\times 5=90$ 分；最低分为 $18\times 1=18$ 分；$(90+18)/2=54$ 分。被测量者所得总分低于平均值的，即表示对某项征询倾向于否定。反之，被测量者所得总分高于平均值的，即表示对某项征询倾向于肯定。总分越高，代表正向的态度越强；总分越低，代表反向的态度越强。

利克特量表的缺点是：得分相等者可能具有不同的态度模型。它以总分多少代表被测者态度的强弱，但无法解释被测者之间的态度差异。

六、生物学方法

这里所指的生物学方法，是指研究通过体育锻炼促进人体机能、形态的改变，从而增进健康的方法，主要包括生理学的方法和生物化学的方法。尽管这些方法在体育院校的专业教科书中都有较详尽介绍，但从教材的系统性角度出发，有必要作简要介绍。

(一)生理学的方法

1. 评定体育锻炼效果的简易指标和方法

评定体育锻炼效果的简易指标和方法主要包括:心率(或脉搏)的评定;血压的测定;肌肉力量的评定;呼吸频率的测定;锻炼时间的评定。

(1)安静状态下体育锻炼效果的生理评定

安静状态包括一般安静状态和清晨基础状态。评定安静状态的生理指标有:心率;血压;肌肉体积;肺活量。

(2)定量负荷时体育锻炼效果的生理评定

常用的定量负荷形式一般有:30秒20次起蹲;台阶试验;习惯的体育锻炼方式。评定定量负荷的生理指标有:心率;血压;肺通气量;恢复时间。

2. 身体发育的评定方法

常用的身体发育的评定方法一般有相关法和指数法等。

(二)生物化学的方法

生物化学的方法主要有:负荷强度的评定方法,其主要测试指标有尿蛋白、血乳酸、CK(肌酸激酶)等;负荷量的评定方法,其主要测试指标有血红蛋白、血尿素、血睾酮等;锻炼效果的评定方法,其主要测试指标有AQ(磷酸原功能系统)、LQ(乳酸能系统)、乳酸阈或自行车功率计评定、尿肌酐系数或尿十项分析仪等。

思考题

1. 简述社会学、经济学、管理学和社会心理学都有哪些研究社会体育的视角?
2. 为什么要从开发体育经济功能的视角研究社会体育?
3. 文献定性研究的基本操作步骤有哪些?
4. 请设计一个定序变量的提问语句和答案。

5. 特尔斐法的预测有哪些过程?
6. 什么是对照实验? 并请用表格的形式说明对照实验的步骤。
7. 利克特量表中的辨别力指的是什么?

参考文献

1 金哲，姚永抗，陈燮君．当代新方法．上海：上海人民出版社，1990. 238 ~ 240.
2 袁方,王汉生．社会研究方法教程．北京:北京大学出版社,1997.
3 朱国宏．经济学视野里的社会现象．成都:四川人民出版社,1998.
4 贝克尔．人类行为的经济分析．上海:三联书店出版社,1993.
5 吕树庭,卢元镇．体育社会学教程．北京:高等教育出版社,1995. 50 ~ 59.
6 时蓉华．现代社会心理学．上海:华东师范大学出版社,1998.
7 NANLIN: (2001). Social Capital: *A Theory of Social Structure and Action.* Cambridge Universtiy Press.